세상을 바꾼 한 주간

IVP(InterVarsity Press)는
캠퍼스와 세상 속의 하나님 나라 운동을 지향하는
IVF(InterVarsity Christian Fellowship)의 출판부로서
생각하는 그리스도인을 위한 문서 운동을 실천합니다.

세상을 바꾼 한 주간

김영봉

십자가의 길을 걷다
희생당한 고토 겐지 씨와
이름 모를 수많은 순교자들께
이 책을 바칩니다.

일러두기
이 책에 인용된 성경 본문은 새번역을 사용하였습니다.

차례

들어가는 글   11

1. 예루살렘에 들어오시다   15
   마태복음 21:1-11
2. 성전을 깨끗하게 하시다   21
   마태복음 21:12-17
3. 무화과나무를 저주하시다   27
   마태복음 21:18-22
4. 권위에 대한 질문에 답하시다   34
   마태복음 21:23-27
5. 두 아들의 비유를 말씀하시다   41
   마태복음 21:28-32
6. 포도원 소작인의 비유를 말씀하시다   47
   마태복음 21:33-46
7. 혼인 잔치의 비유를 말씀하시다   55
   마태복음 22:1-14
8. 세금 문제를 두고 논쟁하시다   63
   마태복음 22:15-22
9. 부활에 대해 논쟁하시다   71
   마태복음 22:23-33
10. 가장 큰 계명에 대해 답하시다   78
    마태복음 22:34-40
11. 다윗의 자손에 관해 논쟁하시다   86
    마태복음 22:41-46
12. 위선에 대해 말씀하시다   95
    마태복음 23:1-15

13	뒤집힌 영성에 대해 책망하시다	105
	마태복음 23:16-28	
14	예언자들에 대한 박해에 관해 말씀하시다	114
	마태복음 23:29-39	
15	재난에 대해 경고하시다	122
	마태복음 24:1-14	
16	성전이 심판받을 날에 대해 경고하시다	129
	마태복음 24:15-22	
17	속이는 자에 대해 경고하시다	137
	마태복음 24:23-28	
18	재림에 대해 말씀하시다	145
	마태복음 24:29-35	
19	깨어 있기를 요청하시다	153
	마태복음 24:36-51	
20	열 처녀의 비유를 말씀하시다	160
	마태복음 25:1-13	
21	달란트 비유를 말씀하시다	167
	마태복음 25:14-30	
22	양과 염소의 비유를 말씀하시다	175
	마태복음 25:31-46	
23	한 여인에게서 향유의 섬김을 받으시다	183
	마태복음 26:1-13	
24	가룟 유다에 대해 예언하시다	191
	마태복음 26:14-25	
25	제자들과 마지막 저녁 식사를 나누시다	198
	마태복음 26:26-30	
26	베드로의 부인을 예언하시다	205
	마태복음 26:31-35	
27	겟세마네에서 기도하시다	212
	마태복음 26:36-46	
28	예수께서 체포되시다	220
	마태복음 26:47-56	

29	예수께서 산헤드린 앞에서 재판받으시다	227
	마태복음 26:57-68	
30	베드로가 예수님을 부인하다	234
	마태복음 26:69-75	
31	가룟 유다가 스스로 목숨을 끊다	241
	마태복음 27:1-10	
32	빌라도가 군중과 거래하다	248
	마태복음 27:11-26	
33	예수께서 고문당하시다	256
	마태복음 27:27-31	
34	예수께서 십자가에 못 박히시다	264
	마태복음 27:32-37	
35	십자가에 달린 채 조롱받으시다	272
	마태복음 27:38-44	
36	예수께서 운명하시다	280
	마태복음 27:45-54	
37	예수께서 장사되시다	287
	마태복음 27:55-66	
38	예수께서 부활하시다	296
	마태복음 28:1-10	
39	대제사장과 장로들이 헛소문을 퍼뜨리다	304
	마태복음 28:11-15	
40	예수께서 마지막 명령을 주시고 승천하시다	312
	마태복음 28:16-20	
	나가는 글	321

들어가는 글

세상을 바꾼 한 주간

서양에서 시대를 구분할 때는 BC와 AD라는 이니셜을 사용합니다. 기원전을 뜻하는 BC는 '그리스도 탄생 이전'(Before Christ)의 약자이고, 기원후를 뜻하는 AD는 '주님의 해'(Anno Domini)의 약자입니다. 예수 그리스도의 탄생을 분기점으로 삼아 시대를 구분한 것입니다. 이러한 시대 구분은 기독교적 역사관에 기초합니다. 즉 예수 그리스도가 역사의 중심이며 새로운 시대의 출발점이라는 믿음에 근거한 것입니다. 이 책에서는 이렇듯 역사의 주인 되신 그리스도의 마지막 한 주간을 자세히 살펴보려고 합니다. 특별히 예수께서 예루살렘에서 보내신 마지막 한 주간은 그분의 삶과 사역의 절정이라 할 수 있습니다.

3년 동안의 갈릴리 사역을 마치신 후 주님은 많은 이들의 반대에도 불구하고 예루살렘으로 가십니다. 나귀를 타고 입성하신 주님은 성전을

들어가는 글　II

깨끗하게 하시고 무리들을 가르치셨으며 유대교 지도자들과 논쟁을 하십니다. 며칠 지나지 않아 그분은 유대교 지도자들에 의해 로마 총독에게 고발당하십니다. 당신의 죽음을 예견하신 주님은 제자들과 함께 마지막 식사를 하신 후 겟세마네 동산에서 치열한 기도의 시간을 보내십니다. 그 밤에 주님은 체포되었고 산헤드린 법정과 빌라도 총독 관저에서 재판을 받고 십자가에 달려 돌아가십니다. 그리고 사흘째 되는 날에 주님은 죽은 자들 가운데서 부활하십니다.

겉으로 보면 이것들은 끊임없이 이어지는 인류 역사의 한 페이지에 불과하겠지만, 그 의미를 보면 이 한 주간은 역사상 가장 긴 주간이며 세상을 바꾸고 역사를 뒤바꿔 놓은 주간이었습니다. 그 의미를 제대로 알기 위해서는 그 시간에 일어난 일들과 하신 말씀들을 자세히 살펴야 합니다. 그 속에 담긴 의미를 캐어묻고 기도와 묵상에 깊이 잠겨야 합니다. 그럴 때 비로소 이 한 주간이 역사의 중심, 즉 모든 역사가 수렴되고 새롭게 시작되는 지점임을 깨닫게 될 것입니다.

이제 마태복음의 내용을 따라서 이 마지막 한 주간에 일어난 일들을 면밀히 살펴보고자 합니다. 2014년 사순절에 저는 와싱톤한인교회 교우들과 함께 이 본문을 깊이 묵상할 기회를 가졌습니다. 그 기간 동안 매일 한 단락씩 집중하여 본문을 세밀하게 연구하고 정리했습니다. 이 과정에서 기독교서회 100주년 기념 주석 시리즈 「마태복음 2」를 집필하면서 행했던 연구를 활용하였고, W. D. 데이비스(Davies)가 쓰고 데일 앨리슨(Dale Allison)이 개정 보완한 *International Critical Commentary*의 마태복음(전 3권)을 꼼꼼히 검토했습니다. 이 책은 마태복음에 관한 한 가장 철저하고 포괄적이며 균형잡힌 주석이라 할 수 있습니다.

따라서 「세상을 바꾼 한 주간」은 일종의 주석이며 묵상이자 강해 설교입니다. 본문 묵상에 초점을 두지만 중요한 역사적·신학적 주석 정보를 담으려 노력했고, 살아 있는 회중을 위해 현장감 있는 설교가 되도록 썼으며, 한 사람의 신앙인으로서 본문 말씀을 저 자신에게 적용하기 위해 애썼습니다. 학문적 연구 결과 위에 든든히 서되 오늘을 사는 신앙인들에게 울리는 메시지를 찾으려고 노력했습니다. 부디, 이 책을 통해 예루살렘에서의 마지막 한 주간이 왜 세상을 바꾼 한 주간이 되었는지를 확인할 수 있기 바랍니다. 그뿐 아니라 이 말씀을 묵상하는 중에 여러분 자신의 세상이 뒤바뀌고 새로워지기를 기도합니다.

유익한 독서를 위해 한마디만 덧붙입니다. 이 책을 처음부터 끝까지 독파하는 것도 나름대로 유익하기는 하겠지만, 저는 '묵상적 읽기'를 추천합니다. 한 번에 한 장만 읽고 멈추는 것입니다. 먼저 정해진 성경 본문을 읽고 제 글을 읽으십시오. 여의치 않으신 분을 위해 장제목 아래 요절을 수록해 놓았습니다. 한 장을 다 읽고 나서 성경 본문을 다시 읽는 것도 도움이 될 것입니다. 그런 다음, 책에서 눈을 떼고 묵상을 지속하십시오. 나에게 주시는 성령의 음성은 무엇인지 생각해 보십시오. 그리고 마음에 깨달은 바를 기도로 올려드리기 바랍니다. 그렇게 각 장을 차곡차곡 마음 다해 읽고 묵상하며 기도할 때 당신의 세상이 바뀔 것입니다. 주님께서 함께하시기를 기도합니다. 감사합니다.

2015년 2월 3일
미국 버지니아에서
김영봉

I

예루살렘에 들어오시다

마태복음 21:1-11

> 예수께서 예루살렘에 들어가셨을 때에,
> 온 도시가 들떠서 물었다.
> "이 사람이 누구냐?"
> 사람들은 그가 갈릴리 나사렛에서 나신
> 예언자 예수라고 말하였다.
> —— 마 21:10-11

I

예수님은 공생애 기간을 대부분 갈릴리에서 지내셨습니다. 갈릴리에서 모든 사역을 끝낸 후 예루살렘으로 오셨는데, 채 한 주도 지나지 않아 그곳에서 십자가에 달려 돌아가십니다. 예수님이 예루살렘에 머무셨던 그 한 주간의 사건이 세상과 역사를 바꾸었습니다.

세상을 바꾼 한 주간은 예수님이 예루살렘 성에 들어오시는 이야기로 시작합니다. 예루살렘은 깊은 계곡들 사이에 높이 솟은 분지 위에 세워진 도시입니다. 계곡으로부터 길을 따라 오르다 보면 거대한 성벽을 만나게 되는데, 그 성벽 둘레에는 여러 개의 문이 만들어져 있습니다. 그 중 하나가 동편으로 난 '금문(金門)'입니다. 유대인들은 메시아가 오실 때면 금문을 통해 예루살렘으로 오실 것이라고 믿었습니다. 예수님은 예루살렘 동쪽의 기드론 계곡 맞은편에 있던 올리브 산을 거쳐 금문을 통해 예루살렘에 입성하십니다.

올리브 산에 벳바게라는 동네가 있습니다. 그곳에서 주님은 제자들을 맞은편 마을로 보내어 나귀와 그 새끼를 데리고 오라고 하십니다. 이미 누군가에게 당신이 쓸 나귀를 준비해 두셨던 것입니다. 제자들은 예수님이 지시하신 대로 맞은편 마을로 가서 나귀와 새끼를 끌고 옵니다. 안장이 없는 것을 뒤늦게 알아차린 제자들은 겉옷을 벗어 나귀 위에 올려놓아 임시 안장을 만듭니다. 예수님은 나귀 위에 올라타시고 금문을 통과해 예루살렘으로 들어가십니다. 그때 무리들이 예수님이 가시는 길에 겉옷과 나뭇가지를 깔고 외칩니다. "호산나, 다윗의 자손께! 복되시다, 주님의 이름으로 오시는 분! 더없이 높은 곳에서 호산나!" 그렇게 예수님의 마지막 한 주가 시작됩니다.

예수님이 어미 나귀를 타셨는지 새끼 나귀를 타셨는지 정확하게 알 수는 없습니다. 상식적으로 판단한다면, 어미 나귀를 타고 새끼 나귀를 옆에 데리고 가셨을 것입니다. 하지만 일부러 상식을 파괴하여 새끼 나귀를 타고 어미 나귀를 데리고 가셨을 수도 있습니다. 예루살렘 성에 들어가시면서 말이 아니라 나귀를 택한 것만 해도 그렇습니다. 예수님이 의도적으로 이상한 행동을 하기로 작정하신 것처럼 보입니다.

어느 나라, 어느 문화에서나 말은 힘을 상징합니다. 언젠가 집 근처 공원을 걷다가 말을 타고 가는 사람을 만난 적이 있습니다. 말 옆에 서 있으니 제 자신이 얼마나 왜소하게 느껴지던지요! 저는 말을 한 번도 타 보지 않았지만, 말을 탄 사람 눈에는 제가 분명 하찮게 보일 것입니다. 말은 장수에게 어울리는 동물입니다. 그래서 말은 승리의 상징입니다.

그에 반해, 나귀는 광대에게나 어울리는 짐승입니다. 나귀는 전투에 사용할 수 없습니다. 나귀를 타고 싸우느니 그냥 서서 싸우는 것이 더 낫습니다. 나귀는 짐을 나르는 일에 쓰이는 게 알맞습니다. 성인 남자가 나귀를 탄 모습은 우스꽝스럽습니다. 그 모습으로는 절대 상대를 위압할 수 없습니다.

예수님이 말을 구할 수 없어서 나귀를 타신 것이 아닙니다. 의도적으로 나귀를 고르셨습니다. 왜 그러셨을까요?

처음에는 누구도 그 이유를 눈치채지 못했습니다. 나중에 주님이 부활하시고 난 뒤 초대교인들은 구약성경을 읽다가 그 이유를 알았습니다. 부활하신 주님을 뵙고 난 뒤에야 사도들과 초대교인들은 예수님이 메시아라는 사실을 믿게 되었습니다. 그런 믿음으로 구약성경을 다시 읽어 가면서 메시아에 대한 예언들과 예수님에게 일어난 일들을 비교했습니다. 그렇게 읽다 보니, 메시아에 대한 예언들 중 많은 것이 예수님에게서 성취된 것을 확인할 수 있었습니다.

이 경우도 마찬가지입니다. 사도들과 초대교인들은 스가랴 9장 9절을 읽고 예수님이 나귀를 타고 예루살렘에 들어오신 이유를 알게 되었습니다. 예수님은 과연 메시아이셨습니다. 하지만 말을 탄 메시아가 아니라 나귀를 탄 메시아였습니다. 승리의 메시아가 아니라 고난의 메시아였습니다. 칼과 창으로 원수를 정복하는 메시아가 아니라 원수의 칼과 창에 찔려 죽는 메시아였습니다. 그래서 그분은 나귀를 타신 것입니다. 어미 나귀가 아니라 새끼 나귀를 탔을지 모른다고 추측한 이유가 여기에 있습니다. 새끼 나귀를 타면 그 의미가 더 분명해지기 때문입니다.

2

나귀 혹은 나귀 새끼를 타고 예루살렘에 들어오실 때, 주님은 이미 십자가에서 죽게 될 운명을 내다보셨습니다. 그분은 당신이 메시아임을 아셨습니다. 그래서 여러 개의 문 중에서 금문을 통해 들어가신 것입니다. 또한 스가랴의 예언처럼 나귀 새끼를 타고 들어가셨습니다. 뿐만 아니라 주님은 당신이 메시아로서 어떤 일을 해야 하는지에 대해서도 분명히 아셨습니다. 모든 인류의 죄를 대속하기 위해 십자가에 달려 죽음으로써 메시아로서의 사명을 이루게 될 것을 아셨습니다.

그런데 그 의중을 아는 사람이 당시에는 없었습니다. 예수님은 제자들에게 여러 번 암시를 주셨으나 그들은 믿기를 거부했습니다. 구원자인 메시아가 죽는다는 말은 듣도 보도 못한 말입니다. 제자들은 그럴 리 없다고 애써 현실을 부정했습니다.

예수님이 금문을 통과하실 때, 그곳에 많은 무리가 모여 있었습니다. 그중 일부는 갈릴리에서부터 주님을 따라다닌 사람들입니다. 나머지 사람들은 유월절을 지키기 위해 모인 사람들입니다. 당시 유대인들은 메시아가 속히 나타나 로마의 속박으로부터 해방시켜 주기를 학수고대하고 있었습니다. 누군가에게서 조금이라도 범상치 않은 일이 일어나면 "혹시 저 사람이 메시아가 아닐까?"라고 생각했습니다. 그런 상황이었기에 예수님이 갈릴리에서의 모든 사역을 마치고 예루살렘에 입성하셨을 때, 무리가 흥분하는 것은 당연한 일이었습니다.

그들은 예수님이 가시는 길에 겉옷을 벗어 길에 펴고 나뭇가지를 꺾어 깔았습니다. 겉옷을 벗어 길에 펴는 것은 왕에게 존경심을 표현하는 행동입니다. 또 군중들이 나뭇가지를 꺾어 흔들며 찬양을 부르는 장면은 마카비 혁명 당시의 장면을 연상하게 합니다. 그들은 예수님이 메시아라고 생각했습니다. 몹시 기쁜 나머지 그들은 해서는 안 될 말까지 입에 담았습니다. "호산나, 다윗의 자손께! 복되시다, 주님의 이름으로 오시는 분! 더없이 높은 곳에서 호산나!" 유대교 신앙에 따르면, 이 찬사는 인간에게 바칠 수 있는 찬사가 아닙니다. 하나님께만 어울리는 찬사입니다. 그 찬사를 예수님께 쏟아 놓은 것입니다. 그들은 예수님이 메시아라고 확신하고 있었습니다.

예수님이 메시아라는 사실을 알아차린 것은 좋았습니다. 예수님의 의도를 제대로 파악한 것입니다. 하지만 그 메시아가 무엇을 하실 것인지에 대해서 무리들은 예수님과 전혀 다른 생각을 가지고 있었습니다. 그들은 메시아로서 예수님이 갈릴리에서 드러내신 그 놀라운 능력으로 로마군을 몰아내고 이스라엘 왕국을 다시 세울 것을 기대했습니다. 제자들도 마찬가지였습니다. 야고보와 요한은 그 왕국에서 가장 높은 자리에 앉게 해 달라고 청탁할 정도였습니다.

바로 그런 까닭에 이 무리 중 일부는 닷새 만에 빌라도 앞에서 "예수를 십자가에 못 박으시오!"라고 외쳤으며, 제자들은 십자가에 예수님을 내버려둔 채 뿔뿔이 흩어진 것입니다. 그들은 메시아를 간절히 기다렸고 메시아를 알아보았으나, 메시아가 주려고 한 것에 대해서는 관심이 없었습니다. 그들은 누군가로부터 구원받기를 간절히 원했지만, 메시아가 주려는 구원에는 관심이 없었습니다. 수술이 필요한 환자가 의사에게 진통제를 구하는 것과 같은 형국이라 할 수 있습니다. 주님은 인간의 불행을 근본적으로 고칠 구원의 길을 여시려 하는데, 무리들은 지금 당장 먹고 사는 문제를 해결해 주기를 기대한 것입니다.

3

우리는 나귀를 타신 주님을 환영하는 무리와 같다 할 수 있습니다. 우리는 각자 주님께 바라는 것이 있습니다. 주님의 이름을 부르고 주님을 찬양하면서 주님께 구하고자 하는 것이 있습니다. 그 모든 간구를 주님이 기쁘게 받으실 것입니다.

하지만 잠시 스스로에게 물어보십시오. 주님은 우리에게 무엇을 주고 싶어 하실까요? 물론, 주님은 우리가 구하는 것을 주고 싶어 하십니다. 우리를 사랑하시기 때문입니다. 하지만 주님은 거기서 그치시길 원치 않으십니다. 때로는 우리가 원치 않는 것을 주고 싶어 하십니다. 지금은 우리 눈이 어두워서 무엇이 정말 우리에게 필요한 것인지 알지 못합니다. 주님은 우리 눈이 열려 진리를 바라보며 지금으로서는 상상하지도 못할 것을 얻기 바라십니다. 사실, 주님은 그것을 주시기 위해서 오셨습니다.

그러므로 영적 여정을 걸으면서 늘 자신을 주님께 활짝 열어 놓으십시오. 우리의 필요를 계속 구할 뿐 아니라, 주님이 다른 것을 주실 수도 있음을 기억하십시오. 때로는 그것이 실망스럽게 보이고, 그리 중요한 것이 아니라는 느낌이 들 수도 있습니다. 하지만 결국에는 그분이 우리에게 가장 좋은 것을 주셨다는 사실을 알게 될 것입니다.

그러므로 기대하십시오. 설레는 마음으로 기대하십시오. 주께서 주시는 '예기치 않은 은혜'를 사모하며 구하십시오. 주께서 은혜를 주실 것입니다. 아멘!

오늘 말씀을 통해 나에게 들려주시는 성령의 음성에 귀 기울이며
잠시 묵상과 기도의 시간을 가지십시오.

2

성전을 깨끗하게 하시다
마태복음 21:12-17

예수께서 성전에 들어가셔서, 성전 뜰에서 팔고 사고 하는
사람들을 다 내쫓으시고, 돈을 바꾸어 주는 사람들의 상과
비둘기를 파는 사람들의 의자를 둘러엎으시고, 그들에게 말씀하셨다.
"성경에 기록한 바, '내 집은 기도하는 집이라고 불릴 것이다' 하였다.
그런데 너희는 그것을 '강도들의 소굴'로 만들어 버렸다."
── 마 21:12-13

I

하나님은 예언자들을 통해 장차 오실 메시아에 대해 여러 가지 예언을 남기셨습니다. 예수님은 그 예언들이 당신 안에서 이루어지는 것을 보셨고 메시아로서 그 예언들을 이루셨습니다.

구약성경의 마지막 책인 말라기에 보면 이런 말씀이 나옵니다.

"내가 나의 특사를 보내겠다. 그가 나의 갈 길을 닦을 것이다. 너희가 오랫동안 기다린 주가, 문득 자기의 궁궐에 이를 것이다. 너희가 오랫동안 기다린, 그 언약의 특사가 이를 것이다. 나 만군의 주가 말한다. 그러나 그가 이르는 날에, 누가 견디어 내며, 그가 나타나는 때에, 누가 살아남겠느냐? 그는 금과 은을 연단하는 불과 같을 것이며, 표백하는 잿물과 같을 것이다. 그

는, 은을 정련하여 깨끗하게 하는 정련공처럼, 자리를 잡고 앉아서 레위 자손을 깨끗하게 할 것이다. 금속 정련공이 은과 금을 정련하듯이, 그가 그들을 깨끗하게 하면, 그 레위 자손이 나 주에게 올바른 제물을 드리게 될 것이다. 유다와 예루살렘의 제물이 옛날처럼, 지난날처럼, 나 주를 기쁘게 할 것이다." (말 3:1-4)

여기서 말하는 '하나님의 특사'는 메시아를 가리킵니다. 메시아가 오시는 날, 그분은 '자기의 궁궐'에 이를 것입니다. '자기의 궁궐'은 말할 것도 없이 성전을 가리킵니다. 메시아가 성전에 임하여 마치 금속 정련공이 은과 금을 정련하듯이 성전을 깨끗하게 하실 것입니다. 성전은 정련되어야 하는 광물처럼 불순물로 뒤범벅되어 있습니다. 메시아가 임하실 때 가장 먼저 하실 일은 오염되고 타락한 성전을 정화시키는 것입니다.

성전을 정화시킨다는 말은 쓰레기를 치우고 먼지를 닦아 낸다는 뜻이 아닙니다. 물론 그것도 필요하겠지만, 더 중요한 것은 성전에서 드려지는 제물을 깨끗하게 한다는 말입니다. 주님이 제사를 기쁘게 받으실 수 있도록 제물을 깨끗하게 한다는 뜻입니다. 제물을 깨끗하게 한다는 말은 제물을 드리는 사람들을 깨끗하게 한다는 뜻입니다. 세상에서는 불의하고 부정하게 살면서 제물로써 하나님을 기쁘시게 하려 한다면, 그 제물은 부정하고 오염된 것입니다. 그것이 성전을 더럽게 하는 것입니다.

제사도 중요하고 제물도 정결해야 하지만, 가장 중요한 것은 제물을 드리는 제사장, 레위인 그리고 제사 드리는 사람들입니다. 그들의 마음과 영혼이 깨끗해야만 제물이 정결해지고, 그래야만 성전이 정결해집니다. 그래서 말라기 3장 5절에서 하나님은 이렇게 말씀하십니다.

"내가 너희를 심판하러 가겠다. 점치는 자와, 간음하는 자와, 거짓으로 증언하는 자와, 일꾼의 품삯을 떼어먹는 자와, 과부와 고아를 억압하고 나그네를 학대하는 자와, 나를 경외하지 않는 자들의 잘못을 증언하는 증인으로, 기꺼이 나서겠다. 나 만군의 주가 말한다."

2

메시아의 사명을 완수하기 위해 마침내 예루살렘에 이르신 예수님은 말라기를 통해 예언된 말씀을 따라 성전산에 올라가십니다. 당시 성전에는 바깥 성벽으로 에워싸인 넓은 광장이 있었고, 그 안에 성전 본채가 있었습니다. 성전 본채 바깥에 있는 광장을 '이방인의 뜰'이라고 부릅니다. 성전 본채 안으로 들어갈 자격이 없는 사람들, 즉 이방인과 장애인들은 이 뜰에 머물러야 했습니다.

이 뜰에서는 여러 가지 일들이 벌어지고 있었습니다. 구걸하며 다니는 거지와 장애인들이 있었습니다. 유대교 사고방식에 따르면, 제사를 통해 용서받을 수 있는 죄는 과실의 죄뿐입니다. 고의적으로 범한 죄는 선행으로 상쇄하는 수밖에 없었습니다. 그러한 까닭에 거지와 장애인이 필요했습니다. 거지와 장애인들은 그래서 구걸하는 일에 당당했습니다. "우리를 돕지 않으면 너희는 구원받을 수 없다"고 생각했기 때문입니다. 제사 드리는 사람과 구걸하는 사람들은 공생 관계에 있었던 것입니다.

이방인의 뜰에는 돈 바꾸는 사람들과 제물로 쓸 짐승을 파는 사람들도 있었습니다. 당시 통용되던 동전에는 이교 신상이나 황제의 상이 새겨져 있었기 때문에 하나님께 드릴 수 없다고 생각했습니다. 그래서 성전에서 통용되는 돈으로 바꿔야 했습니다. 한편 제사장의 검사에 반드시 통과할 만한 흠 없는 짐승을 파는 상인들도 있었습니다. 이들은 모두 제사장들과 결탁하여 이권을 챙기고 있었습니다. 상인들은 제사장들을 등에 업고 부당한 이득을 챙기고, 그중 일부를 제사장들에게 상납한 것입니다. 집에서 기르던 짐승을 가져오면 아무리 흠 없는 것이라 해도 제사장의 검사에서 퇴짜를 맞았기 때문에 별 수 없이 손해를 봐야 했습니다.

성전에 당도하신 예수님은 일대 소동을 벌이셨습니다. 장사하는 사람들을 몰아내고, 그들이 펼쳐 놓은 좌판을 뒤집어엎으셨습니다. 그러고는 이렇게 말씀하십니다.

"성경에 기록한 바, '내 집은 기도하는 집이라고 불릴 것이다' 하였다. 그런데 너희는 그것을 '강도들의 소굴'로 만들어 버렸다." (13절)

이 말씀은 예수님이 왜 소동을 일으키셨는지 말해 줍니다. 말라기가 예언한 그 일을 주님이 하고 계신 것입니다. 성전은 이미 강도의 소굴로 전락했습니다. 제사장의 권력을 등에 업고 부당 이득을 착복하는 상인도 강도요, 그들의 뒤를 봐주면서 이득을 챙기는 제사장과 레위인도 강도입니다. 그들의 부정을 환히 알면서도 오직 자신이 받을 복을 바라고 제사를 드리는 사람도 강도입니다. 그들은 가정과 일터에서 부정하고 불의하게 행동하면서도 제사만 잘 드리면 하나님이 기뻐하실 것이라고 착각했습니다. 예수님은 그들을 모두 강도로 규정하셨습니다.

예수님의 행동과 말씀에 대제사장과 율법학자들이 화를 내는 것은 당연한 일입니다. 그들은 강도의 두목이었기 때문입니다. 그들의 은밀한 강도짓이 탄로가 났기 때문입니다. 모두가 그들의 권력이 무서워 모른 체하는데, 촌에서 올라온 무명의 설교자가 그들의 치부를 폭로한 것입니다. 이 일로 인해 대제사장과 율법학자들은 예수님을 제거하기로 결심합니다. 그분을 그냥 두고는 강도짓을 계속할 수 없었기 때문입니다. 예수님은 그들의 완고한 마음을 보시고는 성전이 마침내 하나님의 심판을 받을 것이라고 예언하셨습니다. 그리고 그 예언은 얼마 후 성취되었습니다.

3

이 말씀을 묵상하며 오늘날의 교회를 돌아봅니다. 이 이야기를 곧이곧대로 받아들여 교회 안에서는 어떤 종류의 판매 행위도 있어서는 안 된다고 주장하는 이들이 있습니다. 그것은 말씀의 초점을 오해한 것입니다. 교회로 모여 사고파는 일에 더 많은 시간과 정력을 사용한다면, 그것은 큰 잘못입니다. 교회로 모였다면 예배와 기도를 최우선시하며 가장 많은 시간을 할애해야 합니다. 하지만 이렇게 행한다 해도 여전히 교회를 강도의 소굴로 만들 가능성이 있습니다.

이 말씀 앞에서 목회자들이 먼저 면밀하고 냉철하게 자신을 돌아보아야 합니다. 교회로 모여 진실로 주님과 소통하고 있는지, 진정한 예배와 기도가 있는지, 그 모든 활동의 관심이 하나님 나라에만 집중되어 있는지, 인간의 욕심이나 야망이 그 안에 뒤섞여 있는 것은 아닌지, 교회로 모여 예배드릴 때와 동일한 마음으로 이 세상에서 정직하고 의롭고 거룩하게 살고 있는지, 그래서 교회로 모여 드리는 우리 예배를 하나님이 기뻐 받으실 것인지 두렵고 떨리는 마음으로 물어야 합니다.

이 말씀을 묵상하면서 교회를 위해 기도합니다. 메시아이신 주님이 교회를 정련하셔서 의롭고 거룩하고 정결한 공동체로 빚어 주시기를 기도합니다. 오늘날에도 교회들이 끊임없이 부끄러운 모습을 드러내고 있습니다. 인간의 탐욕과 야망이 제물에 뒤섞였기 때문입니다. 하나님도, 이 세상도 거룩하고 정결한 교회를 찾고 있습니다. 그런 교회가 되려면 정련되어야 합니다.

또한 이 말씀 앞에서 믿는 이들은 누구나 기도해야 합니다. 다시 오실 주님은 교회를 가장 먼저 찾으시겠지만, 동시에 우리 각자의 성전을 찾으실 것입니다. 주님이 당신의 마음에 찾아오신다면 무엇을 보실 것 같습니까? 주님이 당신 마음을 보시고 강도의 소굴이라고 말씀하시지 않겠습니까? 당신의 정화되지 않은 욕망과 야망과 부정적인 감정들을 보시지 않겠습니까? 우리 마음은 가장 먼저 하나님을 만나는 성소가 되어야 합니다. 그 성소가 얼마나 정돈되어 있습니까? 우리 마음에 가장 자주 일어나는 일이 기도입니까?

주님이 마음의 성전에 임하셔서 정련해 주시기를 구하십시오. 불순물로 가득한 광물을 녹여 순수한 금과 은을 뽑아내듯, 우리 마음을 녹이시고 흔드시고 걸러 주시기를 구하십시오. 그러면 보일 것입니다. 하나님의 그 영광스러운 얼굴이! 그래서 주님은 "마음이 깨끗한 사람은 복이 있다. 그들이 하나님을 볼 것이다"라고 말씀하신 것입니다.

> 오늘 말씀을 통해 나에게 들려주시는 성령의 음성에 귀 기울이며
> 잠시 묵상과 기도의 시간을 가지십시오.

3

무화과나무를 저주하시다

마태복음 21:18-22

새벽에 성 안으로 들어오시는데, 예수께서는 시장하셨다.
마침 길 가에 있는 무화과나무 한 그루를 보시고,
그 나무로 가셨으나, 잎사귀밖에는 아무것도 없으므로,
그 나무에게 말씀하셨다.
"이제부터 너는 영원히 열매를 맺지 못할 것이다!"
그러자 무화과나무가 곧 말라 버렸다.
—— 마 21:18-19

I

예루살렘에 도착하신 첫날, 예수님은 성전에서 소동을 일으키시고 저녁에 베다니로 내려가 쉬십니다. 다음 날, 오늘로 하면 월요일 새벽, 예수님은 다시 예루살렘 성 안으로 들어오십니다. 성전으로 가는 길이었습니다.

아마도 아침 식사를 하지 않으셨던 것 같습니다. 예수님은 길을 걸어가시면서 주변에 서 있는 나무를 돌아보십니다. 혹시 먹을 만한 열매가 없을까 싶어서 그랬던 것 같습니다. 때는 아직 이른 봄이기 때문에 먹을 만한 열매를 찾을 수 없었습니다. 그때, 주님의 눈에 들어온 것이 무화과나무입니다. 주님은 그 나무에게 가까이 가서 무엇이 좀 열렸나 들여다보십니다. 하지만 무성한 잎사귀밖에는 아무것도 없었습니다. 아직 무화과 열매가 열릴 때가 아니었기 때문입니다.

그것을 보시고 주님은 이해하기 힘든 행동을 하십니다. 그 나무를 저주하신 것입니다. "이제부터 너는 영원히 열매를 맺지 못할 것이다!" 그런데 더 놀라운 것은 무화과나무가 마법에라도 걸린 듯 생기를 잃고 말라 버린 것입니다.

이 이야기는 우리 눈을 의심하게 만듭니다. 예수님이 시장기를 참지 못하여 애꿎은 나무에게 화풀이하시는 것처럼 보이기 때문입니다. 배가 고프거나 피곤해지면 신경이 예민해지고 짜증이 나는 것은 당연한 일입니다. 하지만 예수님이 그러셨다는 것은 상상하기 어려운 일입니다. 우리는 이 이야기를 읽으며 "어, 예수님이 어쩌면 그럴 수 있어?"라고 생각할 수도 있지만 "예수님이 이렇게 행동하신 데는 필경 무슨 뜻이 있겠지"라고 한번 더 생각해 봐야 합니다.

우리는 자주 이와 같은 실수를 범하곤 합니다. 평소에 잘 알고 지내던 사람이 전혀 그 사람답지 않은 행동을 할 때가 있습니다. 그럴 경우, "그 사람이 그럴 사람이 아닌데 무슨 이유가 있겠지"라고 생각하는 것이 마땅합니다. 그런데 너무 자주 그리고 너무 쉽게 "어, 그 사람이 그런 사람이었어?"라고 의문을 던집니다.

예수님이 짜증을 내실 분도 아니지만, 혹시 그랬다면 무슨 이유가 있을 것입니다. 아니, 주님은 짜증나서 무화과나무를 저주하신 것이 아닙니다. 말 한마디도 그냥 내뱉는 분이 아니셨기 때문입니다.

그렇다면 주님은 왜 무화과나무를 저주하셨을까요? 그 대답은 "잎사귀밖에는 아무것도 없으므로"라는 구절에 담겨 있습니다. 전날, 주님은 강도의 소굴이 되어 버린 성전에서 소동을 일으키셨습니다. 얼마나 마음이 심란하셨겠습니까? 그날 밤, 베다니에 있는 친구 나사로의 집에서 하룻밤을 지내시면서 거룩한 하나님의 집이 강도의 소굴이 되어 버린 것으로 인해 괴로워하셨을 겁니다. 아마 한잠도 못 주무셨을 것입니다. 새벽 일찍 다시 성전으로 향한 것을 보면 알 수 있습니다.

그런 마음으로 성전으로 가던 중에 먹을 것이 없나 싶어 주변을 살피셨습니다. 그러던 중에 잎만 무성한 무화과나무를 보게 되셨습니다. 그 순간 그분의 마음에 형식만 무성한 성전이 생각났을 것입니다. 정작 맺어야 할 사랑과 정의와 성실의 열매는 없고, 복잡하기 짝이 없는 여러 가지 규정으로 올리는 제사만 남아 있었습니다.

하나님께 올린다는 명목으로 드려지는 그 수많은 제사들은 면허 받은 강도들의 배만 불리고 있었습니다. 주님은 열매 맺지 못하는 성전의 운명을 암시하기 위해 무화과나무를 저주하셨습니다.

그렇다 해도 여전히 애꿎게 죽은 무화과나무가 불쌍해 보입니다. 환경주의자들은 예수님의 처사를 비난할지 모릅니다. 하지만 예수님이 모든 생명의 주인이라는 사실을 기억해야 합니다. 예루살렘에 들어오실 때 나귀와 나귀 새끼를 풀어 오라고 제자들에게 말씀하십니다. 만일 주인이 무슨 말을 하거든 "주님께서 쓰시려고 하십니다"라고 대답하라고 하셨습니다. 이 말씀 안에 예수님의 정체가 암시되어 있습니다. 그분은 인간만이 아니라 모든 생명의 주인이십니다. 주님이 쓰시겠다고 하면 어떻게 쓰시든 쓰임받는 생명에게는 영예요 기쁨입니다. 그렇다면, 저주받은 무화과나무는 불쌍한 것이 아니라 영예로운 존재가 된 것입니다.

2

예수님의 말씀이 떨어지자 무화과나무가 곧 말라 버립니다. 그것을 보고 제자들이 놀라서 묻습니다. "무화과나무가 어떻게 그렇게 당장 말라 버렸을까?"

제자들은 또 헛다리를 짚습니다. 주님이 왜 그런 말씀을 하셨는지, 무화과나무가 말라 버린 것을 통해 무엇을 말씀하려 하시는지를 깊이 생각하지 않았습니다. 그들에게는 무화과나무가 즉시 말라 버린 현상이 기이할 뿐이었습니다.

그런데 주님은 제자들의 생각을 모른 체하지 않으십니다. 당신의 진의를 몰라주는 제자들을 책망하지도 않으십니다. 어차피 당신의 모든 말씀과 행적의 의미가 부활 이후에나 드러날 것이었기 때문입니다. "때가 되면 알게 되리라"라는 마음으로 주님은 제자들의 궁금증에 대답하십니다.

"내가 진정으로 너희에게 말한다. 너희가 믿고 의심하지 않으면, 이 무화과나무에 한 일을 너희도 할 수 있을 뿐 아니라, 이 산더러 '들려서 바다에 빠져라' 하고 말해도, 그렇게 될 것이다. 또 너희가 기도할 때에, 이루어질 것을 믿으면서 구하는 것은, 무엇이든지 다 받을 것이다." (21-22절)

주님은, 이 모든 일이 일어난 것은 살아 계신 하나님을 의지한 까닭이라고 대답하십니다. 하나님이 우리 중에 활동하고 계시다는 믿음이 분명하다면, 말 한마디로 산을 옮길 수도 있다고 말씀하십니다. 기도할 때 가장 중요한 것은 기도의 대상인 하나님을 진실로 믿는 것이라는 뜻입니다.

이 말씀을 하실 때조차도 예수님은 성전에 대해 생각하고 계십니다. 성전에서 이루어지는 그 많은 제사와 의식 안에 정작 있어야 할 알맹이가 빠져 있습니다. 그것은 바로 살아 계신 하나님에 대한 믿음입니다. 하나님이 일하고 계시다는 믿음 그리고 그분께 실제로 의지하고 살아가는 삶이 필요합니다. 제사와 형식은 그 믿음을 위해 존재하는 것이고 그 믿음 때문에 생긴 것입니다. 그런데 어느새 믿음은 증발되어 없어져 버리고 형식만 남은 것입니다.

기도 역시 그렇습니다. 기도는 주술이 아니며 자기 최면도 아닙니다. '하면 된다'는 신념도 아닙니다. 살아 계신 하나님을 믿는 것이며, 살아 계신 하나님을 의지하는 것입니다. 그분에게 나의 문제를 맡기는 것입니다.

그것이 기도의 핵심입니다. 목소리가 커야만 하는 것도 아니고, 오래 기도해야만 하는 것도 아니며, 뭔가 특별한 방법을 써야 하는 것도 아닙니다. 기도는 하나님을 향한 믿음 때문에 하는 것이며, 참된 기도는 하나님께 나아가 더 깊이 의지하게 만드는 것입니다. 그때, 하나님은 우리 안에서 변화를 만들어 내십니다.

주님이 대답으로 주신 말씀을 오해한 이들이 많습니다. 우리 욕심이 이 말씀을 우리 멋대로 해석하게 만들어 버립니다. 믿고 구하기만 하면 우리가 원하는 것은 무엇이든 얻을 수 있는 것처럼 오해하게 만듭니다.

얼마 전에 스네이크 핸들러(Snake handler) 이야기가 뉴스에 났습니다. 미국의 오순절 교파 안에는 예배 중에 뱀을 다루는 예식을 하는 교회가 있습니다. 그들은 마가복음 16장 18절 즉, "손으로 뱀을 집어들며, 독약을 마실지라도 절대로 해를 입지 않을 것이다"라는 말씀을 문자 그대로 믿고 독사를 맨손으로 다룹니다. 이 교파에 속한 제이미 쿠츠(Jamie Coots)라는 목사가 텔레비전 생방송 쇼에 나와서 독사를 다루다가 물렸습니다. 그는 한사코 치료를 거부하다 결국 숨졌습니다.

믿고 구하면 무엇이든 얻을 수 있다는 믿음이나, 성경에 나와 있는 이적을 모방하는 믿음이나 별로 다르지 않습니다. 이것은 하나님의 말씀을 자기 욕심대로 왜곡한 것입니다. 인간의 욕심은 참으로 교활하여 그 어떤 것이라도 자기에게 유리하도록 왜곡시키는 능력을 가지고 있습니다.

"하나님은 모든 일을 하실 수 있지만, 아무 일이나 하시지는 않는다"라는 유명한 말이 있습니다. 사람들을 모아 놓고 독사를 다루면서 하나님이 안전하게 해주실 것이라고 과시하는 것은 하나님을 시험하는 일입니다. 하나님은 꼭 필요한 일이라면 무엇이든 하시지만, 아무 일이나 하시지는 않습니다. 우리가 믿고 구하기만 하면 무엇이든 이루어 주시는 분이라면, 우리가 믿는 하나님은 알라딘의 요술 램프에 사는 지니와 별로 다르지 않습니다. 지니에게는 무한한 능력은 있으나 생각이 없었습니다. 하지만 우리가 믿는 하나님은 전능하시면서도 전지하신 분입니다. 아무것이나 구한다고 응답해 주시지 않습니다.

그렇다면 예수님은 왜 이렇게 말씀하셨습니까? 아무것이나 구하라는 뜻으로 말씀한 것이 아니라, 믿음으로 기도하라고 말씀하신 것입니다. "아니, 믿지 않고 기도하는 사람도 있습니까?"라고 반문할 수 있습니다. 당신의 기도를 잘 살펴보십시오. 하나님이 진실로 역사하고 계심을 믿기에 그분에게 자신을 맡기는 믿음으로 기도하는 경우는 그렇게 많지 않습니다. 불안하기 때문에 기도하고, 답답하기 때문에 기도하고, 신세 한탄할 곳이 없어서 기도합니다. 주님은 기도할 때면 언제나 하나님이 정말로 그 기도를 듣고 계시고 역사하신다는 믿음을 가지고 기도하라고 하십니다. 그렇게 기도하면 하나님이 분명히 들으시고 응답해 주신다는 뜻입니다. 꼭 내가 구한 대로 응답하시지 않더라도, 그 기도가 땅에 떨어지지 않게 하신다는 뜻입니다.

3

이 말씀에 우리 자신을 비추어 봅니다. 주님이 우리에게 열매를 찾으실 때 우리는 어떤 열매를 내놓을 수 있습니까? 우리에게는 잎사귀가 많이 있습니다. 예배도 드리고, 큐티도 열심히 하고, 적지 않은 물질을 드립니다. 이런저런 일로 봉사도 하고, 성경을 배우기도 합니다. 그것은 모두 잎사귀입니다. 그렇게 잎사귀가 자라다 보면 어느새 열매가 맺혀야 합니다. 거룩함, 선함, 절제, 친절, 사랑, 자족, 기쁨 등 헤아릴 수 없이 많은 종류의 열매가 열리게 됩니다. 그 열매가 당신에게 있습니까?

이 질문 앞에서 자신 있는 사람은 별로 없을 것입니다. 자신을 제대로 아는 사람이라면 겸손히 고개 숙이고 기도할 것입니다. 주님이 찾으시는 열매가 우리의 생각과 언행에 맺혀지기를 구할 것입니다. 그냥 답답해서 구하는 것이 아니라, 주님이 진실로 내 안에서 활동하고 계시다는 사실을 믿고 구한다면, 주님이 필경 그 소원을 이루어 주실 것입니다. 우리 안에서 주님이 찾으시는 열매를 맺는 것은 말 한마디로 산을 옮기는 것보다 더 큰 기적입니다. 그래서 더욱 마음을 낮추고 더욱 간절히 기도합니다. 오직 주님만 참된 열매를 맺으실 수 있기 때문입니다.

> 오늘 말씀을 통해 나에게 들려주시는 성령의 음성에 귀 기울이며
> 잠시 묵상과 기도의 시간을 가지십시오.

4
권위에 대한 질문에 답하시다
마태복음 21:23-27

> 예수께서 성전에 들어가서 가르치고 계실 때에,
> 대제사장들과 백성의 장로들이 다가와서 말하였다.
> "당신은 무슨 권한으로 이런 일을 하시오?
> 누가 당신에게 이런 권한을 주었소?"
> 예수께서 그들에게 이렇게 대답하셨다.
> "나도 너희에게 한 가지를 물어보겠다. 너희가 대답하면,
> 나도 무슨 권한으로 이런 일을 하는지를 말하겠다.
> 요한의 세례가 어디에서 왔느냐? 하늘에서냐? 사람에게서냐?"
> —— 마 21: 23-25상

I

예수님은 무화과나무를 희생양으로 삼아 제자들을 가르치신 후 성전으로 들어가십니다. 전날에 있었던 일을 기억하고 사람들이 예수님 곁으로 모여들었을 것입니다. 예수님이 그들을 '가르치셨다'고 써 있습니다. 아마도 전날에 있었던 일과 관련하여 성전에 대해 가르치셨을 것입니다. 성전이 원래 어떠해야 하는지, 지금 성전에는 어떤 문제가 있는지, 왜 당신이 그런 행동을 하게 되었는지 그리고 장차 성전이 어떻게 될 것인지를 말씀하셨을 것입니다.

그때 대제사장과 백성의 장로들이 다가왔습니다. 예수님의 말씀을 듣고 있던 사람들은 뭔가 심각한 분위기에 질려 뒷걸음쳤을 것입니다. 그들은 분노의 열기를 내뿜으면서 묻습니다. "당신은 무슨 권한으로 이런

일을 하시오? 누가 당신에게 이런 권한을 주었소?"

전날 예수님이 하신 일과 말씀은 성전의 권력자들에게는 참을 수 없는 도발이었습니다. 실제로 예수님이 일으킨 소동 때문에 몇 시간 동안 제사가 중단되었을 것입니다. 제물로 바칠 짐승을 살 수 없으니 제사를 드릴 수 없었던 겁니다. 성전에서 제사가 중단되는 것은 상상할 수 없는 일이었습니다. 특히 성전의 권력자들에게는 상당한 이권이 걸린 문제였습니다. 뿐만 아니라 그들은 성전에 대한 공격을 그들의 권위에 대한 저항이요 하나님에 대한 공격이라고 생각했습니다. 이름 없는 갈릴리 예언자가 나타나서 성전 권력과 하나님을 향해 대든 것이라 여겼습니다.

성전에서 눈 먼 사람들과 다리 저는 사람들을 고쳐 주신 일도 문제가 되었습니다. 기록은 없지만, 주님은 그들을 치유해 주시면서 그들의 죄를 용서해 주셨을 것입니다. 늘 그리 하셨기 때문입니다. 치유받은 당사자들에게는 몹시 기쁜 일입니다. 그 광경을 지켜본 순례객들도 기뻐했을 것입니다. 하지만 성전 권력자들에게는 그것 역시 참을 수 없는 일이었습니다. 장애인과 거지들은 성전의 제사 제도를 유지하기 위해서는 꼭 필요한 존재였습니다. 또한 성전은 오직 하나님만이 죄를 용서하실 수 있다는 상징이었습니다. 그런데 그 성전 마당에서 질병을 치유하고 죄 용서를 선언한 것입니다. 참을 수 없는 신성모독이었습니다.

그들은 이미 예수를 제거하기로 결정했습니다. 이제는 그를 잡아넣을 구실만 찾으면 됩니다. 그들은 "당신은 무슨 권한으로 이런 일을 하시오? 누가 당신에게 이런 권한을 주었소?"라고 질문합니다. 그들은 예수님이 스스로 메시아라고 생각하고 말하고 행동하고 있음을 알았습니다. 그래서 이렇게 질문하면 걸려들 줄 알았습니다.

"내가 메시아다. 하나님이 내게 이 권한을 주셨다"고 대답하면, 성전에서 경비를 서던 로마 군인들이 즉시 그를 체포해 갈 것이었습니다. 그것이 두려우면 스스로 자신은 메시아가 아니라고 부정할 터였습니다. 어떤 대답을 하든, 예수는 꼼짝없이 올무에 걸린 것입니다. 그들로서는 아주 기가 막힌 작전이었습니다.

예수님은 그들의 의중을 이미 꿰뚫어 보고 있었습니다. 그들의 질문은 대답할 가치가 없었습니다. 궁금해서 하는 질문이 아니라 함정에 빠뜨리기 위해서 던진 질문이었기 때문입니다. 그래서 예수님은 이렇게 되물으십니다. "나도 너희에게 한 가지를 물어보겠다. 너희가 대답하면, 나도 무슨 권한으로 이런 일을 하는지를 말하겠다. 요한의 세례가 어디에서 왔느냐? 하늘에서냐? 사람에게서냐?"

세례 요한은 헤롯 안티파스에게 살해당한 후에 점점 더 많은 이들에게 '돌아온 엘리야'로 인정받고 있었습니다. 그 자리에 모인 사람들 중 다수가 세례 요한을 하나님이 보내신 예언자로 믿고 있었습니다. 성전 권력자들만 믿지 않았습니다. 그들은 수군거리며 의논했습니다. "세례 요한은 하나님이 보낸 예언자가 아니었다"고 대답하면, 무리로부터 비난받을 것이 분명했습니다. 그렇다고 "세례 요한은 하나님이 보낸 메시아였다"고 대답하면, 예수님이 "그런데 왜 당신들은 그를 믿지 않았는가?"라고 되물을 것이 뻔했습니다.

그들은 되받아칠 묘안이나 뾰족한 대답을 찾지 못합니다. 할 수 없이 그들은 "우리는 모른다"고 대답합니다. 그러자 예수님은 "나도 내가 무슨 권한으로 이런 일을 하는지를 너희에게 말하지 않겠다"고 대답하십니다. 이렇게 대답하심으로써 예수님은 그들이 파 놓은 함정에 빠지지 않으면서도 당신이 하고 싶은 말을 다 하십시오. 귀 있는 사람은 예수님이 하시고자 하는 말씀을 알아들었을 것이기 때문입니다.

2

대제사장과 장로들에 대해 생각해 봅니다. 유대교 전통에 의하면 대제사장은 한 사람입니다. 예수님 당시에 현직 대제사장은 가야바였습니다. 그러니까 '대제사장들'이라고 복수를 쓰는 것은 옳지 않습니다. 하지만 당시 은퇴한 대제사장 안나스가 살아 있었습니다. 그 역시 대제사장으로 불렸습니다. 뿐만 아니라 대제사장 측근에서 보좌하고 있던 고위직 제사장도 같은 부류로 여겨졌습니다. 그러므로 '대제사장들'은 현직 대제사장을 에워싸고 있던 성전 권력자들을 가리킵니다. '장로들'은 권위를 인정받은 율법학자들을 가리킵니다. 그들은 로마 정부의 허락 하에 성전의 모든 일을 결정하고 집행하던 사람들입니다. 유대인들에게는 막강한 권력을 가진 사람들입니다.

그들에게 종교는 권력의 도구요 치부 수단이 되었습니다. 그들은 하나님을 믿는다고는 하지만 실은 하나님을 이용하고 있었습니다. 물론 다 그런 것은 아니었을 것입니다. 하지만 대다수의 성전 권력자들은 성전 안에서 일어나고 있는 강도짓에 눈이 멀어 있었습니다. 아니, 눈을 질끈 감고 묵인하고 있었을 것입니다.

때로는 그래서는 안 된다는 생각이 들었겠지만, 내려놓기에는 너무 많은 것을 가지고 있었습니다. 그들 중에는 예수 그리스도가 메시아일 거라고 생각한 사람도 있었을 것입니다. 하지만 그들에게는 메시아를 받아들일 자리가 없었습니다. 메시아를 받아들이면 포기해야 할 것들이 너무 많았기 때문입니다. 그렇기 때문에 그들은 도리질하면서 진실을 부정했을 것입니다. 그러고는 생각했을 것입니다. 아닐 거라고. 그럴 리 없다고. 메시아가 저럴 수 없다고. 그가 메시아인지를 알아보기 위해서라도 그를 위기에 몰아넣어야 한다고. 그래서 그들은 예수를 제거하기로 합의하고 계략을 짰던 것입니다.

종교 영역 안에서 권력을 가지는 것은 위험천만한 일입니다. 하나님을 믿는 것이 아니라 이용하게 만드는 유혹이 항상 도사리고 있기 때문입니다. 자신이 누리는 것을 지키기 위해서 하나님을 이용하게 만듭니다. 목회자는 자신이 서 있는 자리에서 누릴 수 있는 모든 것에서 마음을 지켜야 합니다. 그렇지 않으면 순식간에 하나님을 이용하는 자리로 내려앉게 됩니다. 그렇게 되면 더 이상 하나님이 보이지 않습니다. 하나님의 음성도 들리지 않습니다. 어쩌다 하나님의 음성이 들린다 싶으면 외면하고 부정하고 억누릅니다.

목사만 그런 것이 아닙니다. 진정한 예수의 제자가 되기를 바라는 사람들은 높아질 때, 부유해질 때, 성공할 때 그리고 인정받고 칭찬받을 때 조심해야 합니다. 그렇게 되지 말라는 뜻이 아닙니다. 믿는 사람도 그렇게 될 수 있습니다. 하지만 그것에 어떤 영적 위험이 도사리고 있는지를 기억해야 합니다. 그런 자리에 올라가면 하나님이 잘 보이지 않고 하나님의 음성이 잘 들리지 않는다는 것과, 하나님의 음성을 듣더라도 순종하기 어렵다는 것을 분명히 알아야 합니다. 높은 자리에 있으면 쉽게 낮아질 수 없습니다. 주변의 보는 눈 때문에 그렇기도 하고, 스스로 너무 높아져서 그렇기도 합니다.

3

우리는 좀더 높아지기를 추구할 것이 아니라 하나님의 뜻을 따라 사는 것을 가장 중요하게 여겨야 합니다. 그렇게 살다 보면 하나님이 높여 주실 수도 있고 부하게 하실 수도 있습니다. 그렇게 높아진 사람은 덜 위험합니다. 하나님이 내려앉으라고 할 때 서슴없이 내려앉을 수 있기 때문입니다. 하나님을 이용하는 것이 아니라 의지하고 신뢰할 수 있습니다. 자신에게 주어진 것을 하나님의 뜻을 위해 즐거이 사용하기 때문입니다.

하지만 자신의 노력으로 높아진 사람은 내려오기를 두려워합니다. 하나님을 이용해서라도 끝까지 그 자리에 머물러 있고 싶어 합니다. 그렇게 되면 하나님의 음성이 들리지 않습니다. 들어도 순종할 수 없습니다.

대제사장과 장로들은 특별한 죄인이나 악인이 아니었습니다. 우리와 별반 다르지 않았습니다. 그들이 메시아를 죽음으로 몰아넣은 가장 큰 이유는 그들이 가진 권력과 이권 때문이었습니다. 그들에게는 그것이 하나님보다 더 중요했습니다. 이와 동일한 위험이 우리에게도 있음을 알아야 합니다. 혹시 내가 서 있는 자리 때문에 하나님을 보지 못하는 것은 아닌지 혹은 하나님의 음성에 순종하지 못하는 것은 아닌지 늘 자신을 살펴야 합니다.

행여 "나에게는 지위도 없고 재산도 없고 명예도 없으니 걱정 없다"고 생각하지 않기를 바랍니다. 가진 게 많은 사람은 가진 것 때문에 위험할 수 있고, 가진 게 없는 사람은 갖고 싶은 욕망 때문에 위험할 수 있습니다. 높은 자리에 앉은 사람은 그 위치 때문에 하나님을 보지 못할 수 있고, 낮은 자리에 앉은 사람은 높은 자리를 탐하기 때문에 하나님이 보이지 않을 수 있습니다. 문제는 바로 마음입니다. 우리 마음이 무엇에 집중

하느냐에 따라 진실한 믿음에 서 있을 수도 있고 믿음으로 가장한 채 탐욕을 채울 수도 있습니다. 우리가 서 있는 자리가 어디든, 우리 손에 쥐여 있는 물질이 얼마든 주님의 음성을 듣고 언제든 민첩하게 순종할 수 있는 사람이 되기를 간절히 바랍니다.

오늘 말씀을 통해 나에게 들려주시는 성령의 음성에 귀 기울이며
잠시 묵상과 기도의 시간을 가지십시오.

5
두 아들의 비유를 말씀하시다
마태복음 21:28-32

> 예수께서 그들에게 말씀을 하셨다.
> "내가 진정으로 너희에게 말한다. 세리와 창녀들이 오히려 너희보다
> 먼저 하나님의 나라에 들어간다. 요한이 너희에게 와서,
> 옳은 길을 보여 주었으나, 너희는 그를 믿지 않았다.
> 그러나 세리와 창녀들은 믿었다. 너희는 그것을 보고도
> 끝내 뉘우치지 않았으며, 그를 믿지 않았다."
> —— 마 21:31하-32

I

예루살렘에서의 둘째 날, 예수님은 아직 성전에 계십니다. 이번에는 비유를 말씀하십니다. 예수님은 비유의 대가셨습니다. 단순한 비유도 사용하셨지만, 비유가 담긴 이야기들을 많이 만드셨습니다. 그분의 이야기들 속에는 반전과 해학이 있으며 깊은 신학적 통찰도 있습니다.

예수님은 "너희는 어떻게 생각하느냐?"고 물으십니다. 여기서 '너희'는 예수님을 함정에 빠뜨리기 위해 곤란한 질문을 던졌던 대제사장과 장로들입니다.

어떤 아버지에게 두 아들이 있습니다. 어느 날 맏아들에게 "얘야, 너 오늘 포도원에 가서 일해라" 하고 말합니다. 그러자 맏아들은 "싫습니다"라고 대답합니다. 하지만 나중에 마음을 돌이켜 포도원에 나가 일을 합

니다. 아버지는 둘째 아들에게 같은 말을 합니다. 그러자 둘째는 "예, 가겠습니다"라고 넙죽 대답합니다. 하지만 대답만 그렇게 하고 실제 일하러 가지는 않습니다.

예수님은 대제사장과 장로들에게 묻습니다. "이 둘 가운데서 누가 아버지의 뜻을 행하였느냐?" 너무 쉬운 질문입니다. 그들이 대답합니다. "맏아들입니다." 그러자 예수님이 말씀하십니다.

"내가 진정으로 너희에게 말한다. 세리와 창녀들이 오히려 너희보다 먼저 하나님의 나라에 들어간다. 요한이 너희에게 와서, 옳은 길을 보여 주었으나, 너희는 그를 믿지 않았다. 그러나 세리와 창녀들은 믿었다. 너희는 그것을 보고도 끝내 뉘우치지 않았으며, 그를 믿지 않았다." (31하-32절)

예수님은 그들의 문제가 무엇인지를 깨우쳐 주기 위해 이 이야기를 만드셨습니다. 대제사장과 장로들은 포도원에 가서 일하겠다고 대답하고는 실행하지 않은 둘째 아들과 같다는 뜻입니다. 정곡을 찌르는 예수님의 말씀에 그들은 어쩔 줄 몰라 했을 것입니다. 당장 어떻게 하고 싶을 만큼 분노가 들끓었지만 그럴 수 없었습니다.

이 대목에서 다윗과 나단 이야기가 생각납니다. 그 옛날, 다윗이 충성스러운 부하 우리아의 아내 밧세바를 범하고 우리아를 죽게 하여 완전 범죄를 도모했을 때, 예언자 나단은 다윗에게 이야기를 하나 들려줍니다. 어느 동네에 많은 가축을 가진 부자와 양 한 마리밖에 없는 가난한 사람이 살고 있었는데, 그 부자에게 손님이 찾아오자 자기의 가축은 놔두고 가난한 사람의 양을 빼앗아 그 손님을 대접했다는 것입니다. 나단은 다윗에게 그 부자를 어떻게 하면 좋겠느냐고 묻습니다. 다윗은 그 부자를 사형으로 벌해야 한다고 답합니다. 그때, 나단은 "임금님이 바로 그 사람입니다"(삼하 12:7)라고 대답합니다. 그 말에 다윗은 주저앉아 자신의 죄를 인정하고 회개합니다.

2

개역성경에 익숙한 사람들은 '두 아들의 비유'를 새번역으로 읽을 때 혼란스러운 대목을 만납니다. 개역성경에서는 가서 일하겠다고 대답하고 하지 않은 아들이 큰아들이고, 둘째는 싫다고 하고는 나중에 마음을 바꾸어 포도원에서 일하는 것으로 되어 있습니다. 의미상 별 차이가 없지만 왜 이런 차이가 생겼는지에 대해서는 짚고 넘어가야 합니다.

구약성경도 그렇지만, 신약성경도 '원본', 즉 원저자들이 쓴 최초의 문서는 사라지고 없습니다. 최초의 문서를 손으로 베껴 쓴 '사본'만 남아 있습니다. 사람이 하는 일이 다 그렇듯이, 베껴 쓰다 보면 이런저런 실수가 나옵니다. 또 어떤 경우에는 읽는 사람들에게 도움이 되도록 필사하는 사람이 의도적으로 빼기도 하고 덧붙이기도 합니다. 이 때문에 사본들 사이에 차이가 생겨납니다. 지금 우리가 가지고 있는 성경은 오래도록 학자들이 연구하여 원본에 가장 가까운 모습으로 복구시킨 것입니다.

사본상의 차이를 보여 주는 대표적인 사례가 이 비유입니다. 어떤 사본에는 맏아들이 "싫습니다"라고 대답하고 나중에 일한 것으로 되어 있고, 다른 사본에는 둘째 아들이 그렇게 한 것으로 되어 있습니다. 100여 년 전 개역성경이 번역될 때는 둘째 아들이 "싫습니다"라고 대답한 것이 원본에 가깝다고 생각했는데, 그 후 학자들의 견해가 달라졌습니다. 그래서 새번역에는 맏아들이 "싫습니다"라고 대답한 것으로 되어 있습니다.

이런 이야기를 듣고 "그렇다면 어떻게 성경을 믿겠는가?"라고 질문할지 모르겠습니다. 그렇지는 않습니다. 원본이 분명하지 않은 부분은 지극히 미미합니다. 그리고 의미상 별반 차이가 없습니다. 성경 말씀의 의미와 권위에는 아무런 영향을 주지 않습니다. 안심하고 말씀을 대해도 됩니다. 다만, 이런 배경을 알고 있으면 가끔 만나게 되는 이런 문제들을 이해하고 넘어갈 수 있습니다.

3

다시 본문으로 돌아갑니다. 예수님은 대제사장과 장로들을 끝까지 밀어붙이실 작정인 것처럼 보입니다. 그들이 세리와 창녀보다 못하다고 말씀하셨기 때문입니다.

여기서 말하는 세리와 창녀들은 예수님의 말씀을 듣고 회개한 사람들을 가리킵니다. 그들이 맏아들과 같다는 겁니다. 그들은 그동안 마치 아버지의 명령에 "싫어요"라고 대답한 것처럼 살아왔습니다. 하지만 예수님의 말씀을 듣고 회개하고 하나님께 돌아왔습니다. 늦었지만 하나님께 순종한 것입니다. 그들은 이미 하나님 나라에 살고 있습니다.

반면, 대제사장들과 장로들은 "예, 그렇게 하겠습니다"라고 대답하고는 행하지 않은 둘째 아들과 같다는 것입니다. 그들은 하나님을 가장 잘 섬기는 사람들처럼 보였습니다. 그들의 종교 활동을 보면, 아버지의 명령에 순종하는 것처럼 보였습니다. 하지만 실생활은 정반대였습니다. 겉으로는 믿는 것 같아 보였지만, 실은 믿는 것이 아니었습니다. 겉으로는 하나님을 섬기는 것 같아 보였지만, 실은 하나님을 이용하고 있었습니다.

그들은 하나님 나라를 소유한 사람들 같았고 그 나라의 주인처럼 보였지만, 실은 하나님 나라와는 아무 상관없이 살고 있었습니다.

이 말씀에 대제사장과 장로들은 심히 분개했을 것입니다. 그들에게 세리와 창녀들은 발바닥 저 아래로 보였기 때문입니다. 당시에 세리와 창녀들 혹은 그와 비슷한 사람들을 가리키는 말이 있었습니다. '암하아렛츠'(*am ha'aretz*) 즉, '땅의 사람들'이라는 말입니다. 우리말에서 비슷한 표현을 찾는다면 '빌어먹을 것들'이라고 할 수 있을 것입니다. 그렇게 무시하고 경멸하던 대상이었습니다.

그런데 그들이 자기들보다 먼저 하나님 나라에 들어간다고 예수님이 말씀하신 것입니다. 유대인 중에서 가장 경건하고 거룩하다고 자부하며 살던 그들에게는 참을 수 없는 모욕이었습니다.

예수님의 꿰뚫어 보시는 눈은 참으로 무섭습니다. 그분을 속일 방법은 없습니다. 그분은 오직 한 가지만 보십니다. 하나님 아버지를 진실로 믿고 있는지 그리고 실제로 순종하고 있는지! 아무리 종교 활동을 많이 한다 해도 일상에서 정직하고 의롭고 선하게 살지 않으면 가치가 없다고 생각하십니다. 아무리 높은 직분을 가지고 있다 해도 그것으로 믿음과 순종을 대신할 수 없습니다. 아무리 많은 성경 지식을 가지고 있다 해도 믿음과 순종이 없으면 위선일 따름입니다. 아무리 초라하고 무식해도 진실로 하나님을 믿고 순종하면 그것으로 하나님께는 충분합니다. 하나님을 믿고 순종하며 사는 것이 곧 하나님 나라에 사는 것입니다.

이 이야기를 읽고 묵상하는데 교회 권력으로 인해 발생하는 문제들이 자꾸만 생각납니다. 목회자들이 만들어 내는 추문들이 떠오릅니다. 그들이 말하고 행동하는 것을 보면, 겉으로는 믿는 것 같지만 실제로는 믿는 사람들이 아닌 것 같습니다. 겉으로는 순종하는 것 같지만 실은 불순종하고 있습니다. 진실로 믿고 순종하는 사람들은 아무 직분도 없고 드러나지도 않고 가난하고 힘없는 사람들 가운데 더 많습니다.

그런데 잠시 후 깨달았습니다. 이 이야기를 읽으며 돌아봐야 할 것은 저 자신이었습니다. 대제사장과 장로들의 위선과 불행을 묵상하면서 제가 걱정해야 할 사람은 바로 저 자신입니다. 주님이 제게서 보고자 하시는 것은 지위나 지식이나 업적이 아닙니다. 주님이 보고자 하시는 것은 오직 진실한 믿음과 순종입니다. 매일의 삶 속에서 진실하게 주님을 믿고 의지하며 그분의 음성에 순종하는 것, 그것만이 저를 하나님 나라 안에 머물게 해줍니다. 제가 하는 모든 종교 활동은 바로 이것을 위한 것입니다. 이것이 없다면 제가 드리는 모든 예배와 기도는 위선이 되어 버립니다. 그래서 오직 그것만을 구하며 기도합니다.

당신은 어떻습니까? 생각해 보면, 이 아버지에게는 효자가 없었습니다. 큰아들이 나중에 아버지 말씀에 순종하기는 했지만, 처음에는 거절했습니다. 그것이 아버지에게는 아픔이 되었을 것입니다. 둘째 아들은 큰아들보다 더 큰 불효자입니다. 아버지를 속인 것이나 마찬가지이기 때문입니다. 우리는 셋째 아들이 되기를 소망해야 합니다. 아버지의 명령에 "예"라고 답할 뿐 아니라 그대로 실천하는 아들 말입니다.

오늘 말씀을 통해 나에게 들려주시는 성령의 음성에 귀 기울이며
잠시 묵상과 기도의 시간을 가지십시오.

6
포도원 소작인의 비유를 말씀하시다
마태복음 21:33-46

> 예수께서 그들에게 말씀하셨다.
> "너희는 성경에서 이런 말씀을 읽어 본 일이 없느냐?
> '집 짓는 사람이 버린 돌이 집 모퉁이의 머릿돌이 되었다.
> 이것은 주님께서 하신 일이요, 우리 눈에는 놀라운 일이다.'
> 그러므로 나는 너희에게 말한다. 하나님께서는 너희에게서
> 하나님의 나라를 빼앗아서, 그 나라의 열매를 맺는 민족에게 주실 것이다."
> —— 마 21:42-43

I

'두 아들의 비유'를 말씀하신 다음, 예수님은 또 하나의 비유를 말씀해 주십니다. 어떤 돈 많은 사람이 포도원을 잘 가꾸어 놓았습니다. 포도를 재배할 뿐 아니라 포도즙을 짜는 틀까지 마련해 두었습니다. 포도원을 지키는 망대도 세웠습니다. 그런 다음에 소작인에게 세를 주고 멀리 떠났습니다. 예수님 당시 갈릴리에는 로마인들이 소유한 포도원이 많이 있었습니다. 그 포도원을 가꾸는 것은 갈릴리 유대인의 몫이었습니다. 포도 수확을 하면 그중 일부를 수고비로 받고 나머지는 주인에게 보냈습니다. 그런 사람을 '소작인'이라고 부릅니다.

땅 주인과 소작인의 관계에서 문제가 자주 일어납니다. 제가 어릴 적에도 동네에서 그런 광경을 가끔 보았습니다. 가령, 봄철에 계약할 때 땅

주인이 소작인에게 가을철에 쌀 열 가마를 수고비로 주겠다고 약속을 합니다. 그런데 가을철이 되어 흉년이 들었다는 둥, 제대로 일을 하지 않았다는 둥, 부당한 이유를 들어 일곱 가마밖에 못 주겠다고 말을 바꿉니다. 그러면 큰 싸움이 일어납니다. 보통은 약자가 억울한 일을 당하는 편이었습니다.

그런데 예수님의 비유에서는 정반대입니다. 땅 주인이 소작인들 때문에 고생합니다. 착한 집주인이 악덕 세입자를 만나서 골치를 썩는 경우가 가끔 있습니다. 예수님의 비유에 나오는 소작인들은 상상하기 어려울 정도로 악합니다. 소작인들이 주인에게 마땅히 주어야 할 몫을 주지 않는 겁니다. 게다가 주인이 보낸 세 명의 종들을 하나는 때리고, 하나는 죽이고, 다른 하나는 돌로 쳤습니다. 보통 사람 같으면, 그 소식을 듣는 즉시 달려오거나 로마군에게 연락하여 잡아넣었을 텐데, 이 주인은 꾹 참고는 다른 종들을 보냅니다. 이번에는 세 명이 아니라 더 많이 보냅니다. 그런데 소작인들은 그들에게도 똑같이 행동합니다.

이쯤 되면 주인은 더 이상 참을 수 없는 법입니다. 소작인들의 악행에 대해 불같이 분노가 치밀어 올라 당장 달려와야 했습니다. 하지만 주인은 이번에도 참습니다. 그러고는 하나밖에 없는 자기 아들을 보냅니다. 주인의 아들이 온다는 소식을 듣고는 소작인들이 궁리를 합니다. "이 사람은 상속자다. 그를 죽이고, 그의 유산을 우리가 차지하자." 당시 로마법에 따르면, 농장 주인이 자식을 남기지 않고 죽으면 소작인들이 소유권을 행사할 수 있었습니다. 소작인들은 아들을 잡아서 포도원 바깥에서 죽였습니다.

여기까지 말씀하신 다음, 예수님은 대제사장들과 장로들에게 물었습니다. "포도원 주인이 돌아올 때에, 그 농부들을 어떻게 하겠느냐?" 그러자 그들이 대답합니다. "그 악한 자들을 가차 없이 죽이고, 제때에 소출을 바칠 다른 농부들에게 포도원을 맡길 것입니다." 그렇게 대답할 때까지 그들은 자기들에 관한 이야기인 줄 몰랐습니다. 그들의 대답에 예수님이 말씀하십니다.

"너희는 성경에서 이런 말씀을 읽어 본 일이 없느냐? '집 짓는 사람이 버린 돌이 집 모퉁이의 머릿돌이 되었다. 이것은 주님께서 하신 일이요, 우리 눈에는 놀라운 일이다.' 그러므로 나는 너희에게 말한다. 하나님께서는 너희에게서 하나님의 나라를 빼앗아서, 그 나라의 열매를 맺는 민족에게 주실 것이다. [이 돌 위에 떨어지는 사람은 부스러질 것이요, 이 돌이 어떤 사람 위에 떨어지면, 그를 가루로 만들어 놓을 것이다.]" (42-44절)

44절은 괄호로 묶여 있습니다. 이 역시 '두 아들의 비유'에서 본 것처럼 사본상의 차이 때문에 생긴 것입니다. 이 구절이 어느 사본에는 있고, 어느 사본에는 없습니다. 그런데 학자들이 아직은 둘 사이에 어느 한 쪽으로 확실하게 결론짓지 못하고 있습니다. 증거가 불충분하기 때문입니다. 그래서 괄호 안에 묶어 놓았습니다.

이 말씀을 듣고 나서야 대제사장들과 장로들은 그 비유가 자기들을 두고 만든 이야기라는 사실을 깨닫습니다. 그동안에는 '대제사장들과 장로들'이라고 했는데, 45절에서는 '대제사장들과 바리새파 사람들'이라고 표현을 바꿉니다. '장로들'이 바리새파 율법학자들을 가리키기 때문입니다. "그 악한 자들을 가차 없이 죽이고, 제때에 소출을 바칠 다른 농부들에게 포도원을 맡길 것입니다"라고 대답했을 때 그들은 자기 자신들에 대한 심판을 선언한 것임을 깨닫고 그제야 분통이 터졌을 것입니다.

2

이 비유는 이사야서 5장에 나오는 '포도원의 노래'를 이야기로 만든 것입니다. 그 옛날, 하나님은 이사야를 통해 이렇게 말씀하셨습니다.

> 내가 사랑하는 이에게 노래를 해주겠네.
> 그가 가꾸는 포도원을 노래하겠네.
> 내가 사랑하는 사람은 기름진 언덕에서 포도원을 가꾸고 있네.
> 땅을 일구고 돌을 골라내고, 아주 좋은 포도나무를 심었네.
> 그 한가운데 망대를 세우고, 거기에 포도주 짜는 곳도 파 놓고,
> 좋은 포도가 맺기를 기다렸는데, 열린 것이라고는 들포도뿐이었다네.
> (사 5:1-2)

이어지는 말씀 속에서 하나님은 이스라엘과 유다를 심판하신 이유가 여기에 있다고 말씀하십니다. 예수님은 이 비유를 당시의 시대 상황에 맞게 바꾸셨습니다. '포도원의 노래'에서 문제는 들포도를 맺는 포도나무에 있었습니다. 반면, 예수님의 비유에서는 포도원을 맡아 가꾸는 소작인들이 문제였습니다. 포도나무들은 열매를 맺고 있는데, 그것을 맡은 농부들이 포도원 주인의 몫을 주지 않으려 했고, 주인의 몫을 받으러 온 종들을 박해하고 살해했습니다. 그리고 마침내 주인의 아들까지 죽입니다.

그러므로 이 날카로운 비유의 칼날은 유대 백성이 아니라 그들의 지도자들, 즉 대제사장과 장로들에게 향해 있습니다. 포도원 주인은 하나님을 의미하고, 포도원은 이스라엘 백성에게 주어진 선민으로서의 특권을 의미합니다. 포도원을 가꾸고 그 열매를 거두어들일 책임을 맡은 소작인들은 지도자들을 가리킵니다. 대제사장과 제사장 그리고 율법학자들을 가리킵니다. 그들은 이스라엘 백성이 '거룩한 제사장의 나라'가 되도록 백성을 지도하고 섬겨야 했습니다. 이스라엘을 선민으로 택한 이유는 그들을 통해 만민을 구원하기 위함이었습니다. 그렇게 되려면 이스라엘 백성이 거룩한 백성으로 살아야 했습니다. 그리고 그 영광을 하나님께 돌려야 했습니다. 하지만 그들은 자신들의 명예와 영광을 위해 일했습니다. 하나님은 안중에도 없었습니다.

주인이 종들을 보내어 주인의 몫을 요구했다는 말은 하나님이 예언자들을 보내어 지도자들에게 하나님께로 돌아서서 하나님의 주권을 인정하고 하나님의 영광을 위해 일하라고 깨우쳤다는 뜻입니다. 실로, 구약성경에 기록되어 있는 예언자들의 예언들은 하나같이 이스라엘 백성과 그 지도자들에게 회개를 요구하고 있습니다. 거룩한 제사장의 나라로 택함받은 것을 기억하고 거룩하고 의롭게 살라고 깨우쳤습니다. 하지만 백성의 지도자들은 예언자들을 배척했습니다. 예수님은 소작인들이 종들을 "하나는 때리고, 하나는 죽이고, 또 하나는 돌로 쳤다"고 하셨는데, 예언자들은 하나같이 고난을 당했습니다. 오죽했으면, 예레미야 예언자는 "내가 태어난 날이 저주를 받았어야 했는데"(렘 20:14)라고 탄식했겠습니까!

예수님의 비유에는 늘 이상한 점이 있고 바로 거기에 요점이 있다고 앞에서 말한 바 있습니다. 이 비유에도 이상한 점이 하나 있습니다. 포도원 주인이 이상하리만큼 오래 참습니다. 상식적으로 이해할 수 없습니다. 당시 상황으로 보면, 주인은 당장 돌아와 소작인들을 처벌하거나 로마군에게 연락하여 조치를 취할 수 있었습니다. 어찌할 방법이 없어서 참은 것이 아닙니다. 그들을 징벌할 방도가 여러 가지 있었지만 참았습니다. 참 이상합니다. 보낸 종이 죽거나 다쳐서 돌아오면, 얼마 있다가 다시 종을 보냅니다. 그렇게 하다가 마침내 하나밖에 없는 아들을 보냅니다. 그것이 마지막 수단이었습니다. 이 즈음이면 짐작할 수 있을 겁니다. 그 아들은 예수님 자신을 말하는 것입니다. 그들은 아들을 포도원 바깥으로 끌고 나가 죽입니다. 이와 같이 예수님도 예루살렘 성 바깥에 있던 골고다에서 죽임을 당하십니다.

예수님은 이 비유를 통해 하나님이 얼마나 오래 참으셨는지를 암시하십니다. 그들에게 얼마나 많은 기회를 주셨으며, 그들이 얼마나 집요하게 하나님의 호소와 요청을 거부했는지를 암시하십니다. 당신이 오신 것은 마지막 기회라는 사실도 암시하십니다. 주님은 그들이 결국 당신을 죽음에 넘겨줄 것임을 아셨습니다. 주님이 예루살렘에 이르신 것은 그들에게 최후 선택을 하도록 몰아세우기 위함이었습니다. 하나님이 가장 바라시는 것은 그들이 최후통첩에 돌아서는 것이지만, 그렇게 하지 않을 가능성이 더 컸습니다. 그것을 뻔히 아시면서 예수님은 예루살렘에 들어가신 것입니다.

이제, 하나님이 보이신 인내의 한계에 그들은 서 있습니다. 벼랑 끝에서 돌아서느냐 그대로 벼랑으로 떨어지느냐, 둘 중 하나를 선택해야 했습니다. 불행하게도 그들은 벼랑으로 떨어지는 선택을 했습니다. 예수님이 말씀하신 대로, 하나님은 선민으로서의 자격을 그들에게서 취하셔서 "그 나라의 열매를 맺는 민족"에게 넘기셨습니다. 그것이 바로 교회입니다. 교회는 하나님이 세우신 '새로운 이스라엘'입니다.

3

참 이상합니다. '교회'는 건물이 아닙니다. 예수 그리스도를 믿는 사람들이 모인 공동체입니다. 그래서 교회를 가리켜 '주님의 백성'이라고도 부릅니다. 예수 그리스도를 통해 인종과 국적을 초월하는 새로운 백성이 태어난 것입니다. 예수를 믿는 사람들은 자신이 속한 나라를 위해 충성을 바쳐야 하지만, 이 땅의 나라보다 더 궁극적이고 영원한 조국이 따로 있습니다. 그러므로 믿는 사람은 때로 자신이 속한 국가의 이익을 넘어서서 하나님 나라를 위해 일해야 합니다. 믿는 사람들은 하나님 나라의 새로운 백성이기 때문입니다.

우리 모두는 '새로운 이스라엘' 즉 '새로운 선민'에 속한 사람들입니다. 따라서 선민이 되었다는 특권 의식을 가질 뿐 아니라 선민으로서의 책임 의식도 가져야 합니다. 만민을 구원하기 위해 '거룩한 제사장의 나라'를 세우셨음을 늘 기억하고 거룩한 백성으로 살아가야 합니다. 거룩한 백성을 지도하고 섬기는 사람들의 책임은 더욱 무겁습니다. 그 자리에서 자신의 명예와 영광을 위해 일해서는 안 됩니다. 자신에게 주어진 모든 것을 백성을 섬기는 일에 쏟아야 합니다. 또한 백성된 사람들은 하나님이 기대하는 열매를 맺도록 힘써야 합니다. 앞에서 인용한 '포도원의 노래' 후반부에 귀 기울여 보시기 바랍니다.

이스라엘은 만군의 주님의 포도원이고, 유다 백성은 주님께서 심으신 포도나무다. 주님께서는 그들이 선한 일 하기를 기대하셨는데, 보이는 것은 살육뿐이다. 주님께서는 그들이 옳은 일 하기를 기대하셨는데, 들리는 것은 그들에게 희생된 사람들의 울부짖음뿐이다. (사 5:7)

부디, 우리 모두에게서 하나님이 찾으시는 아름다운 열매가 주렁주렁 열리기를 간절히 기도합니다.

오늘 말씀을 통해 나에게 들려주시는 성령의 음성에 귀 기울이며
잠시 묵상과 기도의 시간을 가지십시오.

7
혼인 잔치의 비유를 말씀하시다
마태복음 22:1-14

"그리고 자기 종들에게 말하였다.
'혼인 잔치는 준비되었는데, 초대받은 사람들은
이것을 받을 만한 자격이 없다.
그러니 너희는 네 거리로 나가서,
아무나, 만나는 대로 잔치에 청해 오너라.'"
── 마 22:8-9

I

예수님은 여전히 대제사장과 장로들에게 말씀하고 계십니다. 계속된 자극으로 인해 그들은 분기탱천해 있는 상태입니다. 하지만 예수님은 그 정도 선에서 멈추지 않으십니다. 또 다른 비유를 말씀하십니다.

어떤 임금이 아들의 혼인 잔치를 베풀었습니다. 유대의 잔치 초청은 두 단계로 이루어집니다. 먼저, 언제 어디에서 잔치가 있으니 오라는 초청을 합니다. 그런 다음, 잔치가 준비되면 미리 초청한 사람들에게 오라는 기별을 합니다. 옛날 우리 시골의 잔치도 그와 유사했습니다. 미리 잔칫날을 알려 준 다음, 잔치 당일에 심부름꾼을 시켜서 초청된 사람에게 오라는 전갈을 보냅니다.

임금은 초청 대상자들에게 미리 알렸습니다. 잔치 당일이 되어 종들을 보내어 초청받은 사람들을 오라고 불렀습니다. 그런데 초청받은 사람들이 거절합니다. 초청한 사람이 임금이라는 사실을 생각하면 납득할 수 없습니다. 임금의 초청을 받는 것만으로도 감격할 일입니다. 그 초청을 거절하는 것은 죽음을 불러올 수 있을 만큼 위험한 일입니다. 그런데도 그 초청을 거절했으니 임금을 매우 하찮게 생각한 것입니다.

임금은 당장 그들을 징벌할 수도 있었지만 분노를 삭이고 다른 종들을 보냅니다. 이 즈음이면 이미 한나절은 지났을 것이고, 음식은 식어 버렸을 것입니다. 종들은 가서 다시금 초청했지만, 그들은 들은 척도 하지 않았습니다. 어떤 사람은 자기 밭에 일하러 갔고, 또 어떤 사람은 장사하러 갔습니다. 임금을 형편없이 여긴 것입니다. 어떤 사람은 초청하러 온 종들을 욕보이고 죽이기도 했습니다. 아무리 생각해도 종들을 그렇게 다룰 이유가 없는데, 해도 너무한 것입니다.

결국, 임금이 인내의 한계점에 도달했습니다. 그는 그들을 징벌하기 위해 군대를 보냅니다. 임금의 군대는 그들을 죽이고 그들이 사는 도시를 불살라 버립니다. 그러고는 종들에게 명령합니다. 사거리로 나가서 아무나 만나는 대로 잔치에 불러오라고. 종들은 임금의 말대로 거리로 나가 악한 사람이나 선한 사람이나 만나는 대로 잔칫집으로 데리고 옵니다. 그래서 혼인 잔칫집에는 사람들이 가득 차게 되었다는 이야기입니다. 이것이 '혼인 잔치의 비유'의 1막입니다.

이 비유도 역시 '포도원 소작인의 비유'와 같이 대제사장과 장로들에게 던지는 경고입니다. 이 비유의 임금은 하나님을 가리킵니다. 혼인 잔치의 주인공인 아들은 예수님을 가리킵니다. 하나님은 예수님을 보내어 혼인 잔치를 벌이셨습니다. 예수님은 가는 데마다 하나님 나라를 선포하시고 용서와 회복의 사건을 만들어 내셨습니다. 그분이 가는 곳마다 혼인 잔치의 기쁨이 넘쳤습니다. 그 잔치에 가장 먼저 찾아와 즐겨야 할 사람들은 대제사장과 장로들 같은 종교 지도자들이었습니다. 그들은 잔치에 먼저 초청받은 사람들과 같았습니다. 하지만 그들은 초청을 거부할 뿐 아니라 하나님의 초청을 전하는 사람들을 모욕하고 박해하고 죽이기까지 했습니다.

그들의 행동은 임금을 얼마나 우습게 여기고 있는지를 보여 줍니다. 그들에게는 임금에게 초청받았다는 것이 아무런 영예가 아닙니다. 그들은 임금의 초청을 거부한 것이 전혀 두렵지 않습니다. 심지어 종들을 모욕하고 죽이기까지 했다는 것은 임금을 하찮게 여기고 있다는 뜻입니다. 이것은 제사장과 장로들이 하나님을 존귀하게 여기지 않고 두려워하지도 않았다는 뜻입니다. 그들은 그 누구보다 하나님을 열심히 섬기는 것처럼 보였지만, 정작 그들의 행동에는 하나님을 존귀하게 여기는 마음도, 그분을 두렵게 여기는 마음도 없었습니다. 자신들이 필요한 대로 그분을 이용할 따름이었습니다.

당신은 어떻습니까? 당신에게는 하나님을 존귀하게 여기는 마음이 있습니까? 천지의 창조주께서 나를 아시고 돌보시고 이끌어 주신다는 사실에 자주 감격합니까? 아니면 당연한 것으로 여깁니까? 혹여 "그러지 않으셔도 되는데…"라고 생각합니까? 우리는 때로 하나님을 너무 무례하고 무덤덤하게 대합니다. 진정 그분이 어떤 분인지 안다면, 그분이 나를 아시고 관심하시고 사랑하신다는 사실은 믿어지지 않을 만큼 놀라운 소식이 될 것입니다. 그래서 그분에게 모든 것을 드리고 싶어지는 것입니다.

당신에게는 하나님을 두려워하는 마음이 있습니까? 그분이 얼마나 대단한 분인지 한 번이라도 진실하게 느껴 보았습니까? 그분이 얼마나 거룩한 분이며 얼마나 의로운 분인지 생각해 보았습니까? 그분을 마주하는 것이 얼마나 두려운 일인지 상상해 보았습니까? 그것을 생각하면 숨이 막힐 듯 두려워야 합니다. 그분 앞에 선 우리 모습은 너무 더럽고 추하기 때문입니다. 우리는 예수 그리스도의 은혜에 힘입어 그분 앞에 설 수 있습니다. 그렇기 때문에 그분의 말씀을 들을 때 순종하게 됩니다.

2

이 비유의 1막은 '잔치가 시작되기까지'에 관한 이야기이고, 2막은 '잔치가 시작된 이후'에 관한 이야기입니다. 잔치가 한참 무르익을 즈음에 임금이 잔치 자리를 둘러봅니다. 그때 임금의 눈에는 혼인 예복을 입지 않은 사람이 눈에 들어왔습니다.

앞에서 보았다시피, 잔치 자리에 참여한 사람들은 종들이 거리에서 닥치는 대로 데려온 사람들입니다. 집에 가서 예복을 갈아입고 올 시간도 없었고, 그 자리에 어울리는 예복을 가진 사람들도 없었을 것입니다. 처음에 초청받은 귀족들이라면 예복이 있었겠지만, 종들이 데려온 사람들은 평민들이었기 때문에 그런 예복을 가지고 있지 않았습니다.

당시에 임금이 잔치를 베풀 때는 궁궐에서 예복을 제공해 주곤 했습니다. 대단한 귀족이 아니고는 궁궐의 품위에 맞는 예복을 가지고 있지 않았기 때문입니다. 잔치에 초청받은 사람들은 입고 있던 옷을 벗고 궁궐에서 제공하는 예복을 입었을 것입니다. 단체로 목욕을 시켰을지도 모릅니다. 그래야만 왕자의 혼인 잔치에 격이 맞기 때문입니다.

그런데 그 모든 호의와 절차를 거부하고 길거리에서 입고 있던 대로 앉아서 음식을 먹는 사람이 있었습니다. 임금은 그에게 묻습니다. "이 사람아, 그대는 혼인 예복을 입지 않았는데, 어떻게 여기에 들어왔는가?" 그 사람은 임금의 말에 아무 말도 하지 못했고, 임금은 그 사람을 바깥 어두운 곳으로 쫓아내라고 명합니다. 그러면서 임금이 말합니다. "부름받은 사람은 많으나, 뽑힌 사람은 적다."

나중에 잔치에 초청받은 사람들은 예수님의 설교를 듣고 회개하고 하나님께 돌아온 사람들을 가리킵니다. 대제사장과 장로들에 비하면 그들은 보잘 것 없는 사람들이었습니다. 점령군 로마의 앞잡이로 동족의 피를 빨아먹고 있는 세리와 창녀들 그리고 가난하고 병든 사람들이 예수님의 말씀을 듣고 회개했습니다. 대제사장과 장로들은 그들을 하나님으로부터 징벌 받은 죄인들이라고 여겼습니다. 하지만 예수님은 아무 조건 없이 그들을 하나님 나라 안으로 불러들였고, 아무 조건 없이 그들의 죄를 용서해 주셨습니다. 10절에 보면 종들이 "악한 사람이나, 선한 사람이나, 만나는 대로 다 데려왔다"고 합니다. 하나님 나라는 누구에게나 열려 있기 때문입니다.

임금의 잔치 자리에 끌려온 사람들은 궁궐에서 베풀어 주는 엄청난 호의에 어쩔 줄 몰라 했을 것입니다. 평생 그런 대접을 받아 본 일이 없습니다. 임금이 베푼 잔치에 앉아 임금이 주는 음식을 먹다니! 게다가 평생 입어 볼 수 없는 귀한 예복을 입고 앉으니, 마치 천국에 온 기분이었을 것입니다. 과연, 누가 이 엄청난 은혜를 거부하겠습니까? 그리고 이 은혜를 입고 나면 누구나 임금의 은혜에 감격하고 임금을 위해 무엇이든 하겠다고 다짐할 것입니다. 임금의 잔치에 참여하고 나면 그 사람은 더 이상 이전과 같은 사람일 수 없습니다.

예수 그리스도의 초청을 받고 회개하고 하나님의 자녀로 거듭난 사람이 그러합니다. 우리를 부르신 하나님이 어떤 분인지 알면, 그 부름으로 인해 우리가 얼마나 놀라운 은혜를 입었는지를 깨닫습니다. 대제사장과 장로들은 하나님을 업신여겼습니다. 하지만 나중에 잔치에 초청받은 사람들은 그분이 얼마나 놀라운 분인지를 알고 있었고, 그래서 그분이 베푸는 호의가 감당할 수 없을 정도로 감격스러웠습니다. 냄새나고 해어진 누더기를 벗기시고 하나님의 자녀라는 예복을 입혀 주셨습니다. 그로써 '왕 같은 제사장'으로 신분이 바뀌었습니다.

그 은혜를 맛보고 나면, 우리는 더 이상 이전과 같은 사람일 수 없습니다. 잔치에 참여하기 전에도 임금이 나라를 다스리고 있다는 것을 알았습니다. 하지만 잔치에 참여하여 임금을 직접 만나보고 그분이 베푸시는 분에 넘치는 호의를 입고 나니, 이제는 그 임금을 위해 생명이라도 바치고 싶은 마음이 생깁니다. 임금이 원하시는 일이면 무엇이든 할 수 있습니다. 그처럼 우리도 예수 그리스도 안에서 온 우주의 왕이신 하나님을 아버지라고 부르게 되었고, 그분이 베푸시는 감당할 수 없는 은혜를 입었습니다. 그래서 이제는 하나님을 위해 살기로 다짐합니다. 그분을 위해서라면 무엇이라도 할 수 있을 것 같습니다. 이것이 하나님의 은혜를 입은 사람에게 일어나는 변화입니다.

그런데 그렇지 않은 사람도 있습니다. 예복을 입지 않고 잔치 자리에 앉아 있는 사람이 있었던 것처럼 말입니다. 아마도 그 사람은 왕이 베푸는 무상의 은혜를 원치 않았던 것 같습니다. 그 사람은 그렇게 하는 것이 잘하는 것이라고 생각했는지 모릅니다. 이유 없는 호의는 절대로 받지 않겠다고 생각했던 것 같습니다. 오직 이유 있는 호의만 받고 살아가겠다는 사람들이 있습니다. 하나님 나라에는 맞지 않는 사람들입니다. 하나님 나라는 은혜의 나라이기 때문입니다.

은혜를 받을 줄 알고 베풀 줄 아는 사람이 아니면 하나님 나라를 볼 수도 없고 누릴 수도 없습니다. 하나님의 은혜에 대한 감격 없이 우리의 타락한 본성은 고쳐지지 않습니다. 진정한 변화가 일어나지 않습니다. 은혜가 한 방울도 들어가지 않는다면 그 사람은 끝내 하나님 나라에 어울리지 않는 사람이 되어 버립니다. 마침내 바깥 어두운 데로 쫓겨날 것입니다.

3

이 말씀에 우리 자신을 비추어 봅니다. 먼저, 대제사장과 장로들의 잘못에 우리 자신을 비추어 봅니다. 우리는 하나님을 어떻게 알고 있습니까? 그분의 위엄과 영광을 조금이라도 알고 있습니까? 그분의 눈부신 광채를 생각하며 설렌 적이 있습니까? 또한 우리가 '아버지'라고 부르는 분이 얼마나 두려운 분인지 알고 있습니까? 온 우주의 주인이신 그분 앞에 서 있다는 사실로 인해 두려워 떨어 본 적이 있습니까? 혹시 우리가 생각하는 하나님은 우리가 아무렇게나 해도 되는 초라하고 무력한 존재는 아닙니까? 대제사장과 장로들처럼 하나님을 너무 오래 믿다 보니 하나님이 우스워진 것은 아닙니까?

예복 이야기를 생각하며 우리 자신을 돌아봅니다. 우리는 예수 그리스도의 은혜로 그토록 영광스럽고 두려운 존재인 하나님의 잔치에 초대받았음을 얼마나 자각하고 삽니까? 온 우주의 왕이신 하나님이 우리를 불러 주시고 옷을 갈아입히시고 잔치 자리에 앉아 왕의 식탁을 즐길 수 있게 해주셨다는 사실에 얼마나 감사하고 있습니까? 하나님의 자녀가 되었다는 사실 하나만으로 충분히 영예롭습니까? 하나님이 입혀 주신 예복만으로 충분히 만족합니까? 하나님이 나를 알아주셨다는 것만으로 충분히 행복합니까? 그래서 하나님을 위해서라면 무엇이라도 하겠다는 열심이 있습니까?

오늘 말씀을 통해 나에게 들려주시는 성령의 음성에 귀 기울이며
잠시 묵상과 기도의 시간을 가지십시오.

8
세금 문제를 두고 논쟁하시다
마태복음 22:15-22

예수께서 그들에게 물으셨다.
"이 초상은 누구의 것이며, 적힌 글자는 누구를 가리키느냐?"
그들이 대답하였다. "황제의 것입니다."
그때에 예수께서 그들에게 말씀하셨다.
"그렇다면, 황제의 것은 황제에게 돌려주고,
하나님의 것은 하나님께 돌려드려라."
—— 마 22:20-21

I

대제사장과 장로들은 예수님의 거듭된 도전에 밀리고 밀려 벼랑 끝에 서게 되었습니다. 그들이 사는 길은 모든 자존심과 체면을 버리고 항복하는 것뿐인데, 오히려 더 분개하면서 마음을 굳게 만듭니다. 그렇게 뒷걸음질치다 벼랑으로 떨어진다는 사실을 까맣게 모르는 듯합니다.

장로들, 즉 바리새파 율법학자들 중 몇 사람이 따로 모여 예수님을 함정에 빠뜨릴 방도를 찾습니다. 앞에서 그들은 권위에 대한 질문을 던져 예수님을 옭아 넣으려 했습니다. 하지만 예수님은 그들의 올무에 걸리지 않으셨습니다. 바리새파 사람들은 그보다 더 좋은 계략이 없는지를 찾았습니다. 묘안이 떠올랐습니다. 그들은 헤롯 당원들을 찾아갔습니다.

헤롯은 당시 로마의 임명을 받아 갈릴리 지역을 다스리던 꼭두각시 왕이었습니다. 그의 이름은 헤롯 안티파스였습니다. 예수님이 태어나실 때 유아 학살을 명령했던 헤롯 대왕의 아들 중 하나였습니다. 헤롯 대왕도 마찬가지였지만, 헤롯 안티파스도 철저한 로마의 하수인이었습니다. 유대인들은 헤롯을 왕으로 인정하지 않았습니다. 그는 유대인도 아니었고, 로마의 앞잡이였기 때문입니다. 헤롯 왕 주변에는 권력을 추구하는 사냥개와 같은 존재들이 모여 있었습니다. '헤롯 당원'은 바로 그들을 가리키는 말입니다.

장로들은 자기 제자들을 헤롯 당원들에게 보내어 좋은 먹잇감이 있다고 알렸습니다. 그러고는 예수를 옭아 넣을 계략을 짰습니다. 그들은 예수님께 다가와 우선 칭찬을 늘어놓습니다.

"선생님, 우리는, 선생님이 진실한 분이시고, 하나님의 길을 참되게 가르치시며, 아무에게도 매이지 않으시는 줄 압니다. 선생님은 사람의 겉모습을 따지지 않으십니다." (16절)

이런 것을 '감언이설'이라고 하지요. "당신은 진실만을 말하는 분이고 또한 누구의 눈치도 보지 않으시는 분이니 솔직하게 한번 말해 보십시오"라는 뜻입니다. 예수님이 이런 감언이설에 우쭐하여 속아 넘어갈 줄 알았으니, 그들은 참으로 어리석은 사람들입니다. 그런데 이 아부성 발언 안에 진실이 담겨 있습니다. 예수님은 정말 그런 분이셨습니다. 진실한 분이셨고, 하나님의 길을 참되게 가르치는 분이셨으며, 누구의 눈치도 보지 않으셨습니다. 겉모습으로 사람을 판단하지도 않으셨습니다. 이런 것을 '아이러니'라고 합니다. 거짓으로 한 말 속에 진실이 담겨 있는 것입니다.

이렇게 예수님을 추켜세우고는 감추어진 칼날을 들이밉니다.

"그러니 선생님의 생각은 어떤지 말씀하여 주십시오. 황제에게 세금을 바치는 것이 옳습니까, 옳지 않습니까?"(17절)

당시 유대 땅은 로마의 식민지였습니다. 나라의 주권이 로마 황제에게 있었습니다. 그래서 로마 정부는 유대인들에게 로마 제국에 세금을 바치게 했습니다. 세금을 로마 황제에게 바친다는 말은 그를 진정한 왕으로 인정한다는 뜻입니다. 우리나라도 일제 강점기에 그런 문제를 겪었습니다. 이 상황은 유대인들을 두 편으로 갈라놓았습니다. 한편에서는 죽음을 각오하고 세금 바치기를 거부해야 한다고 주장했고, 다른 한편에서는 세금을 바치는 것이 옳다고 주장했습니다. 그러나 실제로 세금 거부를 실천한 사람들은 일부 혁명가들뿐이었습니다. 세금 거부는 곧 투옥과 죽음을 불러오는 일이었기 때문입니다.

예수님이 오시기 얼마 전에 갈릴리에서 유다라는 혁명가가 나타났습니다. 그는 스스로 메시아라고 주장하면서 로마에 대한 세금 거부 운동을 이끌었습니다. 그것은 머지않아 대규모의 혁명으로 자랐고, 로마 황제는 시리아의 총독을 파견하여 잔인하게 진압했습니다. 로마 정부는 다시는 그런 일이 반복되지 않게 하려고 그 혁명에 참여한 사람들을 십자가에 못 박아 처형했습니다. 얼마나 많은 사람들이 처형되었던지, 십자가로 사용할 나무가 부족할 정도였다고 합니다.

바리새파 사람들은 보복에 대한 두려움 때문에 세금을 내고 있었지만 그것이 옳지 않다고 믿었습니다. 반대로, 헤롯 당원들은 여러 가지 이유를 들어 세금을 바쳐야 한다고 주장했습니다. 그래야만 자신들의 권력을 유지할 수 있기 때문이었습니다. 이렇듯 정치적 입장에서 정반대였지만, 두 파는 공히 예수를 제거하는 일에 손을 맞잡은 것입니다. 바리새파 사람들은 아마도 실패한 혁명가 유다를 생각했을 것입니다.

그들이 보기에 예수님은 분명히 세금을 내는 것은 하나님의 주권을 거부하는 것이라고 말할 것 같았습니다. 갈릴리에서 그분이 하셨던 말씀과 행적을 고려한다면, 예수님은 당연히 바리새파 사람들 편이라고 생각했습니다. 만일 세금을 내지 말라고 대답한다면, 헤롯 당원들은 그 자리에서 예수를 잡아 로마 군인들에게 넘겨줄 수 있었습니다. 만일 그것이 두려워서 세금을 내야 한다고 대답한다면, 예수님을 예언자로 여기고 있던 무리가 썰물처럼 빠져나갈 것이었습니다. 이리 보나 저리 보나 기가 막힌 계략이었습니다.

2

예수님은 그들의 계략을 꿰뚫어 보십니다. 참으로 그들의 생각은 간악한 것이었습니다. 예수님은 그들에게 "위선자들아, 어찌하여 나를 시험하느냐? 세금으로 내는 돈을 나에게 보여 달라"고 말씀하십니다. 당시에 일반인들이 가장 많이 사용하던 돈은 '데나리온'이라 불리는 은전이었습니다. 성인 남성이 하루 일하면 데나리온 한 닢을 받았으니 꽤 가치가 높은 셈입니다.

그들 중 한 사람이 호주머니에 있던 데나리온을 내밉니다. 그 은전을 보시고 예수님이 물으십니다. "이 초상은 누구의 것이며, 적힌 글자는 누구를 가리키느냐?" 당시 데나리온 동전의 한 면에는 황제의 얼굴이 새겨져 있었고 둘레에는 로마 글자로 황제의 이름이 새겨져 있었습니다. 다른 한 면에는 황제의 아내의 모습이 새겨져 있었습니다. 예수님의 질문에 그들이 답합니다. "황제의 것입니다." 그러자 예수님이 대답하십니다.

"그렇다면, 황제의 것은 황제에게 돌려주고, 하나님의 것은 하나님께 돌려드려라."(21절)

22절은 "그들은 이 말씀을 듣고 탄복하였다. 그들은 예수를 남겨 두고 떠나갔다"고 말합니다. 그들이 왜 탄복했습니까? 이번 함정에서는 예수님이 절대 빠져나가지 못할 것이라고 생각했는데, 그들로서는 상상하지 못했던 대답을 주셨기 때문입니다.

이 대답은 이중적 의미를 가지고 있습니다. 안팎의 뜻이 다릅니다. "황제의 것은 황제에게 돌려주라"고 했으니, 세금을 바치지 말라고 고발할 빌미를 제공하지 않으신 것입니다. 헤롯 당원들이 트집을 잡을 수 없게 되었습니다. 하지만 예수님은 "하나님의 것은 하나님께 돌려드려라"는 말씀을 덧붙이십니다. 이 말씀 때문에 바리새파 사람들도 트집을 잡을 수 없게 되었습니다. 그것이 표면에 드러난 의미입니다.

이 말씀의 이면에는 그보다 더 중요한 의미가 숨어 있습니다. 예수님은 세금을 바쳐야 하느냐 말아야 하느냐의 논쟁에 참여할 뜻이 없었습니다. 세금을 바치면 하나님의 주권을 부정하는 것이고, 세금을 거부하면 하나님의 주권을 인정하는 것이라는 이분법적 사고 자체를 부정하신 것입니다.

예수님은 황제의 통치 영역이 엄연히 있음을 인정하십니다. 로마 제국이 얼마나 의로우냐 혹은 황제가 얼마나 의로우냐의 문제와 상관없이 그 지위와 권위를 인정하십니다. 다만, 그 지위와 권력을 선하게 사용하느냐 악하게 사용하느냐는 권력자 자신의 책임입니다. 그러므로 그 통치권 아래에 사는 백성은 마땅히 짊어져야 할 의무를 감당해야 합니다. 그것에 목숨을 거는 것은 용감한 일이기는 하지만 칭찬할 만한 일은 아닙니다.

하지만 그것이 전부가 아님을 알아야 합니다. 지상의 황제가 전부가 아닙니다. 그 위에 하나님이 계십니다. 지상의 나라가 전부가 아닙니다. 영원한 하나님 나라가 있습니다. 황제에게 잠시 동안 권력이 주어지고 그 권력을 사용할 수 있는 여러 제도들이 주어지지만 그것은 모두 하나님에게서 온 것입니다. 황제 자신도 하나님의 것입니다.

그러므로 땅의 권력에 대한 책임과 의무를 마땅히 행하는 동시에 더 높은 권력과 더 높은 나라가 있음을 기억해야 합니다. 예수님은 바로 그 나라를 위해 오셨고 그 나라를 알게 하셨습니다. 예수님의 제자는 육신의 나라에 대한 책임과 의무를 다해야 하지만, 그의 최종적인 충성의 대상은 영원한 하나님 나라인 것을 잊지 말아야 합니다.

따라서 세금을 바치는 사람은 모두 하나님의 주권을 부정하는 것이라고 할 수 없습니다. 지상 권력의 '제한적인 정당성'을 인정하고 한 나라의 시민으로서 자신의 의무를 다하는 것은 필요한 일입니다. 하나님의 주권을 진실하게 인정하는 사람은 지상 권력이 일시적이며 제한적임을 인정합니다. 자신이 지상 권력에게 바치는 충성 또한 일시적이고 제한적인 것임을 압니다. 반면, 하나님은 전적이고도 영원한 충성의 대상이라는 것을 압니다. 그렇기 때문에 세금을 거부하는 사람은 자동적으로 하나님의 주권을 인정하는 사람이라고 생각하지 않습니다.

결국 예수님은 그들의 질문에 대해 엉뚱한 대답을 하고 계신 것입니다. 동문서답, 우문현답을 하신 셈입니다. 그들의 편협한 생각의 틀에서 벗어나 새로운 시각을 보여 주십니다. 지상 권력은 제한적이고 일시적이라는 사실, 한 나라의 백성은 지상 권력에 대해 제한적이고 일시적인 책임과 의무를 감당해야 한다는 사실, 지상 권력 위에 최종적이고 절대적이며 영원한 권력자가 있다는 사실, 그리고 우리 모두는 그 최종 주권자를 바라보며 살아야 한다는 사실을 말씀하십니다.

3

이 말씀에 우리 자신을 비추어 봅니다. 우리는 지상 권력을 어떻게 대하고 있습니까? 국가의 권력이든 또는 작은 조직에서의 권력이든, 그것이 제한적이며 잠정적이고 일시적인 것임을 인정합니까? 그 권력에 대한 책임과 의무를 다하고 있습니까? 혹시 이런저런 이유로 지상 권력에 대한 책임을 회피하고 있는 것은 아닙니까? 아니면, 지상 권력 위에 존재하는 영원한 주권자를 잊고 사는 것은 아닙니까? 지상 권력에 전적인 복종을 하고 사는 것은 아닙니까?

하나님의 전적이고 영원한 주권을 인정합니까? 지상 권력에 대한 책임과 의무는 부분적이지만 하나님께 대한 책임과 의무는 전적이어야 한다는 사실을 인정합니까? 매일의 생활 속에서 하나님의 것을 하나님께 돌려드리고 있습니까? 하나님의 것을 내 것으로 가로채고 있지는 않습니까? 하나님께 돌아갈 영광을 내 것으로 가로채고 있지는 않습니까? 하나님이 하신 일을 자신이 한 일로 착각하고 있는 것은 아닙니까? 작은 일부터 큰일까지 하나님의 주권을 인정하고 삽니까?

모든 것의 주인이신 하나님이 나에게도 작은 권력을 주셨고 그 책임을 다하게 하기 위해 많은 것들을 허락하셨음을 늘 인정하고 삽니까? 그 권력을 주신 분의 뜻대로 사용하고 있습니까? 권력을 활용하기 위해 주어진 것들을 주신 분의 뜻대로 사용하고 있습니까? 아니면, 내 힘으로 얻은 권력이라고 생각하며 자신의 욕망을 채우는 데 사용하고 있습니까?

오늘 말씀을 통해 나에게 들려주시는 성령의 음성에 귀 기울이며
잠시 묵상과 기도의 시간을 가지십시오.

9
부활에 대해 논쟁하시다
마태복음 22:23-33

> 예수께서 그들에게 대답하셨다.
> "너희는 성경도 모르고, 하나님의 능력도 모르기 때문에,
> 잘못 생각하고 있다. 부활 때에는 사람들은 장가도 가지 않고,
> 시집도 가지 않고, 하늘에 있는 천사들과 같다. 죽은 사람들의
> 부활을 두고 말하면서, 너희는 아직도 하나님께서 너희에게 하신 말씀을
> 읽어보지 못하였느냐? 하나님께서는 '나는 아브라함의 하나님이요,
> 이삭의 하나님이요, 야곱의 하나님이다' 하고 말씀하셨다.
> 하나님은 죽은 사람의 하나님이 아니라, 살아 있는 사람의 하나님이시다."
> ── 마 22:29-32

I

예루살렘에 입성한 다음 날의 이야기가 여전히 진행 중입니다. 이 사건은 예수님이 돌아가신 주간의 월요일에 성전에서 있었던 일입니다. 대제사장과 바리새파 율법학자들이 사라지고 대신에 사두개파 사람들이 예수님께 다가옵니다.

당시 유대교 안에는 크게 두 가지 종파가 있었습니다. '바리새파'는 평신도 갱신 운동이라 할 수 있습니다. 율법을 철저히 지킴으로써 선민의 부흥을 이루겠다는 열심을 가진 사람들의 신앙 운동이었습니다. 반면, '사두개파'는 제사장들의 조직이었습니다. 이 외에도 로마로부터의 폭력 혁명을 꾀하던 '열심당'이 있었고, 현실을 등지고 광야에서 수도 생활을 하던 '에세네파'도 있었습니다. 하지만 이 두 파는 바리새파와 사두개파

에 비해 규모가 현저하게 작았습니다. 그러므로 바리새파와 사두개파가 주도권 다툼을 하고 있었다 볼 수 있습니다.

신학적 성향으로 보면, 바리새파는 진보적이었고 사두개파는 보수적이었습니다. 아무래도 권력을 쥔 사람들이 보수적인 경향으로 기우는 법입니다. 가진 게 많은 사람들 입장에서 변화란 곧 기득권 상실을 의미하기 때문입니다. 반면, 바리새파 사람들은 일부 고위 율법학자 외에는 기득권층에 속하지 않았습니다. 그래서 좀더 진보적이었습니다. 한편 사두개파 사람들은 모세오경(창세기, 출애굽기, 민수기, 레위기, 신명기) 외에는 성경으로 인정하지 않았습니다. 반면, 바리새파 사람들은 지금 우리가 읽는 구약성경을 대부분 인정했습니다.

교리 면에서 두 종파의 가장 큰 차이는 부활에 대한 믿음입니다. 바리새파 사람들은 세상 끝 날에 모든 의인이 몸으로 부활할 것이라고 믿었습니다. 반면, 사두개파 사람들은 부활을 믿지 않았습니다. 모세오경 안에 부활에 대한 믿음이 없다는 이유입니다. 실은 그들이 말하지 않았지만 더 은밀한 이유가 있습니다. 부활은 현실에 대한 전면적인 변혁을 의미합니다. 부활이 실제로 일어난다면, 현세에서 권력과 부를 누린 사람들은 낭패당할 가능성이 높았습니다. 그래서 바리새파 사람들과 사두개파 사람들이 만나면 줄곧 부활의 믿음에 대해 논쟁하곤 했습니다.

이랬던 그들이 예수님께 다가왔습니다. 그들이 보기에 예수님도 부활을 믿는다는 점에서는 바리새파와 다르지 않았습니다. 그들은 "선생님, 모세가 말하기를 '어떤 사람이 자식이 없이 죽으면, 그 동생이 형수에게 장가들어서, 그 후사를 세워 주어야 한다' 하였습니다"라고 운을 뗍니다. 그들은 신명기 25장 5-6절에 나오는 율법을 말하고 있습니다.

모세 당시에는 자식이 재산이었습니다. 오죽하면 시편에 "자식은 주님께서 주신 선물이요, 태 안에 들어 있는 열매는, 주님이 주신 상급이다. 젊어서 낳은 자식은 용사의 손에 쥐어 있는 화살과도 같으니, 그런 화살이 화살통에 가득한 용사에게는 복이 있다. 그들은 성문에서 원수들과 담판할 때에, 부끄러움을 당하지 아니할 것이다"(127:3-5)라고 했겠습니까? 그래서 형이 자식을 두지 않고 죽으면 그 동생이 형수를 위해 자식을 낳아 주도록 율법이 정한 것입니다. 그 옛날, 자식도 없이 남편을 잃은 부인이 홀로 살아가는 것은 몹시 힘겨운 일이었기 때문입니다. 유대교 문서 기록에 보면, 이 율법은 대표적인 '사문 규정'이었습니다. 율법에는 있었지만 잘 시행되지 않았다는 뜻입니다. 여성들이 재가를 더 원했거나 남성들이 거부했기 때문일 수도 있습니다.

사두개파 사람들은 이 율법으로 극단적 상황을 가정합니다. 어느 집에 일곱 형제가 있었는데, 맏아들이 결혼하여 자식을 낳지 못하고 세상을 떠납니다. 그래서 둘째가 형수에게 장가들었는데, 둘째도 아이를 낳지 못하고 죽었습니다. 결국 일곱 형제 모두가 자식을 낳지 못하고 죽습니다.

회의를 하다 보면 이런 식의 발언을 하는 사람들이 가끔 있습니다. 어떤 사안을 두고 의논할 때, 최악의 경우를 상정하면서 불가론을 제기하는 것입니다. 사두개파 사람들은 도무지 일어날 수 없는 상황을 설정해 놓고 예수님께 묻습니다. "그러니 부활 때에 그 여자는 누구의 아내가 되겠습니까? 일곱이 모두 그 여자를 아내로 맞아들였으니 말입니다."

유대 문헌에는 사두개파 사람들이 바리새파 사람들과 부활에 대해 논쟁할 때 이런 이야기를 종종 사용했던 기록이 있습니다. 이 질문에 대해 바리새파 사람들은 뾰족한 대답을 내놓지 못했습니다. 사두개파 사람들은 예수님도 별 수 없으리라고 생각한 것입니다.

2

이 곤란한 질문에 대해 예수님은 마치 미리 답변을 준비한 것처럼 말씀하십니다. 크게 두 가지 대답을 주십니다. 첫 번째 대답은 이렇습니다.

"너희는 성경도 모르고, 하나님의 능력도 모르기 때문에, 잘못 생각하고 있다. 부활 때에는 사람들은 장가도 가지 않고, 시집도 가지 않고, 하늘에 있는 천사들과 같다." (29-30절)

예수님은 사두개파 사람들이 성경 말씀을 제대로 이해하지 못했으며, 하나님의 능력에 대해서도 과소평가하고 있다는 사실을 지적합니다. 그러면서 우선 부활에 대한 오해를 바로잡으십니다. 사두개파 사람들은 부활을 과거의 몸으로 '돌아오는 것'으로 오해하고 있습니다. 지상의 결혼 관계가 부활 이후에도 지속될 것이라고 오해한 것입니다. 예수님에 따르면, 부활은 과거의 몸으로 돌아오는 것이 아니라 새로운 몸을 입는 것입니다. 바울 사도의 표현에 따르면 '신령한 몸'(고전 15:44)으로 변화되는 것입니다.

어떤 사람은 "시집가고 장가가는 것이 없는 천국이 뭐가 좋으냐?"고 묻습니다. 농담 같은 진담입니다. 이 질문에는 두 가지 문제가 있습니다.

첫째, 성에 대해 잘못 생각하고 있습니다. 아마도 그 사람은 남녀 간에 누릴 수 있는 성적 즐거움 외에는 아무런 즐거움도 없다고 생각하는 것 같습니다. 성은 하나님이 주신 매우 소중한 선물이지만, 그것 없는 인생은 무덤이라 할 정도로 절대적인 것은 아닙니다. 성적 즐거움 없이도 얼마든지 행복하고 보람 있는 삶을 살 수 있기 때문입니다. 성은 부부가 영·혼·육의 전인적 하나됨을 이루기 위해 한동안 사용하다가 내려놓는 것입니다.

둘째, 인생의 성장 단계를 고려하지 않고 있습니다. 인간은 성장하고 변화하게 되어 있고, 각 단계마다 주어진 기쁨이 다릅니다. 젖먹이 아이에게 가장 좋은 것은 엄마 품에 안겨 있는 것입니다. 어린아이들에게는 마음껏 뛰노는 것이 가장 행복한 일입니다. 청년 때에는 자신이 하고 싶은 일을 위해 땀을 흘리는 것이 가장 행복합니다. 장년에는 장년에 맛볼 수 있는 기쁨이 있고, 노년에는 노년에 맛볼 수 있는 기쁨이 있습니다. 인생의 행복은 언제까지나 젊음을 지키는 데 있기보다는 자신의 나이에 맞는 기쁨을 찾아 즐기는 데 있다 할 수 있습니다.

그렇다면 부활을 하면 어떤 즐거움이 있을까요? 지금으로서는 알 수 없습니다. 하지만 우리가 지상에서 경험한 것과는 비교할 수 없는 큰 기쁨이 마련되어 있다는 것을 미루어 짐작할 수 있습니다. 요즈음 '임사체험'에 관한 책과 영화가 이어지고 있습니다. 죽음의 경계선을 넘어갔다가 돌아온 사람들이 천국을 잠시 들여다보고 와서 증언한 것입니다. 물론 그것을 모두 신뢰할 수는 없습니다. 하지만 전적으로 부정할 수 없는 증언들도 있습니다. 그 증언들에는 공통적인 요소가 있습니다. 하루 빨리 그곳으로 돌아가고 싶을 만큼 황홀한 기쁨이 있었다는 것입니다. 이처럼 천국 혹은 부활의 세계는 우리가 알지 못하는 신세계입니다.

예수님은 이어서 사두개파 사람들의 성경 해석을 문제 삼으십니다. 그들은 모세오경만 인정하는 까닭에 부활을 부정하고 있었습니다. 예수님은 모세오경 안에도 부활에 대한 암시가 있다고 말씀하십니다.

"죽은 사람들의 부활을 두고 말하면서, 너희는 아직도 하나님께서 너희에게 하신 말씀을 읽어 보지 못하였느냐? 하나님께서는 '나는 아브라함의 하나님이요, 이삭의 하나님이요, 야곱의 하나님이다' 하고 말씀하셨다. 하나님은 죽은 사람의 하나님이 아니라, 살아 있는 사람의 하나님이시다." (31-32절)

예수님은 출애굽기 3장 6절을 인용하십니다. 하나님이 모세에게 나타나셨을 때, "나는 아브라함의 하나님이었고, 이삭의 하나님이었으며, 야곱의 하나님이었다"고 말씀하지 않으셨음을 주목하라 하십니다. 우연히 그렇게 하신 것이 아니라는 뜻입니다. 모세 시대로 따지면, 아브라함과 이삭과 요셉은 이미 수백 년 전에 죽은 사람들입니다. 그런데 그들은 지금도 하나님 안에 살아 있습니다. 그래서 '이었다'는 과거형이 아니라 '이다'라는 현재형을 사용하신 것이라는 말입니다.

예수님은 결론으로 "하나님은 죽은 사람의 하나님이 아니라, 살아 있는 사람의 하나님이시다"라고 말씀하십니다. 이 말씀을 뒤집어 보면, "하나님 안에 있는 사람은 죽었어도 살아 있는 것이고, 살아 있는 사람은 영원히 죽지 않는다"는 뜻입니다. 어디서 많이 들어 본 말씀 아닙니까? 그렇습니다. 요한복음 11장 25-26절 말씀입니다.

3
이 말씀에 우리 자신을 비추어 봅니다. 당신은 부활에 대해 어떻게 믿으십니까? 하나님 나라에 대해 어떤 믿음을 가지고 있습니까? 혹시 사두개파 사람들처럼 이 땅의 것이 전부인 양 생각하며 살고 있지는 않습니까? 하나님을 믿는다고 하면서 영생에 대해 혹은 하나님 나라에 대해 믿지 않는다면, 그 사람이 믿는 대상에게는 '신'이라는 이름을 붙이기 어렵습니다. 예수 그리스도께서 '아바'라고 부르셨던 그 하나님을 믿는다면, 영생과 부활과 천국에 대한 믿음은 당연히 따라오는 것이어야 합니다.

부활에 대한 믿음은 이 땅에서의 삶이 전부가 아니며 이 땅에서 누리는 것이 전부가 아님을 알게 합니다. 그렇기 때문에 이 땅에서 즐기는 기쁨과 행복도 전부가 아님을 압니다. 그것과는 비교할 수 없는 기쁨과 행복이 우리가 알지 못하는 신세계에 마련되어 있음을 압니다. 그러므로 이 땅에 사는 동안 우리에게 주어지는 것들이 모두 일시적이고 제한적인 것임을 깨닫습니다. 그것이 우리 삶의 목표가 될 수 없습니다. 우리는 삶에 주어진 모든 것을 단계에 따라 누리고 때가 되면 내려놓으면서 영원한 하나님 나라를 향해 나아가야 합니다.

그렇게 살 때 우리는 가진 것을 지키기 위해 발버둥치지 않고 하나님의 뜻에 따라 마음과 손과 지갑을 열고 살아갈 수 있을 것입니다. 그것이 바로 영원을 믿는 사람다운 태도입니다.

오늘 말씀을 통해 나에게 들려주시는 성령의 음성에 귀 기울이며
잠시 묵상과 기도의 시간을 가지십시오.

10

가장 큰 계명에 대해 답하시다

마태복음 22:34-40

> 예수께서 그에게 말씀하셨다.
> "'네 마음을 다하고, 네 목숨을 다 하고, 네 뜻을 다하여,
> 주 너의 하나님을 사랑하여라' 하였으니,
> 이것이 가장 중요하고 으뜸가는 계명이다.
> 둘째 계명도 이것과 같은데,
> '네 이웃을 네 몸과 같이 사랑하여라' 한 것이다.
> 이 두 계명에 온 율법과 예언서의 본뜻이 달려 있다."
> ── 마 22:37-40

I

예수님이 사두개파 사람들이 제기한 부활에 대한 곤란한 질문을 기가 막힌 답변으로 침묵시키셨다는 소식이 바리새파 사람들에게 전해졌습니다. 그들은 한편으론 좋아했을 것입니다. 그들도 자주 부활 신앙에 대해 사두개파 사람들에게 시험을 당하곤 했기 때문입니다. 사두개파 사람들이 보기 좋게 논쟁에서 패한 것은 좋은데, 그 누구도 예수를 넘어뜨릴 수 없다는 사실에 두려움을 느꼈을 것입니다. 그들은 모여서 예수를 어떻게 할지 모의했습니다. 그때 바리새파 출신의 율법 교사 한 사람이 예수님께 묻습니다. "선생님, 율법 가운데 어느 계명이 중요합니까?"

35절에 보니, "예수를 시험하여 물었다"고 되어 있습니다. 여기서의 '시험'은 함정에 빠뜨리려는 것이라기보다는 어떻게 대답하시는지 알아보기

위한 시험일 것입니다. 이 질문을 한 율법 교사는 부활에 대한 질문에 대해 예수님이 주셨다는 답변을 전해 듣고 그분에게 뭔가 비범한 것이 있음을 느꼈을 것입니다. 그래서 평소 마음에 품었던 질문 하나를 예수님께 던진 것입니다. 그분의 비범함을 한번 확인해 보고 싶은 마음이었을 것입니다.

구약성경에는 모두 613개의 율법이 기록되어 있다고 합니다. 율법학자들은 그 율법을 하나도 빠짐없이 지켜야 한다고 가르쳤습니다. 그것이 가능하지도 않았지만, 시도하다 보면 문제가 생깁니다. 율법의 요구가 서로 충돌하는 것입니다. 가령, 안식일을 거룩하게 지키라는 율법과 부모를 공경하라는 율법이 충돌하는 경우가 생깁니다. 안식일에 부모님에게 뭔가를 해 드려야 할 경우, 어느 하나를 범하지 않으면 안 됩니다. 이런 경우에 안내를 해주는 사람들이 율법 교사들입니다.

예수님 당시에는 율법이 서로 충돌할 때 어떤 율법이 먼저인가에 대해 수많은 지침이 마련되어 있었습니다. 율법 교사와 율법학자들은 밤새워 그런 문제들을 붙들고 씨름했습니다. 그러한 대화와 일화 그리고 판례를 기록한 것이 '탈무드'입니다. 탈무드 일부를 엮은 책들이 시중에 나와 있지만, 원본은 엄청난 분량의 문서입니다. 그렇게 오래도록 법적 논리로 훈련된 민족이기 때문에 유대인 변호사를 최고로 꼽는 것입니다.

율법학자들이 자주 논의한 주제 중 하나가 "어느 것이 가장 큰 계명인가?"라는 것이었습니다. 이 질문에는 두 가지 의미가 있습니다. 첫째, "613개 율법 중에서 가장 중요한 율법이 무엇인가?"라는 뜻입니다. 율법의 서열을 가리려는 것입니다. 둘째, "613개 율법을 모두 아우르는 대원리가 있다면 무엇인가?"라는 뜻입니다. 이 질문을 두고 율법학자들이 수

많은 밤을 새워 토론을 해 보았지만, 결론이 나지 않았습니다.

예수님 당시 바리새파는 두 사람의 탁월한 율법 교사를 따라 두 종파로 나뉘어 있었습니다. 한편에는 힐렐이라는 율법학자를 따르는 파가 있었고, 다른 한편에는 샴마이라는 율법학자를 따르는 파가 있었습니다. 힐렐은 진보적이고 유연했던 반면, 샴마이는 보수적이고 강경했습니다. 탈무드에 전해지는 한 이야기에 의하면, 어떤 이방인이 두 사람에게 "제가 한 발로 서 있는 동안에 율법 전체에 대해 가르쳐 주십시오"라고 청했습니다. 그러자 샴마이는 가지고 있던 자로 그 사람을 때렸습니다. 강경파답지요. 반면, 힐렐은 "네가 싫어하는 일은 다른 사람에게도 행하지 말라. 이것이 율법의 핵심이다. 다른 모든 것은 그것에 대한 설명이다"라고 대답했다고 합니다.

예수님에게 질문을 던진 율법 교사는 그 어려운 질문에 대해 예수님의 생각을 알고 싶었습니다. 부활에 대해서 그렇게 기가 막히는 대답을 하셨다면, 이 질문에 대해서도 분명히 탁월한 대답을 주실 것 같았습니다.

2

이번에도 예수님은 마치 대답을 미리 준비한 것처럼 말씀하십니다.

"'네 마음을 다하고, 네 목숨을 다 하고, 네 뜻을 다하여, 주 너의 하나님을 사랑하여라' 하였으니, 이것이 가장 중요하고 으뜸가는 계명이다. 둘째 계명도 이것과 같은데, '네 이웃을 네 몸과 같이 사랑하여라' 한 것이다. 이 두 계명에 온 율법과 예언서의 본뜻이 달려 있다." (37-40절)

여기서 예수님은 두 개의 성경 말씀을 한데 묶어 놓으십니다. 앞의 것은 신명기 6장 5절 말씀이고, 뒤의 것은 레위기 19장 18절 말씀입니다. 이 대답에 율법 교사는 다시 한 번 놀랐을 것입니다. 오늘 우리는 이 대답이 얼마나 놀라운 것인지 짐작할 수 없습니다. 613개의 율법 규정을 지키느라 고생해 본 적도 없고, 율법 규정이 서로 충돌하는 것으로 인해 곤란을 당해 본 일도 없기 때문입니다. 또한 가장 큰 율법이 무엇인지 질문해 본 적도 없기 때문입니다. 그런 문제로 씨름하던 율법 교사에게 예수님의 대답은 마치 하늘이 열리는 것 같은 충격을 주었을 것입니다.

이 대답이 특별한 이유는 적어도 네 가지입니다.

첫째, 613개 계명을 '사랑'이라는 하나의 단어로 담아내셨다는 사실입니다. 모든 계명은 사랑을 하기 위한 구체적 방법에 대한 설명이라 할 수 있습니다. 하나님이 그 모든 계명들을 주시면서 기대하신 것은 바로 사랑입니다.

율법 안에는 하나님의 마음이 담겨 있습니다. 율법을 통해 하나님을 알아갑니다. 그 하나님은 사랑이십니다. 하나님을 알아갈수록 우리는 사랑에 대한 지식과 능력에 있어서 자라가게 됩니다. 율법의 본뜻은 하나님을 알고 사랑 안에서 자라가는 것이었습니다. 그래서 사도 요한은 이렇게 말했습니다.

사랑하는 여러분, 서로 사랑합시다. 사랑은 하나님에게서 난 것입니다. 사랑하는 사람은 다 하나님에게서 났고, 하나님을 압니다. 사랑하지 않는 사람은 하나님을 알지 못합니다. 하나님은 사랑이시기 때문입니다. (요일 4:7-8)

"법은 최소한의 도덕이다"라는 말이 있습니다. 인간이 스스로 마땅히 알고 지켜야 할 도리를 '도덕'이라고 합니다. 선하게 살아라. 어른을 존중하라. 다른 사람의 권리를 존중하라. 너의 책임을 다하라. 이런 것들이 도덕입니다.

만일 이런 것들을 모두 법으로 만들어 놓으면 공권력은 자기 마음대로 사람들을 잡아들이고 억압할 것입니다. 아무리 선하게 사는 사람이라도 '선하게 살지 않은 죄'를 가지고 심판하자면 걸리지 않을 수 없기 때문입니다. 그래서 법은 최소한의 규정만을 정해 놓은 것입니다. 율법도 마찬가지입니다.

그러므로 율법의 자구만을 지키는 것은 하나님의 뜻을 거역하는 것입니다. 하나님은 율법 규정을 지키면서 하나님을 알고 사랑 안에서 자라가기를 기대하셨습니다. "살인하지 말라"는 계명은 웬만하면 지킬 수 있습니다. 만일 누군가를 죽도록 미워하면서 그 사람의 목숨을 해치지 않았다는 사실 하나만으로 계명을 지켰다고 생각한다면, 그것은 분명 하나님의 뜻을 오해한 것입니다. "살인하지 말라"는 계명은 "사랑하라"는 정신을 완성하기까지는 충분히 순종한 것이라 할 수 없습니다. 모든 율법이 그렇습니다. 율법이 가리키는 방향의 끝은 사랑에 닿아 있습니다.

둘째, 하나님 사랑과 이웃 사랑을 결합시킨 것도 특별합니다. 당시 율법학자들의 가르침에 따르면, 당연히 하나님 사랑이 가장 중요합니다. 하지만 예수님은 "둘째 계명도 이것과 같은데"라는 말로 두 종류의 사랑을 결합시켜 놓으십니다. 이 말은 "둘째 계명도 첫 번째 계명과 똑같이 중요한데"라는 뜻입니다. 하나님 사랑과 이웃 사랑은 분리될 수 없다는 뜻입니다. 하나님을 참되게 사랑하는 사람은 이웃 사랑이란 열매를 맺습니다.

그래서 사도 요한은 이렇게 말했습니다.

누가 하나님을 사랑한다고 하면서, 자기 형제자매를 미워하면, 그는 거짓말쟁이입니다. 보이는 자기 형제자매를 사랑하지 않는 사람이 보이지 않는 하나님을 사랑할 수 없습니다. 하나님을 사랑하는 사람은 자기 형제자매도 사랑해야 합니다. 우리는 이 계명을 주님에게서 받았습니다. (요일 4:20-21)

셋째, 이 짧은 대화 안에는 드러나 있지 않지만, 예수님은 하나님, 사랑 그리고 이웃에 대해 새롭게 정의하십니다. 예수님은 하나님을 '아바'라 부르셨고 우리 또한 그렇게 하라고 하십니다. 멀리 있는 하나님이기도 하지만 친밀하신 하나님으로 만나라고 하십니다. 그러므로 하나님을 사랑하는 것은 복종이기도 하지만 사귐이기도 합니다.

예수님은 또한 사랑에 대해서도 새로운 정신을 불어넣으십니다. 십자가의 희생을 통해 사랑이 무엇인지 몸소 보여 주셨습니다. 뿐만 아니라 이웃에 대해서도 새롭게 규정하십니다. 유대인들은 유대인만 이웃으로 생각했고, 바리새파 사람들은 율법을 잘 지키는 유대인만을 이웃으로 생각했습니다. 하지만 예수님은 그 모든 차별과 구별을 없앴습니다. 원수까지도 사랑해야 할 이웃입니다. 결국, 새 계명의 문자는 옛 말씀에서 왔지만 내용은 완전히 새로운 것이었습니다.

넷째, 예수님의 대답이 특별하다는 사실은 그분이 전한 복음의 배경에서 볼 때 드러납니다. 예수님은 여기서 새로운 율법을 주신 것이 아닙니다. 또한 613개의 율법을 실천할 수 있는 비법을 전수하신 것도 아닙니다. 예수님은 제자들에게 "너희의 의가 율법학자들과 바리새파 사람들의 의보다 낫지 않으면, 너희는 하늘나라에 들어가지 못할 것이다"(마 5:20)라고 말씀하셨습니다. 이 말씀은 율법학자들과 바리새파 사람들보다 더 치열하게 율법을 지키라는 뜻이 아닙니다. 먼저 죄로 오염된 마음에 변화를 받으라는 뜻입니다. 열매를 붙들고 씨름하기 전에 나무를 보라는 것입니다. 나무가 건강하면 좋은 열매를 맺게 되어 있습니다. 마찬가지로, 예수 그리스도 안에서 옛 사람이 죽고 새 사람으로 거듭나면 율법을 넘어서는 의를 이룰 수 있습니다. 율법의 자구를 지키고 의롭다고 우쭐대는 것이 아니라, 하나님을 알고 하나님의 사랑을 닮아 그 사랑을 이루는 것이 제자가 추구할 목표입니다.

3

이 말씀에 우리 자신을 비추어 봅니다. 우리는 사랑을 압니까? 영어의 live(살다)와 love(사랑)는 같은 뿌리에서 나왔고, 우리말의 '사랑'과 '사람'과 '삶'도 같은 뿌리에서 나왔다고 합니다. 인생의 본질이 사랑에 있음을 꿰뚫어 보았던 것입니다. 사람은 사랑하는 존재로 지음받았기에 사랑하는 것이 곧 삶이라 할 수 있습니다. 사람은 사랑 속에서 태어나고 사랑을 향해 자라갑니다. 인간성이 파괴되는 것은 사랑이 부족해서이고, 마음의 상처가 치유되는 것도 오직 사랑을 통해서입니다.

우리 모두는 사랑에 목말라 합니다. 그런데 우리는 사랑을 압니까? 우리가 사랑이라고 이름 붙이고 행하는 일들이 과연 사랑입니까?

진정한 사랑을 원한다면, 먼저 사랑의 본체이신 하나님을 알아야 합니다. 그분을 만나야 합니다. 하나님의 사랑은 예수 그리스도를 통해 우리에게 드러났습니다. 사도 요한은 이렇게 말합니다.

사랑은 이 사실에 있으니, 곧 우리가 하나님을 사랑한 것이 아니라, 하나님이 우리를 사랑하셔서, 자기 아들을 보내어 우리의 죄를 위하여 화목제물이 되게 하신 것입니다. 사랑하는 여러분, 하나님께서 이렇게까지 우리를 사랑하셨으니, 우리도 서로 사랑해야 합니다. 지금까지 하나님을 본 사람은 없습니다. 그러나 우리가 서로 사랑하면, 하나님이 우리 가운데 계시고, 또 하나님의 사랑이 우리 가운데서 완성된 것입니다. (요일 4:10-12)

사랑받고 사랑하기를 원합니까? 먼저 예수 그리스도 안에서 하나님의 완전한 사랑을 맛보아야 합니다. 그래서 더 이상 사람의 사랑이 필요하지 않을 만큼 충만한 사랑을 하나님께로부터 받아야 합니다. 그러면 비로소 사랑이 무엇인지 깨달아 사랑할 수 있고 사랑받을 수 있습니다.

사랑을 받아 본 사람이 사랑할 수 있습니다. 그러므로 먼저 하나님의 사랑에 깊이 취해야 합니다. 그러면 사람에게 사랑받지 못하여 생긴 상처가 치료될 것이며, 원수까지도 사랑할 수 있을 것이고, 두리번거리지 않아도 사람들이 다가와 사랑을 더해 줄 것입니다. 먼저, 자신의 마음에 십자가에서 드러난 하나님의 사랑을 채우십시오. 그 사랑으로 마음 안에 쌓인 모든 더러운 것들, 날카로운 것들, 상처난 것들이 녹아지게 하십시오. 그것이 율법학자와 바리새인의 의를 뛰어넘는 진정한 의를 이루어 줄 것입니다.

오늘 말씀을 통해 나에게 들려주시는 성령의 음성에 귀 기울이며
잠시 묵상과 기도의 시간을 가지십시오.

II

다윗의 자손에 관해 논쟁하시다
마태복음 22:41-46

> 예수께서 다시 그들에게 말씀하셨다.
> "그러면 다윗이 성령의 감동을 받아, 그를 주님이라고 부르면서 말하기를,
> '주님께서 내 주께 말씀하셨다.
> 「내가 네 원수를 네 발 아래에 굴복시킬 때까지,
> 너는 내 오른쪽에 앉아 있어라」' 하였으니, 이것이 어찌된 일이냐?
> 다윗이 그리스도를 주라고 불렀는데,
> 어떻게 그리스도가 그의 자손이 되겠느냐?"
> ── 마 22:43-45

I

예루살렘 성에 도착한 다음 날, 예수님은 성전에서 여러 가지 주제로 논쟁을 벌이십니다. 지금까지는 일방적으로 질문을 받고 대답하시는 형식이었습니다. 번번이 예수님의 지혜에 말문이 막히자 더 이상 나서는 사람이 없었습니다. 그러자 이번에는 예수님이 질문을 던지십니다. 바리새파 사람들에게 물으십니다.

"너희는 그리스도를 어떻게 생각하느냐? 그는 누구의 자손이냐?" (42상)

헬라어 '그리스도'는 히브리어 '메시아'를 번역한 말입니다. '메시아'는 '기름부음 받은 자'라는 뜻입니다. 고유명사로 쓰인 '메시아'는 하나님이

마지막 날에 구원자로 보내실 분을 가리키는 말이 되었습니다. 그러니까 지금 예수님은 구원자로 오실 분이 누구의 자손이냐고 묻는 것입니다. 그러자 그들은 이렇게 대답합니다.

"다윗의 자손입니다." (42하)

당시 유대인들은 메시아가 분명 다윗의 자손에게서 태어날 것이라고 믿었습니다. 다윗이 이스라엘의 가장 위대한 임금이었기에 '영광의 재현'에 대한 기대 때문이기도 했지만, 나단이 다윗에게 전한 하나님의 말씀 안에 그러한 예언이 담겨 있다고 믿었습니다.

왕위에 오른 다윗이 제국을 평정하고 안정을 얻자 예언자 나단을 불러 하나님의 성전을 짓고 싶다고 말합니다. 그때 하나님은 나단을 통해 성전을 지을 사람은 다른 사람이라고 말씀하십니다. 그러면서 이렇게 말씀하십니다.

"너의 생애가 다하여서, 네가 너의 조상들과 함께 묻히면, 내가 네 몸에서 나올 자식을 후계자로 세워서, 그의 나라를 튼튼하게 하겠다. 바로 그가 나의 이름을 드러내려고 집을 지을 것이며, 나는 그의 나라의 왕위를 영원토록 튼튼하게 하여 주겠다. 나는 그의 아버지가 되고, 그는 나의 아들이 될 것이다. 그가 죄를 지으면, 사람들이 저의 자식을 매로 때리거나 채찍으로 치듯이, 나도 그를 징계하겠다. 내가, 사울에게서 나의 총애를 거두어, 나의 앞에서 물러가게 하였지만, 너의 자손에게서는 총애를 거두지 아니하겠다. 네 집과 네 나라가 내 앞에서 영원히 이어 갈 것이며, 네 왕위가 영원히

튼튼하게 서 있을 것이다."(삼하 7:12-16)

이 예언이 주어진 후, 그 모든 일이 솔로몬에게서 이루어질 것이라고 예상했습니다. 하지만 그가 성전을 짓기는 했지만, 그의 왕위는 영원하지 못했습니다. 그 이후로 이스라엘 백성들은 이 예언이 장차 올 메시아에 대한 것이라고 해석했습니다. 예수님 당시 '다윗의 자손'이라는 말은 유대인들 사이에서 메시아를 가리키는 칭호로 사용되었습니다. 바리새파 사람들은 그 믿음에 따라 이렇게 답한 것입니다.

그러자 예수님이 이렇게 답하십니다.

"그러면 다윗이 성령의 감동을 받아, 그를 주님이라고 부르면서 말하기를, '주님께서 내 주께 말씀하셨다. 「내가 네 원수를 네 발 아래에 굴복시킬 때까지, 너는 내 오른쪽에 앉아 있어라.」 하였으니, 이것이 어찌된 일이냐? 다윗이 그리스도를 주라고 불렀는데, 어떻게 그리스도가 그의 자손이 되겠느냐?"(43하-45절)

예수님은 여기서 시편 110편 1절 말씀을 인용하십니다. 예수님은 '시편의 사람'이었다고 할 만큼 시편을 좋아하셨습니다. 그분의 말씀 안에 시편 구절이 자주 들립니다. 그만큼 시편을 많이 읽고 묵상하셨다는 증거입니다.

시편 110편에는 '다윗의 노래'라는 표제가 붙어 있습니다. 다윗은 말합니다. "주님께서 내 주님께 말씀하셨다." 앞의 주님은 성부 하나님을 가리킵니다. 옛날 번역에는 '여호와' 혹은 '야훼'라고 했습니다. 뒤의 '내 주님께'는 다윗이 주님으로 섬기는 분을 가리킵니다.

그분이 과연 누구입니까? 이 땅에서 가장 높은 자리에 앉았던 사람이 '내 주님'이라고 부를 대상이 하나님 외에 누구입니까? 그것은 모든 인류의 구원자로서 하나님이 보내실 메시아 외에는 다른 누구도 될 수 없습니다. 예수님은 다윗이 성령의 감동을 받아 이렇게 썼다고 말씀하십니다. 다윗은 자신이 누구를 두고 말하는지도 확실히 알지 못하고 이렇게 노래한 것입니다.

예수님이 바리새파 사람들에게 던진 마지막 질문, 즉 "다윗이 그리스도를 주라고 불렀는데, 어떻게 그리스도가 그의 자손이 되겠느냐?"는 질문은 메시아에 대한 그들의 믿음을 다시 생각해 보라는 뜻이었습니다. 예수님이 보시기에 그들은 메시아가 다윗의 자손이라는 생각에 붙들려 있었습니다. 다윗의 가문에서 태어날 것이라는 믿음에 집착해 있었습니다. 그렇기 때문에 그들은 메시아가 탁월한 능력과 지혜를 가진 사람일 것이라고 기대했습니다.

또한 메시아는 로마의 점령군을 몰아내고 사라져 버린 이스라엘을 회복시킬 것이라고 믿었습니다. 옛날 다윗 시대에 누렸던 영광을 회복할 것이라고 믿었습니다. 사실, 제자들도 그렇게 믿었습니다. 메시아를 기다리는 사람들 대부분이 그렇게 믿었습니다.

예수님은 바리새파 사람들에게 던진 마지막 질문을 통해 메시아가 단순히 인간에 그친 것이 아님을 깨우쳐 주십니다. 메시아는 다윗이 자신도 알지 못하는 사이에 '나의 주님'이라고 부른 분입니다. 그렇다면 그분은 단순한 인간일 리 없습니다. 다윗이 살아 있던 때에도 존재했다는 뜻입니다. 그분이 나타난다면 다윗은 인간적으로는 까마득한 자손임에도 불구하고 그 앞에 무릎을 꿇을 것입니다. 메시아는 다윗의 혈통을 따라 태어난 참된 인간이면서 또한 참된 신이라는 뜻입니다. 그렇다면 메시아가 이룰 나라는 이 땅의 나라가 아닙니다. 메시아가 이룰 사명은 이스라엘 민족에게 국한된 것이 아닙니다. 유대인들이 이를 갈았던 대상인 로마인들도 메시아가 구원할 대상입니다.

바리새파 사람들은 예수님의 질문에 말문이 막혔습니다. 46절에 "그러자 아무도 예수께 한마디도 대답하지 못했으며, 그날부터는 그에게 감히 묻는 사람도 없었다"라고 되어 있습니다. 이제 논쟁이 끝나고 예수님의 긴 설교가 이어집니다.

2

예수 그리스도는 참 인간이요 참 하나님이십니다. 이것은 지난 2천 년 동안 기독교가 지켜 온 교리의 핵심 중 핵심입니다. 다른 것은 몰라도 이것을 부정하면 기독교라 할 수 없습니다. 예수님의 신성에 대한 믿음도 여기에서 나오는 것이고, 삼위일체 교리도 여기서 시작된 것입니다.

사실, 예수님이 참 인간이요 참 하나님이라는 말은 이해하기 힘든 말입니다. 그렇지만 진실입니다. 예수 그리스도의 신비는 인간 이성의 한계를 넘어서는 것입니다. 인간의 언어는 이성으로 이해할 수 있는 것을 표현하는 도구입니다. 이성으로 이해할 수 없는 것은 언어로 담아낼 수 없습니다. 그렇기 때문에 신비 앞에서는 입을 다물거나 말도 안 되는 말을 만들어 낼 수밖에 없습니다.

예수 그리스도는 말로는 담아낼 수 없는 존재입니다. 그분에게 일어난 사건들도 말로 다 설명할 수 없습니다. 그분은 우리와 동일한 해부학적 구조를 가지고 태어나셨고 우리와 동일한 감정과 생각과 욕구를 가지고 사셨습니다. 인간의 몸을 입고 나타나서 잠시 동안 연극을 하고 가신 분이 아니라 철저히 뼛속 깊이 인간이셨습니다. 그렇기 때문에 그분은 인간으로 산다는 것이 어떤 것인지 잘 아십니다. 인생의 환희와 고민과 아픔과 절망까지도 아십니다. 그래서 히브리서 저자는 이렇게 적었습니다.

"이 자녀들은 피와 살을 가진 사람들이기에, 그도 역시 피와 살을 가지셨습니다. 그것은, 그가 죽음을 겪으시고서, 죽음의 세력을 쥐고 있는 자 곧 악마를 멸하시고, 또 일생 동안 죽음의 공포 때문에 종노릇하는 사람들을 해방시키시기 위함이었습니다. 사실, 주님께서는 천사들을 도와주시는 것이 아니라, 아브라함의 자손들을 도와주십니다. 그러므로 그는 모든 점에서 형제자매들과 같아지셔야만 했습니다. 그것은, 그가 하나님 앞에서 자비롭고 성실한 대제사장이 되심으로써, 백성의 죄를 대신 갚으시기 위한 것입니다. 그는 몸소 시험을 받아서 고난을 당하셨으므로, 시험을 받는 사람들을 도우실 수 있습니다." (히 2:14-18)

동시에 그분은 도무지 인간이 할 수 없는 생각을 하셨고 그렇게 사셨고 죽으셨습니다. 뿐만 아니라 도무지 상상할 수 없는 부활의 사건이 그분에게 일어났습니다. 그분의 육신이 더 이상 보이지 않게 된 이후에도 그분은 여전히 활동하십니다. 그래서 그분이 하나님이라는 사실을 인정할 수밖에 없습니다.

그분이 참 인간이요 참 하나님이라는 사실을 인정하고 나면, 그분이 왜 모든 인류의 구원자인지를 알게 됩니다. 만일 그분이 탁월한 인간에 그쳤다면, 그분은 마카비나 유다 같은 혁명가로 기억되었을 것입니다. 기껏해야 유대 왕국의 왕이 되어 한동안 위세를 떨치다 사라져 간 유대 영웅이 되었을 것입니다. 만일 그분이 인간으로 변장하고 나타난 하나님이셨다면, 그분은 우리의 애환과 고통과 고민을 알지 못하셨을 것입니다. 그분은 모든 인간이 겪을 수 있는 인생의 가장 깊은 곳으로 들어오셔서 우리를 구원해 주셨습니다. 그렇기 때문에 우리는 그분을 다윗의 자손인 동시에 다윗의 주님으로 부를 수 있습니다. 유대인들이 메시아를 '다윗의 아들'이라고 불렀는데, 그분은 동시에 '하나님의 아들'이심을 알아야 합니다.

하나님의 아들로서 우리의 구원자로 오신 예수님은 다윗의 주님일 뿐 아니라 모든 인류의 주님이 되십니다. 초대교인들은 그 사실을 찬송으로 불렀는데, 바울이 그 찬송을 적어 두었습니다.

그는 하나님의 모습을 지니셨으나, 하나님과 동등함을 당연하게 생각하지 않으시고, 오히려 자기를 비워서 종의 모습을 취하시고, 사람과 같이 되셨습니다. 그는 사람의 모양으로 나타나셔서, 자기를 낮추시고, 죽기까지 순종하셨으니, 곧 십자가에 죽기까지 하셨습니다. 그러므로 하나님께서는 그를 지극히 높이시고, 모든 이름 위에 뛰어난 이름을 그에게 주셨습니다. 그리하여 하늘과 땅 위와 땅 아래 있는 모든 것들이 예수의 이름 앞에 무릎을 꿇고, 모두가 예수 그리스도는 주님이시라고 고백하여, 하나님 아버지께 영광을 돌리게 하셨습니다. (빌 2:6-11)

3

 오늘 말씀에 우리 자신을 비추어 봅니다. 우리는 예수 그리스도를 어떻게 믿고 있습니까? 참 사람이며 참 하나님이라는 두 가지 믿음 사이에서 한쪽으로 치우치기 쉽습니다. 젊은 시절에는 인간으로서의 예수가 더 매력적으로 보입니다. 보수적인 성향을 가진 사람들은 인간으로서의 예수를 부정하거나 최소화하는 경향이 있습니다. 두 극단 모두 피할 일입니다. 예수님은 다윗의 자손일 뿐 아니라 하나님의 아들이십니다. 그분은 유대인의 메시아인 동시에 모든 인류의 구원자이기도 하십니다. 나와 같은 인간이 되셔서 나의 모든 아픔과 슬픔을 아시고 구원의 길을 열어 주신 주님이십니다.

 오늘날 우리는 '주님'이라는 호칭이 지닌 무게를 제대로 알지 못합니다. 노예제도가 있을 당시의 주인과 노예와의 관계를 생각해 보아야 합니다. 그것은 평생의 헌신을 의미합니다. 좋으면 하고 싫으면 마는 것이 아닙니다. 좋든 싫든 평생 한 주인을 섬겨야 합니다. 우리가 섬기는 주인은 섬길수록 더욱 큰 기쁨과 보람을 안겨 주십니다. 그래서 억지로가 아니라 기쁨으로 섬길 수 있습니다.

 그것은 또한 전적인 소유권을 의미합니다. 주인은 노예에 대한 '생사여탈권'을 갖습니다. 모든 것이 주인의 소유입니다. 노예는 자신만의 삶의 목표를 갖지 않습니다. 주인을 위해 일하는 것이 노예의 삶의 목표요 과제입니다. 우리가 예수 그리스도를 주님이라고 모셨다면, 우리의 모든 것이 주님 것임을 인정해야 합니다. 주님을 위해 사는 것이 우리 삶의 목표요 과제입니다. 주님을 위해 살아갈 때 우리 삶의 의미가 참되게 실현됩니다. 주님이 내 삶의 주인이 될 때, 진정한 나로 살아갈 수 있습니다. 그러므로 우리는 기쁨으로 우리 자신을 주님께 내어 드립니다.

예수 그리스도는 나의 주님이 되실 뿐 아니라 모든 인류의 주님이시요 모든 생명의 주인이며 온 우주의 주인이십니다. 모든 것이 주님에게서 났고, 모든 것이 주님 것이며, 모든 것을 주님이 다스리십니다. 주님은 마지막 날에 모든 것을 새롭게 바꾸실 것이며 완성하실 것입니다. 우주의 운행이 절로 이루어지는 것 같고 인류의 역사가 인간의 욕망으로 만들어지는 것 같지만, 보이지 않는 주님의 손이 다스리고 계십니다. 따라서 우리는 늘 주님의 주권을 인정하고 고백하며 찬양합니다. 그런 믿음으로 우리는 이 세상이 좀더 진정한 주권자의 뜻에 일치하도록 헌신합니다. 그것이 주님을 높이는 또 하나의 방법입니다.

오늘 말씀을 통해 나에게 들려주시는 성령의 음성에 귀 기울이며
잠시 묵상과 기도의 시간을 가지십시오.

12

위선에 대해 말씀하시다
마태복음 23:1-15

"너희 가운데서 으뜸가는 사람은
너희를 섬기는 사람이 되어야 한다.
자기를 높이는 사람은 낮아지고,
자기를 낮추는 사람은 높아질 것이다."
—— 마 23:11-12

I

예수님은 대제사장과 장로들, 사두개파 사람들 그리고 바리새파 사람들과 차례로 대면하신 후, 제자들과 당신을 따르는 무리들을 따로 모아 놓고 설교를 시작하십니다. 이 설교에서 예수님은 주로 율법학자들과 바리새인들을 비판하시면서 올바른 믿음과 삶에 대해 말씀하십니다.

23장에 기록된 예수님의 말씀을 읽으면서 잊지 말아야 할 것이 있습니다. 당시의 율법학자와 바리새파 사람들이 모두 그렇게 타락한 것은 아니었다는 사실입니다. 진실하고 바르게 하나님을 믿고 율법을 실천하는 사람들도 있었습니다. 대표적 인물이 나중에 '바울'이라는 이름으로 알려진 사울입니다. 그는 바리새파 사람으로 율법학자였습니다. 그는 나중에 스스로 고백하듯 율법학자로서 누구에게도 부끄러움 없이 살았습니다. 나중에 하나님을 참되게 만나고 나서야 그의 모든 의가 허사였음을 알았습니다.

하지만 다수의 율법학자들과 바리새파 사람들은 하나님을 향한 첫 마음을 잃고 여러 가지 문제에 빠져 있었습니다. 예수님은 그 문제점들을 지적하면서 제자들에게 가르침을 주십니다. 이 가르침은 오늘날 우리에게도 매우 중요합니다. 타산지석으로 받아들여야 합니다.

먼저, 주님은 다음과 같이 말문을 여십니다.

"율법학자들과 바리새파 사람들은 모세의 자리에 앉은 사람들이다. 그러므로 그들이 너희에게 말하는 것은 무엇이든지 다 행하고 지켜라. 그러나 그들의 행실은 따르지 말아라. 그들은 말만 하고, 행하지는 않는다. 그들은 지기 힘든 무거운 짐을 묶어서 남의 어깨에 지우지만, 자기들은 그 짐을 나르는 데에 손가락 하나도 까딱하려고 하지 않는다." (2-4절)

'모세의 자리'는 하나님의 뜻을 가르치는 위치를 말합니다. 율법학자들은 모두 바리새파 출신이었습니다. 그들은 율법을 연구하고 해석할 뿐 아니라 구체적 안내를 해주는 사람들이었습니다. 예수님은 우선 그들의 말과 행동이 다르다는 점을 지적하십니다. 다른 사람들에게는 하나님의 뜻을 행하기 위해서 해야 할 일들을 가르쳐 주면서 정작 자신들은 아무 일도 하지 않는다는 것입니다. 다른 사람들에게는 무거운 율법의 짐을 지우면서 자기들은 손가락 하나 까딱하려 들지 않는다고 지적하십니다.

바리새파 운동이 시작된 이유는 율법에 대한 열심 때문이었습니다. 성전도 파괴되고 나라의 주권도 잃고 나자 소망을 둘 곳은 율법밖에 없었습니다. 자신들에게 일어난 그 모든 재앙은 율법을 제대로 지키지 못했기 때문이라고 생각했습니다. 따라서 율법에 대한 열심을 회복하고 율법을 따라 거룩한 백성이 되면 하나님이 이스라엘을 회복시켜 주실 것이라고 믿었습니다. 바리새파 사람들 중에서도 열심이 강한 사람들은 율법학자가 되어 평생 율법에 헌신했습니다.

그러한 열심은 율법을 제대로 지키기 위한 세부 규정을 만드는 것으로 표현되었습니다. 일상생활 속에서 율법을 지키다 보면 많은 문제가 발생합니다. 율법학자들은 그것을 일일이 규정하기 위해 노력했습니다. 예컨대, "안식일을 거룩하게 지키라"는 율법을 제대로 지키기 위해서는 여러 가지 세부 규정이 마련되어야 했습니다. 언제부터 언제까지가 안식일인가? 안식일에 해서는 안 될 일은 무엇이며 해도 될 일은 무엇인가? 이런 식으로 세부 규정을 마련하는 것이 율법학자들의 과제였습니다. 그러다 보니 율법을 지키는 것이 점점 더 어려워집니다. 그 세부 규정을 다 기억하고 살 수도 없는 일입니다. 그래서 율법의 멍에는 점점 더 무거워졌습니다. "지기 힘든 무거운 짐을 묶어서 남의 어깨에 지운다"고 말씀하신 이유가 여기에 있습니다.

문제는 거기서 끝나지 않습니다. 정작 그들 자신은 그렇게 행동하지 않았습니다. 가르치는 것으로 모든 의무를 다한 것처럼 행동했습니다. 그래서 주님은 그들의 말만 듣고 행동은 본받지 말라고 하십니다. 사실, 예수님은 그들의 가르침도 인정하지 않으셨습니다. "그들이 너희에게 말하는 것은 무엇이든지 다 행하고 지켜라"는 말씀은 그들이 옳게 가르치고 있다는 뜻이 아닙니다. 그들이 말처럼 행동하지는 않고 있다는 사실을 강조하려는 어법입니다.

이 말씀은 우선 설교하고 가르치는 자리에 서 있는 사람들에게 경각심을 불러일으킵니다. 목회자로 살면서 율법학자들과 바리새파 사람들의 잘못에 빠지기란 얼마나 쉬운지요. 실제로 그런 사례들이 가끔 밝혀지기도 합니다. 교인들에게는 집이라도 팔아서 성전 건축을 위해 헌신하라고 하면서 정작 목사 자신은 뒤로 엄청난 부를 축적하고 있었던 것이 들통납니다. 강단에서는 정직하라고 설교하면서 정작 자신은 위조와 날조를 통해 명예를 탐하다가 부끄러움을 당합니다. 그런 거대한 잘못이 아니더라도, 작고 사소한 위선에 항상 노출되어 있습니다.

하지만 이것을 목회자만의 문제로 덮어두지 마시기 바랍니다. 이것은 참된 믿음을 원하는 사람들 모두가 꼭 기억해야 할 말씀입니다. 믿음에는 행동이 따라야 합니다. 행동으로 믿음을 증명해야 합니다. 고상한 생각을 한다고 해서 절로 고상해지는 것이 아닙니다. 거룩한 말을 한다고 해서 자동적으로 거룩해지는 것이 아닙니다. 거룩해지기를 간절히 기도했다고 해서 거룩해졌다고 착각하면 안 됩니다. 생각하고 믿고 말하고 기도한 것이 모두 행동으로 이어져야 합니다. 그렇지 않으면 야고보 사도의 말대로 그 믿음은 죽은 믿음입니다.

2

예수님은 율법학자들과 바리새파 사람들의 또 다른 문제를 이렇게 지적하십니다.

"그들이 하는 모든 일은 사람들에게 보이려고 하는 것이다. 그들은 경문 곽을 크게 만들어서 차고 다니고, 옷술을 길게 늘어뜨린다. 그리고 잔치에서는 윗자리에, 회당에서는 높은 자리에 앉기를 좋아하며, 장터에서 인사받기와, 사람들에게 랍비라고 불리기를 좋아한다."(5-7절)

앞에서는 말로만 가르치려 하는 잘못을 지적하셨는데, 여기서는 드러내 보이려 하고 대접받기를 좋아하는 성향에 대해 지적하십니다. 산상설교에서도 주님은 같은 문제를 지적하셨습니다. 사람들에게 보이려고 기도하고 금식하고 구제하는 것에 대해 지적하시면서 "은밀한 중에 보시는 하나님"께 하듯 하라고 하셨습니다.

'경문 곽'은 지금도 보수적인 유대교인들이 차고 다니는 성물입니다. 예루살렘의 통곡의 벽 앞 광장에 유대인 상인들이 좌판을 벌여 놓았는데, 경문 곽이 주된 상품입니다. 이것은 신명기 6장, 즉 율법을 항상 가까이에 두라는 말씀을 따라 만든 장신구입니다. 성냥갑보다 작은 직사각형의 가죽 상자에 율법을 적어 넣은 양피지를 넣고, 상자에는 긴 가죽 끈을 연결하였습니다. 그것을 이마에 차기도 하고 손에 묶기도 합니다. 율법학자들과 바리새파 사람들은 그것을 일부러 크게 만들어 자신의 믿음의 크기를 과시했습니다.

또한 유대인 남성들은 겉옷의 네 귀퉁이에 옷술을 달아야 했는데, 그것을 일부러 길게 만들어 늘어뜨리고 다녔습니다. 자신의 신분을 은근히 드러내어 대접받기를 기대한 것입니다. 잔치 자리에서나 회당에서 그들은 항상 윗자리에 앉기를 기대했고, 할 일 없이 장터를 돌아다니며 사람들에게 인사받기를 즐겼습니다. 그뿐 아니라 그들은 사람들에게 '랍비'라고 불리기를 좋아했습니다. 그렇게 불릴 때마다 높임받는 기분을 느꼈던 것 같습니다.

이 말씀 역시 우선적으로 목회자에게 칼날을 들이밉니다. 목회자들도 화려한 예복 입기를 즐깁니다. 예배에서 예복은 상징입니다. 목사의 예복은 교회가 어떤 존재인지를 상징합니다. 제사장을 상징하는 예복을 입는 이유는 교회가 온 세상의 제사장이라는 뜻이고, 종을 상징하는 예복을 입는 이유는 교회가 세상을 섬기는 종이라는 뜻입니다. 그 상징성을 전하는 것으로 충분합니다. 그런데 많은 사람들이 그것을 자신의 권위에 대한 상징인 것처럼 오해합니다. 그래서 화려해집니다. 박사를 상징하는 띠를 팔에 두르기도 하고, 요란한 색깔을 입기도 합니다.

목회자들은 또한 인정받고 대접받고 높임받기를 좋아합니다. 과거에 부흥회를 하면 하루 저녁은 꼭 목사 대접에 대한 강요와 위협을 내용으로 한 적이 있습니다. 목사에게 반항하면 무시무시한 징벌을 받고, 목사에게 잘하면 복을 받는다는 내용입니다. 그것을 몇 가지 실례를 들어 강조했습니다. 한국 교회에는 목사에게 맹목적으로 충성하고 대접하는 풍토가 조성되어 있습니다. 그것이 교회를 병들게 해 왔고, 요즈음 끊임없이 터지는 교회 스캔들은 바로 이런 풍토에서 곪아 터진 것이라 할 수 있습니다.

그러므로 이 말씀을 읽으면서 목회자들이 가장 뼈아픈 경고를 받아야 합니다. 목사에게 주어지는 모든 존경과 대접과 특권을 부정하고 낮은 자리로 내려오기 위해 힘써야 합니다. 어쩔 수 없이 대접을 받아야 할 때는 그것이 자신을 향한 것이 아니라 주님을 향한 것임을 인정하고 고백하고 겸손히 그 자리에 앉아야 합니다. 그렇기 때문에 목사의 직책이 영적으로 가장 위험한 자리입니다.

또한 이 말씀이 평신도들과 관계없다고 생각하지 말아야 합니다. 직분이 커져 가는 것을 지위가 높아지는 것으로 오해하는 풍토가 교회 안에 있기 때문입니다. 교회의 직분은 한 단계씩 낮아져 가는 과정입니다. 믿음이 깊어지고 존재감이 커진다는 말은 교회 안에서 주장하고 부리는 위치에 선다는 뜻이 아닙니다. 더 낮아져서 더 많은 사람을 섬긴다는 뜻입니다. 이것이 하나님 나라의 질서이며 원리입니다. 그것이 교회 안에서 이루어져야 하고, 그 원리가 세상으로 퍼져 나가게 하는 것이 우리의 소망입니다.

3
'그들'에 대해 말씀하시던 주님은 갑자기 '너희는'이라고 주어를 바꾸십니다. 제자들과 무리에게 주시는 말씀입니다.

"그러나 너희는 랍비라는 호칭을 듣지 말아라. 너희의 선생은 한 분뿐이요, 너희는 모두 형제자매들이다. 또 너희는 땅에서 아무도 너희의 아버지라고 부르지 말아라. 너희의 아버지는 하늘에 계신 분, 한 분뿐이시다. 또 너희는 지도자라는 호칭을 듣지 말아라. 너희의 지도자는 그리스도 한 분뿐이시다. 너희 가운데서 으뜸가는 사람은 너희를 섬기는 사람이 되어야 한다. 자기를 높이는 사람은 낮아지고, 자기를 낮추는 사람은 높아질 것이다." (8-12절)

오늘날 '랍비'는 '목사' 혹은 '신부'처럼 유대교 회당을 섬기는 지도자를 가리키는 말입니다. 하지만 예수님 당시에는 고유명사가 아니라 보통명사였습니다. 상대방을 존경하는 호칭이었습니다. 특별히 율법학자들과 바리새파 사람들이 좋아하는 호칭이었습니다. 주님은 호칭을 문제 삼는 것이 아니라 대접받으려는 자세를 문제 삼으시는 것입니다. "또 너희는 땅에서 아무도 너희의 아버지라고 부르지 말아라"는 말씀은 얼른 들으면 지상의 아버지에게 불효를 하라는 뜻처럼 보입니다. 하지만 이것은 번역으로 인해 생긴 문제입니다. 당시 율법학자들은 '아바'라고 불리기를 좋아했습니다. 육신의 아버지는 아바라고 불러야 하지만, 다른 사람을 이렇게 부르는 것은 지나치게 높이는 것입니다. 게다가 주님은 제자들에게 하나님을 아바라고 부르라고 가르치셨습니다. '지도자'라는 호칭도 마찬가지입니다.

결국, 이 말씀을 통해서 주님은 어떤 사람을 정도 이상으로 높이는 것에 대해 경고하시는 것입니다. 어떤 직분을 가진 사람들은 그 직분을 통해 정도 이상의 존경과 대접을 받지 않도록 조심해야 하며, 직분자를 정도 이상으로 높이지 않도록 조심하라는 뜻입니다. 믿음의 공동체는 성부 하나님과 그리스도 예수의 다스림 아래에 있는 형제 공동체입니다. 서로 낮아져서 섬기는 하나님 나라의 원리가 실현되어야 합니다. 교회 안에는 전통과 기능에 따라 여러 가지 직분이 필요합니다. 그러나 그 직분이 주장하고 다스리고 군림하는 자리가 되어서는 안 됩니다.

그렇다고 해서 서로를 잡아 끌어내리라는 말은 아닙니다. 하나님 나라는 서로 섬기는 나라지 서로 끌어내리는 나라가 아닙니다. 히브리서 저자는 "여러분의 지도자들을 기억하십시오. 그들은 여러분에게 하나님의 말씀을 일러주었습니다. 그들이 어떻게 살고 죽었는지를 살펴보고, 그 믿음을 본받으십시오"(히 13:7)라고 권면합니다. 이렇게 직분 있는 이는 자신을 낮추어 섬기고, 직분 없는 이는 주님 안에서 직분 있는 이를 존경하는 것이 하나님 나라의 원리입니다. 하나님 나라에서는 자기를 높이는 사람은 낮은 사람이요, 자신을 낮추는 사람이 진정으로 높은 사람입니다.

이어서 예수님은 율법학자들과 바리새파 사람들이 심판에 직면해 있음을 경고하십니다. 일곱 번에 걸쳐 경고를 반복하시는데, 그 첫 번째와 두 번째 경고는 이렇습니다.

"율법학자들과 바리새파 사람들아! 위선자들아! 너희에게 화가 있다. 너희는 사람들이 들어오지 못하도록 하늘나라의 문을 닫기 때문이다. 너희는 자기도 들어가지 않고, 들어가려고 하는 사람도 들어가지 못하게 하고 있다."
"율법학자들과 바리새파 사람들아! 위선자들아! 너희에게 화가 있다! 너희는 개종자 한 사람을 만들려고 바다와 육지를 두루 다니다가, 하나가 생기면, 그를 너희보다 배나 더 못된 지옥의 자식으로 만들어 버리기 때문이다."
(13, 15절)

율법학자와 바리새파 사람들은 마치 하늘나라의 문 열쇠를 가진 사람처럼 행동합니다. 그런데 문제는 그들의 가르침을 따르면 하늘나라에 들어갈 수 없다는 데 있습니다. 하나님의 뜻과 상관없이 가르치기 때문입니다. 결국 그들은 하늘나라의 문 앞에 서서 사람들을 다른 곳으로 오도하고 자신들도 들어가지 못하는 결과를 만들어 냈습니다. 두 번째 경고의 의미도 마찬가지입니다. 유대교는 개종자를 얻기에 제한이 많습니다. 특별히 유대교는 유대민족의 종교이기 때문에 다른 나라 사람이 유대교를 받아들이면 자기의 민족을 버려야 합니다. 그렇기 때문에 개종자를 찾기 어렵습니다. 그런데 그렇게 어렵게 얻은 개종자는 그들의 잘못된 가르침으로 인해 오히려 개종하지 않은 것만 못한 결과를 얻게 됩니다.

이것 역시 그들만의 문제가 아닙니다. 오늘 우리의 문제일 수 있습니다. 먼저, 목회자의 문제일 수 있습니다. 목회자의 잘못된 설교와 가르침이 천국 문을 가로막고 아무도 못 들어가게 하는 결과를 만들어 낸다면 그 죄가 얼마나 무겁겠습니까? 전도와 선교를 통해 위선자의 수만 늘리는 결과가 된다면, 이 얼마나 큰 잘못이겠습니까? 먼저, 목회자가 바로 서고 바로 알고 바로 믿어야 한다는 사실을 다시 한 번 확인합니다.

하지만 이것이 목회자만의 문제는 아닙니다. 믿는 사람 모두의 문제입니다. 믿는 사람의 잘못된 언행은 믿지 않는 사람에게 천국 문을 막는 것으로 작용할 수 있습니다. 전도와 선교를 하기 전에 내가 먼저 하나님 나라의 사람이 되어야만 그 모든 것이 좋은 열매를 맺을 수 있습니다. 예수님은 율법학자들과 바리새파 사람들을 '위선자들'이라고 규정합니다. '위선자'(hypocrite)는 가면을 쓴 배우를 뜻하는 헬라어에서 유래했습니다. 우리의 신앙생활이 연극배우의 그것과 같아서는 안 됩니다. 우리 내면이 참되게 변화해야 합니다. 주님은 우리 모두에게서 바로 그것을 보고 싶어 하십니다.

오늘 말씀을 통해 나에게 들려주시는 성령의 음성에 귀 기울이며
잠시 묵상과 기도의 시간을 가지십시오.

13

뒤집힌 영성에 대해 책망하시다

마태복음 23:16-28

"율법학자들과 바리새파 사람들아! 위선자들아!
너희에게 화가 있다. 너희는 잔과 접시의 겉은 깨끗이 하지만,
그 안은 탐욕과 방종으로 가득 채우기 때문이다.
눈 먼 바리새파 사람들아! 먼저 잔 안을 깨끗이 하여라.
그리하면 그 겉도 깨끗하게 될 것이다."
—— 마 23:25-26

I

예수님은 율법학자와 바리새파에 대해 책망하시면서 그들이 심판에 직면할 수밖에 없는 이유들을 열거하십니다. "너희에게 화가 있다"는 말씀이 일곱 번 반복이 됩니다. 그중 두 개의 말씀에 대해서는 앞에서 살펴보았습니다. 세 번째로 하시는 말씀은 이렇습니다.

"눈 먼 인도자들아! 너희에게 화가 있다! 너희는 말하기를 '누구든지 성전을 두고 맹세하면 아무래도 좋으나, 누구든지 성전의 금을 두고 맹세하면 지켜야 한다'고 한다. 어리석고 눈 먼 자들아! 어느 것이 더 중하냐? 금이냐? 그 금을 거룩하게 하는 성전이냐? 또 너희는 말하기를 '누구든지 제단을 두고 맹세하면 아무래도 좋으나, 누구든지 그 제단 위에 놓여 있는 제물을 두

고 맹세하면 지켜야 한다'고 한다. 눈 먼 자들아! 어느 것이 더 중하냐? 제물이냐? 그 제물을 거룩하게 하는 제단이냐? 제단을 두고 맹세하는 사람은, 제단과 그 위에 있는 모든 것을 두고 맹세하는 것이요, 성전을 두고 맹세하는 사람은, 성전과 그 안에 계신 분을 두고 맹세하는 것이다. 또 하늘을 두고 맹세하는 사람은, 하나님의 보좌와 그 보좌에 앉아 계신 분을 두고 맹세하는 것이다."(16-22절)

앞에서는 '위선자'라는 단어를 사용하셨는데, 여기서는 '눈 먼 인도자'라고 부르십니다. 다른 사람을 인도하고 지도한다는 입장에 서 있지만, 그들 자신이 영적으로 눈이 멀었다는 뜻입니다. 무지로 인해 눈이 멀었고, 탐욕에 의해 눈이 멀었습니다. 그들이 영적으로 눈이 멀었다는 증거는 맹세에 대한 가르침에서 드러납니다.

율법학자들과 바리새파 사람들은 '유효한 맹세'와 '유효하지 않은 맹세'를 구분했습니다. 성전을 두고 맹세하면 지키지 않아도 되지만 성전 안에 있는 금을 두고 맹세하면 지켜야 하고, 제단을 두고 맹세한 것은 지키지 않아도 되지만 제단 위의 제물에 대해 맹세한 것은 지켜야 한다고 가르쳤습니다.

오늘날도 그렇지만, 사람들은 맹세를 좋아합니다. 맹세할 때는 보통 무엇인가를 걸고 하기 마련입니다. 당시 유대인들은 성전, 제단, 성전의 금, 제단 위에 올려진 제물 등을 중요하게 여겼습니다. 그래서 맹세할 때 그중 하나를 걸고 맹세를 했습니다.

예수님은 율법학자들과 바리새파 사람들의 가르침에서 본말이 전도된 현상을 보십니다. 그들은 무엇이 더 중요한지를 오해하고 있습니다. 성전의 금이 중요한 이유는 성전 때문이요, 제물이 중요한 이유는 그것이 제단에 올려져 있기 때문입니다. 그런데 그들은 금과 제물을 더 중요하게 여기고 있습니다. 그들은 영혼의 눈이 멀어 있음에 틀림없습니다.

예수님은 아예 맹세를 하지 말라고 하셨습니다. 산상설교에 그 말씀이 나옵니다.

"옛 사람들에게 말하기를 '너는 거짓 맹세를 하지 말아야 하고, 네가 맹세한 것은 그대로 주님께 지켜야 한다' 한 것을, 너희는 또한 들었다. 그러나 나는 너희에게 말한다. 아예 맹세하지 말아라. 하늘을 두고도 맹세하지 말아라. 그것은 하나님의 보좌이기 때문이다. 땅을 두고도 맹세하지 말아라. 그것은 하나님께서 발을 놓으시는 발판이기 때문이다. 예루살렘을 두고도 맹세하지 말아라. 그것은 크신 임금님의 도성이기 때문이다. 네 머리를 두고도 맹세하지 말아라. 너는 머리카락 하나라도 희게 하거나 검게 할 수 없기 때문이다. 너희는 '예' 할 때에는 '예'라는 말만 하고, '아니오' 할 때에는 '아니오'라는 말만 하여라. 이보다 지나치는 것은 악에서 나오는 것이다."
(마 5:33-37)

왜 주님은 맹세를 금지하셨을까요? 첫째, 인간이 어떤 존재인지를 아셨기 때문입니다. 인간에게는 약속을 항상 지킬 만한 능력이 없습니다. 욕심 때문이기도 하고, 상황 때문이기도 합니다. 꼭 나쁜 동기로 맹세를 깨는 것은 아닙니다. 어쩔 수 없이 그럴 때도 있습니다. 말할 당시에는 틀림없이 그렇게 할 수 있다고 생각하여 맹세했지만, 나중에 생각해 보니 그럴 수 없다는 것을 깨닫습니다. 그럴 경우에는 실없는 사람이 되어 버립니다. 그러므로 자신의 한계를 아는 사람은 맹세하지 않습니다. 예수님의 말씀대로, '아니오' 혹은 '예'면 족합니다. 영어 표현에 If God willing이라는 말이 있습니다. '하나님이 허락하시면'이라는 뜻입니다. 이것이 바른 태도라 할 수 있습니다.

이에 관해 기억나는 일화가 있습니다. 오래전 유학을 떠나기 앞서 신세진 분들을 찾아다니며 인사드릴 때의 일입니다. 번역을 하면서 신세를 진 어느 출판사 편집장님을 만나 식사를 하면서 대화를 나누는데, 그분이 묻습니다. "김 전도사님, 유학을 마치고는 미국에 남으실 겁니까? 아니면 귀국하실 겁니까?" 조금도 망설임 없이 "저는 분명히 돌아옵니다"라고 대답했습니다. 맹세는 하지 않았지만 거의 그렇게 한 셈입니다. 마치 미국에 남는 것이 나라를 팔아먹는 것이라도 되는 듯 영주 가능성을 전면 부인했습니다. 그때 그분이 빙긋 웃으면서 대답하십니다. "전도사님, 저희 출판사에서 번역 일을 했던 분들 중 유학 가신 분들이 많습니다. 그분들 중 열에 일고여덟은 미국에 살고 계십니다. 그게 뭐 잘못된 일입니까? 전도사님도 그렇게 되실지 모릅니다. 그러니 누가 저처럼 묻거든 '하나님 뜻을 따라야지요' 하고 대답하시기 바랍니다." 그 말씀에 얼마나 무안하고 부끄러웠는지 모릅니다. 저는 그때 장담했던 것처럼, 유학을 마치고 귀국했습니다. 하지만 10년 후 다시 나와 살게 될 줄 누가 알았겠습니까?

주님이 맹세를 금지한 두 번째 이유는 그것이 하나님을 모독하는 잘못으로 비화될 수 있기 때문입니다. 돈을 빌리려면 담보를 겁니다. 담보를 통해서 없는 신용을 빌려 쓰는 것입니다. 맹세할 때 다른 무엇을 거는 이유도 마찬가지입니다. 자기 말만으로는 신용이 서지 않으니까 다른 것에서 신용을 끌어 쓰는 것입니다. 그렇기 때문에 가능한 한 신용이 가장 높은 것을 찾습니다. 그러다 보니 성전이나 하늘 혹은 땅을 걸기도 합니다. 예수님은 그것이 결국 하나님을 거는 것과 마찬가지라고 지적하십니다. 맹세는 하나님을 자신의 필요에 끌어 쓰는 것입니다. 그러고는 자신에게 불리하다 싶으면 맹세를 깨뜨립니다. 그것이 하나님께 얼마나 큰 죄인지를 깨달으라는 말씀입니다.

이 말씀에 우리 자신을 비추어 봅니다. 우리는 생각과 말을 통해 하나님의 주권을 침해하고 있지는 않습니까? 미래는 오직 하나님의 영역임을 인정하고 자신을 열어 놓고 살아갑니까? 하나님의 주권을 인정하며 겸손히 주께 모든 것을 맡기고 살아갑니까?

2

네 번째로 예수님은 이렇게 말씀하십니다.

"율법학자들과 바리새파 사람들아! 위선자들아! 너희에게 화가 있다! 너희는 박하와 회향과 근채의 십일조는 드리면서, 정의와 자비와 신의와 같은 율법의 더 중요한 요소들은 버렸다. 그것들도 소홀히 하지 않아야 했지만, 이것들도 마땅히 행해야 했다. 눈 먼 인도자들아! 너희는 하루살이는 걸러 내면서, 낙타는 삼키는구나!" (23-24절)

여기서 다시금 '위선자'라는 말을 사용하십니다. 네 번째로 지적하신 잘못은 세 번째 지적하신 잘못과 같은 맥락에 있다고 할 수 있습니다. 율법학자들과 바리새파 사람들은 십일조 규정을 철저하게 지켰습니다. 열심이 강한 사람들은 십의 삼조를 목표로 삼았습니다. 수입의 십분의 삼을 바치는 것이 바리새파 사람들의 영적 소원이었습니다. '박하'는 약재로 쓰였고, '회향'과 '근채'는 깨와 비슷한 식물로서 빵이나 과자를 구울 때 향기와 맛을 돋우기 위해 사용되는 식물이었습니다. 세 가지 식물 모두 꽤 값비싼 것이었습니다. 그런 식물을 심으면 꽤 두둑한 수입을 얻을 수 있었습니다. 바리새파 사람들은 그렇게 얻은 수입의 십일조를 어김없이 바쳤고 그 이상 바치기를 소망했습니다.

거기까지는 좋았는데, 그것으로 신앙의 의무를 다했다고 스스로를 속였습니다. 그로 인해 율법의 더 중요한 요소들을 버렸습니다. '율법의 더 중요한 요소'란 일상생활 속에서 정의를 실천하고 이웃을 자비롭게 대하며 신의를 지키는 것을 말합니다. 십일조를 드리는 것도 중요하지만, 일상생활 속에서 하나님의 뜻을 따라 살아가는 것도 중요합니다. 그런데 종교적 의무만 행하고는 충분하다고 생각했던 것입니다. 주님은 그것을 "하루살이는 걸러내면서, 낙타는 삼키는구나!"라고 비유하십니다. 십일조를 드리는 것이 하루살이라면, 일상에서 의롭고 선하게 사는 것은 낙타라는 뜻입니다.

율법은 성격상 크게 두 가지로 구분할 수 있습니다. 하나는 '제사법'이고, 다른 하나는 '시민법'입니다. 제사법은 하나님께 제사와 예배를 드리는 것에 대한 규정입니다. 시민법은 일상에서 하나님의 거룩한 백성으로서 살아가는 것에 대한 규정입니다. 당시 율법학자들과 바리새파 사람들은 제사법에 대해서는 시시콜콜 따지면서 지키려고 애썼지만, 시민법에 대해서는 소홀히 했습니다. 예수님에 따르면 시민법이 '율법의 더 중요한 요소'입니다.

이 말씀에 우리 자신을 비추어 봅니다. 우리 한국 교회 안에도 종교적 의무에는 충실하지만 일상에서 거룩하고 의롭고 자비롭고 신의 있게 살아가는 것은 소홀히 여기는 경향이 있습니다. 십일조를 드리는 것도 중요하지만, 정직하고 깨끗하게 돈을 버는 것이 더 중요합니다. 직장에서 정의롭고 선하게 일하는 것이 더 중요합니다. 좋은 이웃으로 사는 것도 중요합니다. 그런데 부정하고 비정하게 돈을 벌어서라도 십일조를 드리면 하나님이 묵인하신다고 착각하는 경향이 있습니다. 또한 교회가 그렇게 가르치는 경향이 있습니다. 십일조 봉헌, 주일 성수, 전도 같은 것은 강조하면서, 선하고 의롭고 자비롭고 신의 있게 사는 것은 소홀히 합니다. 율법학자들과 바리새파 사람들의 잘못을 그대로 답습하고 있는 셈입니다.

예수님의 말씀 중에 "그것들도 소홀히 하지 않아야 했지만, 이것들도 마땅히 행해야 했다"는 말씀을 주목할 필요가 있습니다. 제사법과 시민법은 동전의 양면과 같다 할 수 있습니다. 하나님께 드리는 예배가 살아나야만 하나님 나라의 시민답게 살아갈 수 있습니다. 하나님의 백성다운 삶은 없고 예배만 있다면, 그것은 종교적 환각에 불과합니다. 반대로 예배가 죽으면 하나님의 백성다운 삶은 가능하지 않습니다. 예배가 없으면 우리의 모든 노력은 자기 의를 쌓는 것이 되고 말 것입니다.

3

다섯 번째와 여섯 번째 말씀은 내용 면에서 유사합니다.

"율법학자들과 바리새파 사람들아! 위선자들아! 너희에게 화가 있다. 너희는 잔과 접시의 겉은 깨끗이 하지만, 그 안은 탐욕과 방종으로 가득 채우기 때문이다. 눈 먼 바리새파 사람들아! 먼저 잔 안을 깨끗이 하여라. 그리하면 그 겉도 깨끗하게 될 것이다." "율법학자들과 바리새파 사람들아! 위선자들아! 너희에게 화가 있다. 너희는 회칠한 무덤과 같기 때문이다. 그것은 겉으로는 아름답게 보이지만, 그 안에는 죽은 사람의 뼈와 온갖 더러운 것이 가득하다. 이와 같이, 너희도 겉으로는 사람에게 의롭게 보이지만, 속에는 위선과 불법이 가득하다."(25-28절)

여기서 예수님은 여러 가지 비유를 사용하셔서 그들의 위선을 지적하십니다. 잔과 접시의 겉은 깨끗이 씻지만 안쪽에는 더러운 것이 가득하다는 것입니다. 그들은 누구보다도 거룩한 모습을 가지고 있지만, 내면에는 탐욕과 방종으로 가득하다고 하십니다. 또한 주님은 회칠한 무덤을 비유로 말씀하십니다. 율법은 시체를 만지면 부정해진다고 규정합니다. 율법학자들과 바리새파 사람들은 무덤을 만지기만 해도 시체와 간접적으로 접촉하는 것이 되기 때문에 부정해진다고 가르쳤습니다. 그래서 무덤 문을 하얗게 칠해 두었습니다. 속에는 냄새나는 시신이 들어 있는데 겉으로는 하얗게 치장된 모습이 마치 그들의 모습과 닮았다는 뜻입니다.

이 말씀에 우리 자신을 비추어 봅니다. 우리의 모든 영적 노력은 겉으로 경건하게 보이려는 뜻이 아닙니다. 우리 영혼이 정결하고 거룩하게 되기를 소원하기 때문입니다. 그런데 어느 사이에 본말이 뒤바뀝니다. 경건의 능력은 없고 경건의 형식만 남습니다. 겉으로는 자비롭고 거룩한 사람인데, 속에는 온갖 더러운 것들이 가득합니다. 그것이 아닌 줄 알면서도 다 그러려니 생각하고 '거룩한 연극'을 계속합니다.

뒤집힌 본말을 주님이 바로잡아 주시기를 구합니다. 우리가 행하는 모든 경건의 훈련을 통해 경건의 능력이 되살아나기를 기도합니다. 우리 안에 있는 어둠과 상처와 죄악이 씻기고 태워지고 치유되기를 원합니다. 우리의 말과 행동이 거룩하고 진실한 표현이 되기를 원합니다. 그러기 위해 오늘도 마음을 활짝 열고 성령의 은혜를 기다립니다. 우리 영혼을 치료하실 분은 오직 주님뿐이기 때문입니다.

오늘 말씀을 통해 나에게 들려주시는 성령의 음성에 귀 기울이며
잠시 묵상과 기도의 시간을 가지십시오.

14

예언자들에 대한 박해에 관해 말씀하시다
마태복음 23:29-39

"예루살렘아, 예루살렘아, 네게 보낸 예언자들을 죽이고,
돌로 치는구나! 암탉이 병아리를 날개 아래 품듯이,
내가 몇 번이나 네 자녀들을 모아 품으려 하였더냐!
그러나 너희는 원하지 않았다. 보아라, 너희 집은 버림을 받아서,
황폐하게 될 것이다. 내가 너희에게 말한다.
너희가 '주님의 이름으로 오시는 분은 복되시다!' 하고 말할 그때까지,
너희는 나를 다시는 보지 못할 것이다."
—— 마 23:37-39

I

율법학자와 바리새파 사람들의 잘못을 차례로 지적하신 주님은 일곱 번째로 예언자들에 대한 박해에 관해 말씀하십니다.

"율법학자들과 바리새파 사람들아! 위선자들아! 너희에게 화가 있다. 너희는 예언자들의 무덤을 만들고, 의인들의 기념비를 꾸민다. 그러면서, '우리가 조상의 시대에 살았더라면, 예언자들을 피 흘리게 하는 일에 가담하지 않았을 것이다' 하고 말하기 때문이다."(29-30절)

당시 유대인들은 예언자와 의인들의 무덤을 만들고 기념비를 만들어 세웠습니다. 그렇게 함으로써 그들을 높이고 본받겠다는 뜻이었습니다.

그들은 예언자와 의인들을 기억하면서 "우리가 조상의 시대에 살았더라면, 예언자들을 피 흘리게 하는 일에 가담하지 않았을 것이다"라고 말하곤 했습니다. '우리가 지켜 주었을 텐데'라고 생각한 사람도 있었을 것입니다. 하지만 그들은 자신들이 어떻게 살고 있는지 제대로 알지 못했습니다. 실제로 그들은 조상들과 동일한 잘못을 범하고 있었습니다. 그래서 주님은 말씀하십니다.

"이렇게 하여, 너희는 예언자들을 죽인 자들의 자손임을 스스로 증언한다." (31절)

그들은 조상들이 살던 시대에 살았더라면 조상들과 달리 행동했을 것이라고 착각했지만, 그들의 말과 행동은 그들이 예언자들을 죽게 한 조상들의 후손임을 증명하고 있었습니다. 주님은 그 이유를 좀더 자세하게 말씀하십니다.

"그러므로 내가 예언자들과 지혜 있는 자들과 율법학자들을 너희에게 보낸다. 너희는 그 가운데서 더러는 죽이고, 더러는 십자가에 못 박고, 더러는 회당에서 채찍질하고, 이 동네 저 동네로 뒤쫓으며 박해할 것이다. 그리하여 의인 아벨의 피로부터, 너희가 성소와 제단 사이에서 살해한 바라캬의 아들 사가랴의 피에 이르기까지, 땅에 죄 없이 흘린 모든 피가 너희에게 돌아갈 것이다." (34-35절)

그들은 세례 요한을 예언자로 받아들이기를 거부했습니다. 예수님에 대해서도 마찬가지였습니다. 그들이 옛 예언자들을 제대로 이해한 사람들이라면 세례 요한도 영접했을 것이고, 예수님의 말씀에 회개하고 복음을 받아들였을 것입니다. 하지만 그들은 그 옛날 예레미야를 돌로 치던 사람들과 동일하게 행동했습니다. 그들은 진리를 원하지 않았습니다. 그들의 불편한 양심을 위로해 줄 만한 사람을 찾았습니다. 예수님은 그들의 양심을 견딜 수 없을 만큼 불편하게 만들었습니다. 그들로서는 모든 것을 내려놓고 회개하든지 예수를 제거하든지, 둘 중 하나를 택해야 했습니다. 그 역사는 예수님에게서 끝나지 않고 지속될 것이라고 예언하십니다. 그 말씀대로 사도들과 전도자들은 그들에게 그리고 그들의 후손에게 끊임없이 박해를 받았습니다.

주님은 그들이 그동안 쌓인 모든 죄의 대가를 받게 될 것이라고 말씀하십니다. 참으로 무서운 말씀입니다.

"뱀들아! 독사의 새끼들아! 너희가 어떻게 지옥의 심판을 피하겠느냐?"
(33절)

이것은 세례 요한이 세례받기 위해 자신에게 오는 사람들에게 준 말씀과 동일합니다. 성경에서 '뱀'은 사탄을 상징합니다. '독사의 새끼'는 그들이 사탄의 하수인 노릇을 하고 있다는 뜻입니다. 그렇게 살다가는 지옥의 심판을 피할 수 없다는 경고의 말씀은 섬뜩하기까지 합니다.

구약 시대에는 예언자를 자처하는 사람들이 많이 있었습니다. 그들 중에는 하나님의 영의 감동을 받고 하나님의 말씀을 전한 사람들도 있었지만, 사람들 귀에 듣기 좋은 말을 해주면서 인기를 추구하던 사람들도 있었습니다. 같은 시대에 전혀 다른 길을 갔던 아모스와 아마샤가 좋은 예가 될 것입니다. 아모스는 남왕국 유다의 목동 출신으로 하나님의 명령을 받고 북왕국 이스라엘에서 예언 활동을 합니다. 그가 전하는 하나님의 말씀은 이스라엘 백성들에게 거북하고 불편했습니다. 그래서 이스라엘 백성들은 아모스를 거부하고 박해했습니다. 반면, 아마샤는 백성들의 불의와 불법에는 눈감고 하나님의 복을 예언해 주었습니다. 그래서 아마샤는 백성들에게 인기가 있었고 권력자들의 호의를 입었습니다.

구약 예언자들의 삶에서 하나의 패턴을 발견합니다. 첫째, 하나님의 말씀은 위로하고 소망을 주고 격려하기도 하지만, 비판하고 책망하고 심판하기도 하십니다. 그래서 설교의 과제는 언론인 핀리 피터 던(Finley Peter Dunne)의 말처럼 '고난받는 사람들을 위로하고 안주하는 사람들을 뒤흔드는 것'(to comfort the afflicted and to afflict the comforted)이라고 할 수 있습니다. 백성들이 고난과 역경을 당할 때는 주로 위로의 말씀을 전해 주시지만, 번영과 안락 속에서 타락할 때는 책망과 심판의 말씀이 더 많이 나옵니다. 둘째, 사람들은 책망과 심판의 말씀을 전하는 예언자들을 배척하고 위로와 격려의 말씀을 전하는 예언자들을 환영하는 경향이 있습니다. 셋째, 위로와 격려의 말씀을 전한 예언자들은 후대에 거짓 예언자로 판명이 나곤 했습니다. 그들은 하나님의 말씀을 전한 것이 아니라 사람들의 환심과 권력자들의 호의를 입기 위해서 거짓 말씀을 전했기 때문입니다.

2

이러한 패턴이 역사를 거치면서 끊임없이 반복됩니다. 엘리야 시대에도 그랬고, 아모스 시대에도 그랬으며, 세례 요한 시대도 그랬고, 예수님 시대도 그랬습니다. 고대 교회 때에도 그랬고, 중세 교회 때도 그랬으며, 현대 교회에서도 마찬가지입니다. 사람들은 본능적으로 귀에 듣기 좋은 말만 듣고 싶어 합니다. 자신에게 찔림이 되는 말이 들리면 그 원인을 바로잡을 생각은 하지 않고 아예 그 말을 제거하려 합니다. 죄를 책망하며 회개를 요구하고 올바른 삶을 설교하는 사람들은 인기가 없고, 조건 없는 축복을 설교하는 사람들은 인기가 있습니다. 그래서 진리를 외친 예언자들은 늘 박해받고 외면당해 왔습니다. 어느 시대에나 번영의 복음을 전파하여 인기와 성공을 누리는 사람들이 있었습니다.

문제는 자신들이 잘못된 길을 가고 있다는 사실을 알지 못한다는 데 있습니다. 성경을 읽으면서 예언자들을 배척한 조상들을 탓합니다. 세례 요한을 믿지 않은 사람들의 불신을 책망하고, 예수님을 십자가에서 죽게 한 사람들의 불신앙을 책망합니다. 그러면서 생각하지요. '우리가 그 시대에 살았더라면 그러지 않았을 텐데!' 그렇게 생각하는 사람들에게 예수님은 오늘 말씀을 통해 이렇게 말씀하십니다. "내가 오늘 네 앞에 나타난다면, 너도 저들과 다르지 않았을 것이다."

이 말씀 앞에서 우리 자신을 돌아봅니다. 먼저, 말씀을 전하는 소명을 받은 이들을 생각합니다. 과연 하나님의 말씀을 전하는 사람으로서의 사명을 다하고 있는지요? 말씀을 준비하고 전하면서 하나님보다 사람들을 더 의식하고 있는 것은 아닌지요? 사람들의 인정과 칭찬을 더 추구하는 것은 아닌지요? 말씀을 준비하고 전하면서 하나님의 음성을 담아내려는 한 가지 열심으로 임하는지요? 아마샤로 살지 아모스로 살지를 선택해야 합니다.

말씀을 듣는 사람들에게도 이 말씀은 심각한 질문을 던집니다. 당신은 어떤 말씀을 듣고 싶습니까? 잊었던 죄성을 깨우고 감추어진 죄악을 밝혀내며 편안했던 양심을 뒤흔드는 말씀을 얼마나 견딜 것 같습니까? 회개와 십자가에 대한 설교를 하지 않는 교회가 성장한다는 통계를 볼 때 어떤 생각이 듭니까? 나는 그렇지 않다고 말하겠습니까?

언젠가 교우 한 분으로부터 받은 카드 메시지가 제 마음에 찡하게 다가온 일이 있습니다. 짤막한 문장이었지만 그 힘은 강력했습니다. "목사님, 주일마다 찔리지만 은혜로운 말씀에 감사드려요." 저는 그 카드를 받고 간절히 기도했습니다. 그분의 말씀이 진실이기를. 제가 전하는 말씀이 찔림을 주는 것이라면 말씀을 올바로 전하고 있다는 뜻이기 때문입니다. 동시에, 그것을 은혜롭게 받는 그 교우의 마음이 매우 감사했습니다. 주님도 그런 마음을 찾으시리라 믿습니다.

3

예수님은 이어서 예루살렘과 유대인들의 운명에 대한 탄식으로 설교를 마칩니다.

"예루살렘아, 예루살렘아, 네게 보낸 예언자들을 죽이고, 돌로 치는구나! 암탉이 병아리를 날개 아래 품듯이, 내가 몇 번이나 네 자녀들을 모아 품으려 하였더냐! 그러나 너희는 원하지 않았다. 보아라, 너희 집은 버림을 받아서, 황폐하게 될 것이다. 내가 너희에게 말한다. 너희가 '주님의 이름으로 오시는 분은 복되시다!' 하고 말할 그때까지, 너희는 나를 다시는 보지 못할 것이다." (37-39절)

예루살렘은 지상에서 가장 거룩한 도시로 선택받았습니다. 그 도시가 다른 도시와는 구별되는 특별한 것이 있어서 선택받은 것이 아닙니다. 온 세상을 거룩한 나라로 만들기 위해 선택한 것입니다. 그러므로 거룩한 도시, 제사장의 도시로서의 사명을 다했어야 합니다. 하지만 불행하게도 예루살렘은 가장 거룩한 이름을 가졌으나 가장 타락한 도시가 되어 버렸습니다. 하나님은 암탉이 병아리를 날개 아래 품듯이 선택된 백성을 모아들이려고 수없이 많은 예언자들을 보냈습니다. 하지만 그들은 거부당했고 배척당했으며 죽임당했습니다.

예수님은 다시금 예루살렘에 대한 하나님의 심판을 선언하십니다. "너희 집은 버림을 받아서, 황폐하게 될 것이다"라고 하셨는데, 그 말씀대로 예루살렘 성전은 주후 70년 로마에 의해 완전히 무너져 버립니다. 그 옛날 바벨론에 의해 파괴되었던 성전은 백 년도 되지 않아 재건되었습니다. 하지만 로마에 의해 파괴된 성전은 2천 년이 되도록 재건되지 못하고 있습니다. 현실적으로 봐도 인류 역사가 끝나기 전까지 그 성전이 재건될 것같이 보이지 않습니다. 아마도 '주님의 이름으로 오시는 분은 복되시다!' 하고 말할 그때까지, 너희는 나를 다시는 보지 못할 것이다"라는 말씀이 그런 뜻일지 모릅니다.

주님의 말씀은 참으로 두렵습니다. 말씀이 곧 현실이기 때문입니다. 사람의 말처럼 빈껍데기가 아닙니다. 그 말씀은 진리이고 현실입니다. 말씀 앞에 서면 외면할 수도 없고 대충 넘어갈 수도 없습니다. 분명한 선택을 해야 하고, 선택의 결과는 우리의 영원한 운명을 결정합니다. 예루살렘은 선택받은 것이 오히려 재앙이었습니다. 하나님의 말씀을 제대로 듣고 제대로 응답했다면 그 선택은 영광이 될 수 있었습니다. 하지만 예루살렘은 귀를 막고 진리를 전하는 입을 틀어막았습니다.

  이 말씀에 우리 자신을 비추어 봅니다. 하나님이 준비하고 계신 새벽에 우리 자신을 준비합시다. 다가오는 새벽이 심판과 진노의 날이 아니라 희망과 환희의 날이 되도록 잠에서 깨어나 준비합시다. 그러기 위해서는 듣기 싫은 소리에 귀 기울여야 합니다. 불편하고 귀찮고 짜증나게 만드는 소리에 겸손히 고개 숙여야 합니다. 하나님의 음성은 위로하는 말보다 찌르는 말에 더 많이 담겨 있기 때문입니다.

오늘 말씀을 통해 나에게 들려주시는 성령의 음성에 귀 기울이며
잠시 묵상과 기도의 시간을 가지십시오.

15

재난에 대해 경고하시다
마태복음 24:1-14

> 예수께서 성전에서 나와서 걸어가시는데,
> 제자들이 다가와서, 성전 건물을 그에게 가리켜 보였다.
> 예수께서 그들에게 말씀하셨다.
> "너희는 이 모든 것을 보고 있지 않느냐?
> 내가 진정으로 너희에게 말한다.
> 여기에 돌 하나도 돌 위에 남아 있지 않고, 다 무너질 것이다."
> ── 마 24:1-2

I

예수님은 성전 뜰에서 일련의 논쟁을 끝내시고 제자들과 무리에게 설교를 하신 다음 퇴장하십니다. 성전산을 내려와 기드론 계곡의 동편에 있는 올리브 산으로 가고 계신 것 같습니다.

그때 제자들이 예수님께 성전 건물을 가리켜 보였습니다. 지금은 예루살렘 성전이 이슬람 사원이 되어 버렸지만, 기드론 계곡이나 올리브 산에서 성전산을 바라보면 여전히 입이 딱 벌어질 만큼 대단한 위용을 가지고 있습니다. 제자들이 한 말은 기록에 없지만 틀림없이 "주님, 저 성전 좀 보십시오. 참 대단하지 않습니까?"라는 식의 말을 했을 것입니다.

예루살렘 성전은 솔로몬 왕이 지었습니다. 당시로서는 세상에서 가장 화려하고 웅장하고 아름다운 건물이었을 것입니다. 하지만 4백여 년 만에 바벨론에 의해 파괴되었습니다. 70여 년 후에 페르시아가 패권을 잡았을 때, 바벨론에 포로로 잡혀갔던 유대인들이 돌아와 성전을 재건합니다. 그것을 '제2성전'이라고 부릅니다. 하지만 당시 유대인들은 가진 게 별로 없었습니다. 애써 성전을 다시 지었지만, 솔로몬의 성전에 비해 초라하기 짝이 없었습니다. 그래서 성전 재건을 완성하는 자리에서 유대인들이 통곡을 했다고 합니다.

주전 20년, 이방인으로서 로마 황제의 명으로 유대 왕이 되었던 헤롯 대왕은 유대인들의 환심을 사기 위해 그들이 가장 귀하게 여겼던 성전을 보수하기로 꾀를 내었습니다. 과거 솔로몬 성전의 영화를 회복하겠다는 야심으로 시작된 보수 공사는 엄청난 기획이었습니다. 예수님이 활동할 당시까지 보수 공사가 지속되었으니, 그 규모를 짐작할 만합니다. 노란 화강암으로 장식된 성전 외벽은 태양이 서편으로 기울어지는 오후가 되면 마치 금을 입힌 것처럼 빛이 났다고 합니다. 성전산에 우뚝 솟은 그 거대한 성전 건물을 보는 사람은 그 위용에 압도되었습니다.

지금 예수님과 제자들은 그 모습을 보고 있는 것입니다. 그들은 성전 뜰에서 하루를 다 보내고 해가 뉘엿뉘엿 기울 때 올리브 산을 향해 가고 있었습니다. 그러니 성전이 마치 황금을 쌓아 놓은 것처럼 보였을 것입니다. 제자들이 예수님에게 "저 모양 좀 보십시오. 장관 아닙니까?"라고 감탄할 만한 상황입니다. 그런데 주님은 그 모습에 오히려 인상을 찌푸리면서 이렇게 말씀하십니다.

"너희는 이 모든 것을 보고 있지 않느냐? 내가 진정으로 너희에게 말한다. 여기에 돌 하나도 돌 위에 남아 있지 않고, 다 무너질 것이다." (2절)

예수님은 역시 보시는 눈이 달랐습니다. 제자들은 겉모습만 보고 감탄했는데, 예수님은 겉모습에 속지 않으십니다. 그 화려한 성전 안에서 어떤 일이 일어나고 있는지 꿰뚫어 보십니다. 만민이 기도하도록 세운 집을 강도의 소굴로 만들어 버린 것에 대해 탄식하십니다. 성전이 심판받을 것이라는 말씀을 심각하게 받아들인 사람은 아무도 없었을 것입니다. 단지 경고의 말씀으로 주신 줄로 알았을 것입니다. 그 엄청난 건물이 돌 위에 돌 하나도 남지 않으리라고 상상할 수 없었습니다.

이 말씀 앞에서 우리 자신을 비추어 봅니다. 우리의 눈은 누구의 눈을 닮았습니까? 사람을 볼 때 우리는 무엇을 주목합니까? 그 사람의 외모입니까? 차림새를 봅니까? 위에서 아래로 훑어보면 그 사람이 입은 옷이 대략 얼마치인지 파악하는 사람도 있다고 합니다. 그런 외양을 보고 어떤 사람 앞에서는 굽실거리고 어떤 사람은 무시하는 것은 아닙니까?

사람을 볼 때 주님은 중심을 보셨습니다. 각 사람에게 주어진 하나님의 형상을 보시고 아무리 초라해 보이는 사람이라도 온 우주보다 귀한 생명으로 대하셨습니다. 우리도 주님의 시각을 가져야 합니다. 사물을 볼 때도 마찬가지입니다. 사건을 볼 때도 그렇습니다. 겉모습을 볼 것이 아니라 내면을 보아야 합니다. 그래서 주님은 자주 "눈이 있는 사람은 보아라" 혹은 "귀가 있는 사람은 들어라"고 말씀하셨습니다. 마음의 눈으로 꿰뚫어 보라는 뜻입니다. 그래야만 화려한 외양에 감추어진 불의와 죄악을 볼 수 있습니다. 그래야만 초라한 모습 안에 감추어진 보화를 볼 수 있습니다. 그래야만 우연으로 보이는 사건들 속에서 하나님의 손길을 볼 수 있습니다.

2

예수님과 제자들은 기드론 계곡을 지나 성전산 동쪽에 있는 올리브 산에 오르셨습니다. 그곳에 앉아 예루살렘을 바라보고 계셨습니다. 그때 제자들이 예수님에게 묻습니다.

"이런 일들이 언제 일어나겠습니까? 선생님께서 다시 오시는 때와 세상 끝 날에는 어떤 징조가 있겠습니까? 우리에게 말씀해 주십시오." (3절)

제자들은 성전에 대해 하신 말씀을 '세상 끝 날'에 대한 말씀으로 오해했습니다. 유대인들은 하나님이 인류의 역사를 끝내고 새로운 역사를 시작하실 것이라고 믿었습니다. 그것을 '그 날' 혹은 '세상 끝 날'이라고 불렀습니다. 그 날이 오면 세상 모든 나라가 심판을 받을 것이고 온 세상은 하나님의 거룩한 백성으로 회복될 것이라고 믿었습니다. 제자들은 그 날이 언제 오겠느냐고 예수님께 묻습니다. 그러자 예수님은 이렇게 대답하십니다.

"누구에게도 속지 않도록 조심하여라. 많은 사람이 내 이름으로 와서 말하기를 '내가 그리스도이다' 하면서, 많은 사람을 속일 것이다. 또 너희는 여기저기서 전쟁이 일어난 소식과 전쟁이 일어나리라는 소문을 들을 것이다. 그러나 너희는 당황하지 않도록 주의하여라. 이런 일이 반드시 일어나야 한다. 그러나 아직 끝은 아니다. 민족이 민족을 거슬러 일어나고, 나라가 나라를 거슬러 일어날 것이며, 여기저기서 기근과 지진이 있을 것이다. 그러나 이런 모든 일은 진통의 시작이다." (4-8절)

예수님은 제자들의 오해를 바로잡아 주십니다. 성전이 돌 위에 돌 하나도 남지 않고 무너지겠지만, 그것은 진통의 시작일 뿐입니다. 아이가 태어나려면 진통을 겪어야 합니다. 산통은 금세 끝나지 않습니다. 오랜 동안의 산통을 거쳐야만 아이가 태어납니다. 마찬가지로 마지막 날이 오려면 여러 가지 진통을 거쳐야 합니다. 먼저, 자신이 진짜 그리스도라고 속이는 사람들이 나올 것이라고 하십니다. 예수님 당시로부터 지금까지 스스로 그리스도임을 내세우는 사람들이 끊임없이 있었습니다. 또한 전쟁과 전쟁의 소문이 퍼질 것이고, 기근과 지진이 있을 것이라고 합니다. 그런 일들을 보고 성급하게 그 날이 왔다고 넘겨짚지 말라고 하십니다. 그런 상황을 이상하게 해석하여 마치 종말이 임박한 것처럼 속이려는 사람들이 나타날 것이니 그들에게 속지 말라고 하십니다. 그러면서 이렇게 덧붙이십니다.

"그때에 사람들이 너희를 환난에 넘겨줄 것이며, 너희를 죽일 것이다. 또 너희는 내 이름 때문에, 모든 민족에게 미움을 받을 것이다. 또 많은 사람이 걸려서 넘어질 것이요, 서로 넘겨주고, 서로 미워할 것이다. 또 거짓 예언자들이 많이 일어나서, 많은 사람을 홀릴 것이다. 그리고 불법이 성하여, 많은 사람의 사랑이 식을 것이다. 그러나 끝까지 견디는 사람은 구원을 얻을 것이다. 이 하늘나라의 복음이 온 세상에 전파되어서, 모든 민족에게 증언될 것이다. 그때에야 끝이 올 것이다." (9-14절)

예수님은 세상에 일어날 징조와 사건에 더하여, 믿는 사람들에게 일어날 일들을 예고하십니다. 예수님을 믿는다는 이유로 미움받고 박해당하며 죽임당하는 일까지 생길 것이라고 하십니다. 거짓 예언자들이 많이 일어나 하나님의 말씀을 혼미하게 만들 것입니다. 그 결과, 사랑이 식을 것이라고 하십니다. 고난과 박해와 손해가 너무 크다 보니, 하나님을 향한 사랑이 식을 것이라는 뜻입니다. 하나님에 대한 사랑이 식으면 사람들에 대한 사랑도 식습니다. 사랑은 믿음의 동력입니다. 사랑이 없으면 믿음을 지키기 어렵습니다. 사랑으로 믿음을 지켜 끝까지 견디면 구원을 얻을 것입니다.

14절 말씀은 많은 이들의 오해 대상입니다. 하나님 나라의 복음이 모든 민족에게 전파되어야 세상의 끝이 올 것이라는 말씀을 뒤집어 "복음을 세상 끝까지 전하여 재림을 앞당기자"는 식으로 말합니다. 이 말씀은 끝이 오기까지 상당한 시간이 걸릴 것이라는 뜻이지, 세상 끝까지 복음이 전파되면 끝이 온다는 뜻은 아닙니다. 그렇게 하여 재림을 앞당길 수 있다고 생각하는 것도 하나님의 주권을 침해하는 발언입니다. 그때가 언제인지 우리는 알지 못합니다. 다만, 우리에게 주어진 시간 동안 복음을 전하는 것이 우리의 과제입니다.

이 말씀에 우리 자신을 비추어 봅니다. 우리의 사랑은 지금 어떤 상태에 있습니까? 우리의 믿음을 미워하는 사람도 없고 우리를 배척하는 사람도 없으며 박해하는 사람도 없으니 과연 사랑이 흘러넘칩니까? 믿음은 오히려 역경 속에서 빛을 발합니다. 믿음의 가장 큰 적은 고난이 아니라 번영이요 풍요입니다. 아무것도 부족함 없는 상황에서 하나님을 사랑하는 것은 쉬운 일이 아닙니다.

초대교인들이 박해와 싸웠다면, 오늘날에는 풍요와 싸워야 합니다. 그렇지 않으면 우리는 곧 믿음을 저버리게 될 것입니다. 잘못하면 아프리카

오지가 아니라 지금 우리가 사는 이곳이 복음을 전해야 할 세상 끝이 될지 모릅니다. 더욱 깨어 하나님을 뜨겁게 사랑하며 복음 전하기에 힘써야 할 이유가 바로 여기에 있습니다.

오늘 말씀을 통해 나에게 들려주시는 성령의 음성에 귀 기울이며
잠시 묵상과 기도의 시간을 가지십시오.

16
성전이 심판받을 날에 대해 경고하시다
마태복음 24:15-22

"그때에 큰 환난이 닥칠 것인데, 그런 환난은 세상 처음부터
이제까지 없었으며, 앞으로도 없을 것이다.
그 환난의 날들을 줄여 주지 않으셨다면,
구원을 얻을 사람이 하나도 없을 것이다.
그러나 선택받은 사람들을 위하여,
하나님께서 그 날들을 줄여 주실 것이다."
──── 마 24:21-22

I

예수님과 제자들은 지금 올리브 산에서 성전산을 마주보고 있습니다. 예수님은 성전 멸망에 대한 말씀을 재림의 때에 관한 말씀으로 오해한 제자들을 바로잡아 주신 다음, 다시금 성전이 멸망할 날에 대한 말씀을 주십니다.

"그러므로 너희는 예언자 다니엘이 말한 바, 황폐하게 하는 가증스러운 물건이 거룩한 곳에 서 있는 것을 보거든, (읽는 사람은 깨달아라)"(15절)

다니엘서는 이사야서와 함께 예수님에게 매우 중요한 성경이었습니다. 예수님의 말씀과 행적에 다니엘서를 귀히 여기셨음을 보여 주는 여러 가

지 증거가 있습니다. 그중에서 가장 중요한 것이 '인자'라는 칭호입니다. 예수님은 당신 자신을 부를 때 '인자'라고 했습니다. 어떤 이들은 예수님이 당신의 인성을 강조하기 위해 이렇게 불렀다고 생각합니다. '인자'라는 말은 '사람의 아들'이라는 뜻이기 때문입니다. 하지만 이 칭호에는 더 깊은 뜻이 담겨 있었습니다.

먼저, 예수님 당시에 '인자'라는 뜻을 가진 아람어 '바에나쉬'(*bar 'enash*)는 자기 자신을 가리키는 관용어였습니다. 우리말에도 "에이, 사람이 그러면 쓰나?"라고 말할 때, '사람'은 '모든 사람'을 가리키는 말이 아니라 좋지 않은 행동을 한 '어떤 사람'을 가리킵니다. 이와 같이 명시적으로 자신을 가리키지는 않지만 자신에 대해 무엇인가를 말하려 할 때 '인자'라는 말을 썼습니다. "인자가 배가 고프다"라고 하면 "누군가 배가 고프다"는 뜻이고, 그 말은 곧 "내가 배가 고프다"라는 뜻이었습니다.

그런데 더 중요한 것은 '인자'라는 말이 다니엘서에서 아주 중요하게 쓰였다는 사실입니다. 다니엘 7장에 이런 말씀이 나옵니다.

내가 밤에 이러한 환상을 보고 있을 때에 인자 같은 이가 오는데, 하늘 구름을 타고 와서, 옛적부터 계신 분에게로 나아가, 그 앞에 섰다. 옛부터 계신 분이 그에게 권세와 영광과 나라를 주셔서, 민족과 언어가 다른 뭇 백성이 그를 경배하게 하셨다. 그 권세는 영원한 권세여서, 옮겨 가지 않을 것이며, 그 나라가 멸망하지 않을 것이다. (단 7:13-14)

여기서 다니엘은 하나님 나라에 대한 환상을 묘사합니다. 하늘 구름을 타고 와서 '옛적부터 계신 분', 즉 하나님께로 나아가 '권세와 영광과

나라'를 받아 영원히 다스릴 분은 '인자 같은 이'였습니다. 예수님은 당신이 다니엘 예언자가 본 '인자 같은 이'라고 믿으셨습니다. '인자'라는 칭호는 자신을 가리키는 관용어인 동시에 '들을 귀 있는 사람들'에게는 당신이 누구인지를 전할 수 있는 기가 막힌 도구였습니다. 그러니까 '인자'는 예수님의 인성을 말하는 것이 아니라 예수님의 신성을 말하는 것입니다.

다니엘서는 예수님에게 이렇게 중요한 책이었습니다. 이어서 예수님은 다니엘 12장에 나오는 또 다른 환상을 언급하십니다. 다니엘이 본 환상에서 두 사람이 마지막 때에 대해 대화를 하고 있었습니다. 다니엘은 그 대화를 알아들을 수 없어서 천사에게 묻습니다. 그러자 천사가 이렇게 대답해 줍니다.

"다니엘아, 가거라. 이 말씀은 마지막이 올 때까지 은밀하게 간직되고 감추어질 것이다. 많은 사람이 깨끗해질 것이다. 그러나 악한 사람들은 이해하지 못하고, 계속 악해질 것이다. 지혜 있는 사람들만이 이해할 것이다. 날마다 드리는 제사가 없어지고, 혐오감을 주는 흉측한 것이 세워질 때부터, 천이백구십 일이 지나갈 것이다. 천삼백삼십오 일이 지나가기까지, 기다리면서 참는 사람은 복이 있을 것이다. 너, 다니엘아, 너는 끝까지 신실하여라. 너는 죽겠지만, 끝 날에는 네가 일어나서, 네게 돌아올 보상을 받을 것이다."
(단 12:9-13)

다니엘이 들은 천사의 말을 다 해명할 수는 없습니다. 하지만 마지막 날이 오기 전에 매우 큰 환난이 닥칠 것이라는 사실은 분명합니다. 그때가 되면 하나님께 드리는 제사가 끊어질 것이라고 합니다. "혐오감을 주는 흉측한 것이 세워진다"는 말은 성전이 모독당할 것이라는 뜻입니다. 그렇게 많은 고난과 박해와 파괴 중에도 끝까지 믿음을 지키라고 권면합니다. 그 믿음으로 인해 끝내 순교를 당하겠지만, 하나님이 마침내 다시 일으켜 주실 것이라는 뜻입니다.

예수님은 천사가 다니엘에게 말한 '혐오감을 주는 흉측한 것'을 '황폐하게 하는 가증스러운 물건'이라고 부르십니다. '거룩한 곳'은 성전을 가리킬 수도 있고, 예루살렘을 가리킬 수도 있습니다. 예수님은 지금 성전이 멸망될 것을 두고 말씀하십니다. 주전 167년 안티오쿠스 4세가 예루살렘을 함락시킨 후 성전 번제단을 헐어 버리고 그곳에 제우스 신상을 세운 적이 있습니다. 그것처럼 예루살렘이 함락되고 성전이 짓밟힐 날이 올 것이라는 뜻이었습니다. 예수님의 예언대로 주후 70년 예루살렘은 함락되었고, 로마 황제는 성전 번제단에서 돼지를 잡아 바치는 만행을 저질렀습니다.

2

그와 같은 참혹한 사건을 예고하시면서 예수님은 다음과 같이 말씀하십니다.

"그때에 유대에 있는 사람들은 산으로 도망하여라. 지붕 위에 있는 사람은 제 집 안에 있는 물건을 꺼내려고 내려오지 말아라. 밭에 있는 사람은 제 겉옷을 가지러 뒤로 돌아서지 말아라. 그 날에는 아이를 밴 여자들과 젖먹이를 가진 여자들은 불행하다. 너희가 도망하는 일이 겨울이나 안식일에 일어나지 않도록 기도하여라. 그때에 큰 환난이 닥칠 것인데, 그런 환난은 세상 처음부터 이제까지 없었으며, 앞으로도 없을 것이다. 그 환난의 날들을 줄여 주지 않으셨다면, 구원을 얻을 사람이 하나도 없을 것이다. 그러나 선택받은 사람들을 위하여, 하나님께서 그 날들을 줄여 주실 것이다."
(마 24:16-22)

그와 같은 재난이 닥쳐오면, 믿는 사람들은 어찌해야 할까요? 예수님은 "유대에 있는 사람들은 산으로 도망하여라"고 하십니다. 유대 지역의 산지는 거대한 돌산입니다. 그곳에 숨으면 웬만해서는 찾아낼 수 없습니다.

'재난이 닥치면 도망하라'는 말이 얼른 들으면 매우 무책임한 처사처럼 보입니다. 예수님답지 않은 말씀처럼 들립니다. 하지만 예수님이 그렇게 말씀하실 때는 그만한 이유가 있습니다.

당시 유대인들은 주후 66년부터 70년까지 무려 5년 동안이나 목숨을 건 저항을 했습니다. 예루살렘 성이 함락되자 열심당원들은 마사다 요새로 피신하여 4년 동안 버티다가 장렬하게 자결하여 유대 전쟁은 막을 내렸습니다. 당시 기록을 읽으면 그들의 강철 같은 저항 정신에 감탄하게 됩니다. 자신의 민족이 위기에 직면했을 때 목숨을 바쳐 싸우는 것은 가치 있는 일입니다.

그런데 주님은 '이번에는' 그러지 말라고 하십니다. 도망하여 목숨을 지키라는 겁니다. 예수님은 십자가의 죽음을 얼마든지 피할 수 있었음에도 죽음을 향해 걸어가셨습니다. 그분은 목숨보다 더 크고 영원한 것이 있다고 믿으셨습니다. 목숨을 바쳐야 할 때는 초개같이 바쳐야 한다고 믿으셨고 그렇게 행동하셨습니다. 그런 분이 장차 환난이 닥치면 피신하라고 하십니다. 그 이유는 단 하나입니다. 이미 '정해진 심판'이기 때문입니다. 목숨 걸고 싸운다고 정해진 심판을 돌이킬 수는 없습니다. 할 수 있다면 몸을 피하여 살아남아야 합니다. 그리고 남은 자들에게 맡겨진 사명을 기다려야 합니다.

믿는 자들에게는 영원한 조국, 즉 하나님 나라를 위한 사명이 있습니다. 믿는 자들은 이 땅의 조국에 충성해야 하지만 더 궁극적이고 영원한 충성은 영원한 하나님 나라를 향해야 합니다. 애국심을 신앙심과 동의어처럼 여겨 온 우리나라에서는 이 말이 거슬릴 수도 있겠지만, 믿는 사람들은 조국보다 더 큰 것을 위해 삽니다. 내 조국만을 위해 사는 것이 아니라, 온 세계를 위해 살고 하나님 나라를 위해 삽니다. 그렇기 때문에 때로는 믿는 사람의 선택이 민족을 버리는 행동처럼 보일 수 있습니다.

그래서 주님은 도망하라고 하십니다. 일단 환난이 시작되면 이것저것 살피고 돌아볼 여유가 없을 것이기 때문입니다. 집 안에 있는 물건을 꺼내려고 돌아가지도 말고, 밭에 있는 사람은 밭머리에 벗어 놓은 옷을 가지러 돌아서지 말라고 하십니다. 일이 터졌다 싶으면 그 길로 피하라고 하십니다. 그 날에는 임신한 여자들과 젖먹이를 가진 여자들이 어려움을 당할 것입니다. 신속하게 피해야 하는데 그러지 못하기 때문입니다. 겨울이나 안식일에 이런 일이 일어나면 낭패입니다. 겨울에는 피신하여 다니기 어렵기 때문이며, 안식일에는 880미터 이상 다닐 수 없다고 율법학자들이 규정해 놓았기 때문입니다.

성전과 예루살렘이 당할 환난은 참혹할 것이라고 하십니다. 일찍이 그런 환난을 본 적이 없을 것이라고 하십니다. 하나님이 환난의 날을 줄여 주시지 않으면 아무도 살아남지 못할 것이라고 하십니다. 하나님은 그 엄청난 심판 중에서 소수를 선택하여 남겨 주실 것입니다. 그들은 하나님이 새로운 역사를 시작하실 때 필요한 '남은 자들'이 될 것입니다.

3

이 말씀에 우리 자신을 비추어 봅니다. 선택에는 그만한 책임이 따릅니다. 거룩한 것이 거룩한 역할을 감당하지 않으면 그 책임은 더욱 커집니다. 이스라엘이 선민으로서의 책임을 다하지 못하고, 성전이 거룩한 하나님 집의 역할을 다하지 못했을 때, 하나님은 마침내 이스라엘과 성전에 대해 심판하십니다. 예수님은 할 수 있는 한 강한 어조와 거북한 표현으로 심판의 참혹성에 대해 묘사하십니다. 그리고 그 예언은 그대로 이루어졌습니다.

이 두려운 역사를 묵상하며 우리는 다시 한 번 하나님의 엄위하심을 기억해야 합니다. 하나님을 생각할 때 그분의 사랑과 은혜와 자비만을 생각해서는 안 됩니다. 그분은 또한 심판하시는 분임을 기억해야 합니다. 예수 그리스도 안에서 우리에게 주신 그분의 은혜와 사랑을 감사해야 하지만, 우리가 하나님의 심판에 떨어질 수도 있음을 기억해야 합니다. 물론 우리가 예수 그리스도 안에 있는 한, 결코 정죄함도 없고 심판도 없습니다. 하지만 그것이 우리로 하여금 하나님의 은혜와 자비를 하찮게 여기고 배은망덕하도록 만들면 안 됩니다. 우리를 구원하신 하나님은 심판자이기도 하시다는 사실을 늘 기억한다면, 우리는 그분의 은혜를 헛되이 하지 않을 것입니다.

주님은 우리를 있는 그대로 받아 주십니다. 하지만 주님의 은혜는 우리를 있는 그대로 내버려 두지 않습니다. 진실로 주님의 은혜를 맛본 사람이라면 변할 수밖에 없습니다. 만일 변화를 거부하고 하나님의 은혜를 헛되이 여긴다면 그리고 그것이 굳어져 더 이상 깨뜨릴 수 없는 돌처럼 되어 버린다면, 결국 하나님의 진노 앞에 설 수밖에 없습니다. 그러므로 더욱 깨어 우리를 택하시고 이끄시는 은혜에 감사하며 우리의 사명을 다해야 합니다.

또한 하나님 나라에 대한 우리의 믿음은 어떤지 돌아봅니다. 우리는 세상 나라의 시민이지만 동시에 하나님 나라의 시민입니다. 이 땅의 시민권은 잠정적인 것이지만, 하나님 나라의 시민권은 영원한 것입니다. 따라서 우리는 이 땅에 살면서 하나님 나라의 정신과 법과 가치관을 따라 살아야 합니다. 세상 나라가 요구하는 것과 하나님 나라가 요구하는 것이 부딪힐 때면 우리는 하나님 나라의 요구를 따라야 합니다. 그것이 결국 세상 나라에도 유익할 것입니다.

오늘 말씀을 통해 나에게 들려주시는 성령의 음성에 귀 기울이며
잠시 묵상과 기도의 시간을 가지십시오.

17

속이는 자에 대해 경고하시다
마태복음 24:23-28

"그러므로 그들이 너희에게
'보아라, 그리스도가 광야에 계신다' 하고 말하더라도
너희는 나가지 말고, '그리스도가 골방에 계신다' 하더라도
너희는 믿지 말아라. 번개가 동쪽에서 나서 서쪽에까지 번쩍이듯이,
인자가 오는 것도 그러할 것이다."
—— 마 24:26-27

1

예수님은 계속하여 성전이 멸망할 일에 대해 말씀하십니다. 그 날의 환난이 전에 보지 못한 큰 환난이 될 것이라고 예고하신 다음, 속이는 자가 나타날 것을 말씀하십니다. 혼란스러운 시대에는 언제나 속이는 자들이 생겨납니다. 성전이 파괴될 날에도 그리스도, 즉 메시아를 자처하며 속이려는 사람들이 나타날 것이므로 그들에게 속지 말라고 당부하십니다.

당시 유대인들은 메시아에 대해 다양한 기대를 가지고 있었습니다. 다윗의 자손으로부터 메시아가 나올 것이라는 믿음은 많은 이들에게 공감을 얻었으며, 그 메시아가 다윗의 왕국을 회복할 것이라는 믿음도 다수가 가지고 있었습니다. 하지만 다수의 공감을 얻지 못하던 믿음들도 있었습니다.

예컨대 메시아, 즉 그리스도는 광야에서 나타날 것이라는 믿음이 있었습니다. 그래서 유다라는 사람이 메시아 운동을 일으켰을 때 사람들을 광야로 데리고 나갔습니다. 또 어떤 사람들은 그리스도는 아무도 모르게 숨어 있을 것이라고 믿었습니다. 그렇게 다 각기 제 주장대로 메시아를 믿고 기다렸습니다. "그러므로 그들이 너희에게 '보아라, 그리스도가 광야에 계신다' 하고 말하더라도 너희는 나가지 말고, '그리스도가 골방에 계신다' 하더라도 너희는 믿지 말아라"(마 24:26)는 말씀은 바로 그런 배경에서 주신 말씀입니다.

하나님은 구약 예언자들을 통해 메시아에 대해 미리 계시해 주셨습니다. 유대인들은 구약성경을 읽고 연구하며 무엇이 메시아에 대한 예언인지 찾았습니다. 그 과정에서 그들은 어떤 것은 놓쳤고 어떤 것은 맞췄으며 또 어떤 것은 오해했습니다. 메시아에 대한 예언이 아닌데 예언이라고 오인한 것도 있고, 메시아에 대한 예언인데도 아닌 줄로 오인한 것도 있습니다. 대표적 예가 이사야서에 나오는 '야훼의 종의 노래'(49:1-50:11; 51:1-52:12; 52:13-53:12; 54:1-55:13)입니다. 예수님 이전 사람들은 이 노래가 메시아에 대한 예언이라고 생각하지 않았지만, 예수님은 이 예언들을 가장 중요하게 여기셨습니다.

유대인들이 예수님의 정체를 알아보지 못한 이유가 여러 가지겠지만, 그중 하나가 여기에 있습니다. 그들은 예수님이 자신들의 기준에 맞기를 바랐습니다. 좁은 소견으로 찾아낸 예언들을 짜맞추어 나름의 기준을 만들고 그 기준에 맞는 사람이 나타나기를 기대했습니다. 하지만 메시아는 예언보다 더 큰 존재이며 그들의 기준에 맞출 수 있는 존재가 아니었습니다. 구약의 예언들은 메시아에 대해 지극히 작은 것을 말할 뿐이었습니다. 그들은 예수님을 자신들의 기준에 맞출 것이 아니라 그들의 기준을 예수님에게 맞추어야 했습니다. 메시아이신 예수 그리스도, 그분은 모든 예언을 뛰어넘는 분이시기 때문입니다.

예수 그리스도, 그분은 모든 기대와 예상과 기준을 넘어서는 분입니다. 구약의 예언도 그분을 다 담아내지 못합니다. 신에 대한 어떤 이론도 그분을 다 설명하지 못합니다. 우리가 예수 그리스도에 대해 제대로 알려면 모든 선입견과 판단을 내려놓고 자신을 열고 그분 앞에 서야 합니다. 그리고 그분이 보여 주시는 대로 그분을 알아가야 합니다. 이는 마치 거대한 계곡을 걷는 것과 같습니다. 구비구비마다 상상도 하지 못한 절경이 나타나 보는 사람을 내내 놀라게 합니다. 장엄한 풍경 앞에서 '이보다 더 대단한 것이 있으랴?' 하고 생각하는데, 얼마 가지 않아 또 다른 절경이 눈앞에 펼쳐집니다. 그처럼 예수 그리스도 그분은 한없이 크신 분입니다.

거짓 그리스도와 거짓 예언자들에 대해 경고하시면서 예수님은 "큰 표징과 기적을 일으키면서, 할 수만 있으면, 선택받은 사람들까지도 홀릴 것이다"(24절)라고 하십니다. 달리 말하면, 큰 표징과 기적을 일으키는 것만으로는 그 사람이 참 그리스도인지 혹은 참 예언자인지를 판단할 수 없다고 하십니다.

꼭 기억해 둘 말씀입니다. 지난 2천 년 동안의 역사를 보면, 많은 이들이 표징과 기적에 현혹당했기 때문입니다. 좀처럼 보기 힘든 놀라운 일을 일으키면 우리는 너무 쉽게 홀립니다. 놀라운 일을 일으키는 능력이 그 사람의 영성을 보증하는 것은 아닌데도, 놀라운 일을 보는 순간 그 사실을 잊고 자신을 내어 줍니다.

표징과 기적으로 말하자면, 예수님은 그 누구보다 더 대단한 능력을 보이셨습니다. 하지만 그것은 그분이 그리스도라는 사실에 대한 충분한 증거가 되지 못했습니다. 예수님 자신이 기적을 그렇게 사용하지 않으셨기 때문입니다.

주님은 오직 고난 중에 있는 사람들을 돕기 위해서만 이적을 일으키셨습니다. 기적으로써 자신의 정체를 증명해 보라는 요청에 대해서는 단호히 거절하셨습니다. 하나님의 사람이냐 아니냐는 능력의 많고 적음에 의해 결정되는 것이 아니기 때문입니다. 그것은 하나님의 뜻에 순종하느냐에 의해 결정되는 것입니다. 갈릴리에서 수많은 이적을 행하신 주님은 예루살렘에 오셔서 갑자기 기적을 멈추셨습니다. 첫날 성전 뜰에서 병자들을 고친 후 더 이상 이적을 행하지 않으셨습니다. 그분에게 남은 과제는 하나님 뜻에 순종하는 것이었습니다.

오늘날에도 자신을 메시아로 자처하는 사람들도 있고 하나님의 예언자라고 선전하는 사람들도 있습니다. 만일 그 사람들이 행하는 이적을 보고 진짜인지 아닌지를 판단한다면, 틀림없이 우리는 그들에게 속아 넘어갈 것입니다. 굳이 메시아 혹은 예언자로 자처하지 않는 사람이라 하더라도 표징과 기적을 선전하고 강조한다면 마땅히 의심해 보아야 합니다. 그런 사람들은 결국 마각을 드러내게 되어 있습니다.

이적이 일어나지 않는다는 말이 아닙니다. 어떤 사람들은 속임수를 쓰기도 하지만, 또 어떤 사람들은 부정할 수 없는 놀라운 이적을 일으킵니다. 하지만 그것으로 그 사람이 하나님의 사람이라는 충분한 증거는 될 수 없습니다. 무당이나 점쟁이들도 얼마든지 놀라운 일을 일으킵니다.

우리가 참된 믿음을 원한다면, 하나님과 그리스도에 대한 우리의 선입견을 내려놓는 것도 필요하지만, 이적과 기사를 추구하는 우리의 본성도 조심해야 합니다. 겉으로 드러나는 일들에 현혹되지 말아야 합니다. 그 사람의 말과 행동을 꿰뚫어 보아 정말 하나님의 뜻에 순종하는지 살펴보아야 합니다.

하나님의 뜻에 순종하는지 아닌지를 어떻게 압니까? 주님처럼 자꾸 낮아지는지, 섬기려 하는지, 자신을 내어 주려 하는지, 자꾸 물러서려 하는지, 하나님의 영광을 가로채려 하지 않는지를 보면 알 수 있습니다.

이 말씀에 우리 자신을 비추어 봅니다. 먼저, 말씀을 전하는 일에 부름받은 사람들은 사람들을 현혹시키는 놀라운 일을 꿈꾸지 말고 오직 하나님의 뜻에 순종하고 살아가기를 힘써야 합니다. 아울러, 말씀을 듣는 이들도 정신을 바짝 차려야 합니다. 하나님의 사람을 제대로 알아볼 수 있는 안목을 구해야 합니다. 오늘날에도 표징과 기적이나 신기한 언변과 구술로 현혹시키려는 사람들이 많이 있습니다. 거짓 예언자들이 틈타지 못하도록 깨어 있어야 합니다.

2

예수님은 이어서 '인자의 도래'에 대해 말씀하십니다. 성전 파괴에 대한 말씀을 끝내시고 제자들이 궁금해하는 재림을 가르치십니다. 27-28절은 재림에 대한 가르침으로 넘어가는 전환의 말씀이라 할 수 있습니다.

"번개가 동쪽에서 나서 서쪽에까지 번쩍이듯이, 인자가 오는 것도 그러할 것이다. 주검이 있는 곳에는 독수리가 모여들 것이다."

'인자'에 대해서는 앞에서 설명했습니다. 예수님이 당신 자신을 가리킬 때 자주 사용하신 칭호입니다. 이것은 예수님의 인성을 의미하는 것이 아니라, 하나님에게서 영원한 나라의 통치권을 받아 영원히 다스릴 왕을 의미합니다. "인자가 오는 것도 그러할 것이다"라는 말씀은 다니엘 7장 13절, 즉 "내가 밤에 이러한 환상을 보고 있을 때에 인자 같은 이가 오는데, 하늘 구름을 타고 와서, 옛적부터 계신 분에게로 나아가, 그 앞에 섰다"는 말씀을 생각나게 합니다. 예수님은 장차 당신께서 다시 오실 때 영원한 나라를 이루실 것이라고 말씀하십니다.

예수님은 이 땅에서의 사역을 다 마치고 하나님의 보좌 우편으로 올라가실 것입니다. 그러고는 하나님이 정하신 때가 되면 다시 오셔서 새 하늘과 새 땅을 이루어 주실 것입니다. 그것을 가리켜 '재림'이라고 부릅니다. 헬라어로는 '파루시아'(*parousia*)라고 부릅니다. 2천 년 전에 육신을 입고 오신 것이 '초림'이라면, 영원한 왕으로 다시 오시는 것이 '재림'입니다. 예수님이 이 땅에서 육신을 입고 이루시는 일들이 전부가 아닙니다. 그분은 인간에 불과한 존재가 아니기 때문입니다. 하나님의 아들로서 그분이 이 땅에서 이루실 일이 있지만, 또한 하나님의 보좌 우편에서 이루실 일이 있습니다. 그 모든 일이 완성되는 것이 재림입니다.

재림은 마치 번개가 동쪽에서부터 서쪽에까지 번쩍이듯 일어날 것입니다. 광야에 있다 하여 그곳으로 가야 하는 것이 아닙니다. 인자는 온 세상 사람들이 같은 시간에 그것을 알 수 있는 방식으로 오실 겁니다.

그것은 우리가 살고 있는 삼차원 공간에서 일어나는 일이 아니며, 삼차원이 하나님의 차원으로 바뀌는 대대적인 사건일 것입니다. 하나님 나라는 지구에서 먼 어느 공간에 존재하는 것이 아닙니다. 하나님 나라는 지금 우리가 살고 있는 이 세계를 포함하고 있는 거대한 나라입니다. 그 나라가 지금 우리 눈에 보이지 않습니다만, 성령을 통해서 그 나라의 존재를 경험합니다. 재림의 때가 되면 그 '숨겨진 나라'가 환히 드러날 것입니다. 그것은 마치 번개가 번쩍일 때 하늘 아래 있는 모든 사람이 그 번쩍임을 보는 것처럼 일어날 것입니다.

28절 말씀은 당시의 속담이었습니다. 예수님은 속담을 사용하여 영적인 진리를 전하십니다. 저는 주검이 있는 곳에 매나 독수리가 모여드는 광경을 본 적이 있습니다. 정말 신기합니다. 마른 하늘에 아무것도 없었는데, 짐승이 죽고 나면 얼마 지나지 않아 하늘에 매나 독수리들이 빙빙 돌기 시작합니다. 그것처럼 인자의 오심은 갑작스러운 것이 될 것이라는 뜻입니다. 순식간에 일어날 일입니다. 우왕좌왕할 겨를이 없습니다. 자신이 선 자리에서 인자를 보게 될 것입니다.

재림의 교리가 기독교 신앙의 품격을 떨어뜨린다고 생각하는 사람들이 있습니다. 그렇게 생각하는 이유는 재림에 대한 오해 때문입니다. 재림에 대해 말할 때, 우리는 비유적 언어와 표현을 사용할 수밖에 없습니다. 재림 사건은 우리로서는 전혀 이해할 수 없는 신비의 사건입니다. 그것을 언어로 표현하다 보니, 엉뚱한 오해를 불러일으킨 것입니다. '비유 언어'를 '사실 언어'로 오인하고 동화책에나 나올 법한 이야기로 재림 교리를 설명하니, 기독교 신앙의 품격을 떨어뜨리는 것이라고 오해할 수밖에 없습니다.

재림을 믿는다는 말은 하나님의 창조를 믿는다는 말입니다. 재림을 믿는다는 말은 하나님의 주권을 믿는다는 말입니다. 재림을 믿는다는 말은 예수 그리스도의 구원을 믿는다는 말입니다. 재림을 믿는다는 말은 하나님 나라를 믿는다는 말입니다. 재림을 믿는다는 말은 나의 생명이 이슬처럼 사라져 없어지지 않는다는 것을 믿는다는 말입니다. 재림을 믿는다는 말은 하나님이 결국 모든 것을 아름답게 바꾸실 것을 믿는 것입니다. 이 믿음 위에 견고히 서야 합니다.

오늘 말씀을 통해 나에게 들려주시는 성령의 음성에 귀 기울이며
잠시 묵상과 기도의 시간을 가지십시오.

18

재림에 대해 말씀하시다

마태복음 24:29-35

"무화과나무에서 교훈을 배워라.
가지가 연하여지고, 잎이 돋으면,
너희는 여름이 가까이 온 줄을 안다.
이와 같이, 너희도 이 모든 일을 보거든,
인자가 문 앞에 가까이 온 줄을 알아라."
—— 마 24:32-33

I

성전에 대한 심판을 말씀하고 난 뒤, 예수님은 재림에 대한 말씀으로 넘어갑니다. 이미 27-28절에서 잠시 운을 떼셨습니다. 이제는 좀더 자세히 말씀을 주십니다.

"그 환난의 날들이 지난 뒤에, 곧 해는 어두워지고, 달은 그 빛을 잃고, 별들은 하늘에서 떨어지고, 하늘의 세력들은 흔들릴 것이다." (29절)

여기서 주님은 다시금 비유를 사용하십니다. 예수님이 재림하시고 새 하늘과 새 땅이 이루어지는 날에 어떤 일이 일어날지 정확히 알지 못합니다. 안다 해도 말로 묘사할 수 없습니다. 언어로 묘사한다 해도 읽는 사람들이 이해하지 못합니다. 장로 요한이 밧모 섬에서 환상을 보고 쓴 것이 요한계시록입니다. 지난 2천 년 동안 이 책에 묘사된 것조차 다 풀지 못했습니다. 다 풀 수도 없습니다. 다만, 그것을 읽고 오늘 우리에게 주시는 메시지를 읽으면 됩니다.

예수님은 재림의 날이 우주적 격변을 가져올 것이라고 말씀하십니다. 해가 어두워지고 달이 그 빛을 잃고 별들이 하늘에서 떨어지고 하늘의 세력들이 흔들리는 것이 각각 무엇을 의미하는지 다 밝힐 수는 없습니다. 그것들이 무엇인지 정확히 밝히려다가 이단에게 발목이 잡힐 수 있습니다. 재림 사건은 개인에게만 일어나는 사건이나 인류의 역사 안에서만 일어나는 사건이 아니라는 것만을 기억하면 됩니다. 그것은 하나님이 지으신 온 우주가 새로워지는 사건입니다. 예수 그리스도는 온 우주와 하나님 나라의 왕이시기 때문입니다.

재림은 온 우주가 새로워지는 사건인 동시에, 개인에게는 심판의 사건이며 인류 역사에게는 완성의 사건입니다. 그래서 이렇게 말씀하십니다.

"그때에 인자가 올 징조가 하늘에서 나타날 터인데, 그때에는 땅에 있는 모든 민족이 가슴을 치며, 인자가 큰 권능과 영광에 싸여 하늘 구름을 타고 오는 것을 보게 될 것이다. 그리고 그는 자기 천사들을 큰 나팔 소리와 함께 보낼 터인데, 그들은 하늘 이 끝에서 저 끝까지 사방에서 그가 선택한 사람들을 모을 것이다." (30-31절)

우주적 격변과 함께 먼저 "인자가 올 징조"가 나타난다고 말씀하십니다. 그것이 무엇인지에 대해서는 말씀하지 않으셨습니다. 볼 눈이 있는 사람은 알아볼 만한 징조가 나타날 것입니다. 그 징조와 함께 "인자가 큰 권능과 영광에 싸여 하늘 구름을 타고 올" 것이라고 합니다. 이것도 역시 비유입니다. 예수님이 손오공처럼 구름을 타고 오신다는 뜻으로 여기면 안 됩니다. 예언자 다니엘이 사용한 비유를 그대로 사용하심으로써 예수님이 온 우주의 왕이시라는 사실을 암시하는 것입니다.

인자가 재림하실 때 두 가지 사건이 일어납니다.

첫째, "모든 민족이 가슴을 치며" 통곡하게 될 것입니다. 여기서 '모든 민족'이라는 말은 '많은 민족'이라고 해야 할 것입니다. 하나님의 뜻을 떠나 죄악에 물들어 살고 있는 사람들을 가리키는 말입니다. 그들은 인자가 오시는 것을 보고 가슴을 칠 것이라고 합니다. 회개할 때를 놓친 것입니다. 진작 회개하지 못하고 죄악을 즐긴 것을 후회하는 것입니다. 하지만 때가 너무 늦었습니다.

둘째, 선택된 사람들이 마침내 구원받을 것입니다. '선택된 사람들'이란 그 믿음으로 인해 택함받은 사람들을 말합니다. 예수님은 '혼인 잔치의 비유'에서 "부름받은 사람은 많으나, 뽑힌 사람은 적다"(22:14)고 하셨습니다. 복음으로 초청받은 사람은 많으나, 그 복음에 응답하여 택함받은 사람은 많지 않다는 뜻입니다. 또한 성전 심판에 대한 말씀에서 주님은 "그러나 끝까지 견디는 사람은 구원을 얻을 것이다"(24:13)라고 말씀하셨습니다. 복음에 응답하고 끝까지 믿음을 지킨 사람들이 선택된 사람입니다.

선택은 하나님의 예정만으로 결정되는 것이 아닙니다. 인간의 응답과 믿음의 인내가 있어야 합니다. 물론, 복음에 응답하고 믿음으로 인내하는 것도 하나님의 도우심 없이는 불가능합니다. 그래서 선택받은 사람들은 마지막에 모든 것이 다 하나님의 은혜였다고 고백하는 것입니다.

　이 말씀에 우리 자신을 비추어 봅니다. 주님이 재림하실 때까지 살게 된다면, 우리는 선택된 사람으로 남아 있을까요? 아니면 가슴을 치며 후회하게 될까요? 우리는 복음의 요청에 응답한 사람들이라는 점에서 아직은 선택된 사람의 명단에 이름을 올렸다 할 수 있습니다. 하지만 지금으로서는 우리의 믿음이 구원받을 만한 믿음인지 아닌지를 확인할 수 없습니다. 여러 가지 유혹과 박해와 방해에도 불구하고 끝까지 믿음을 지킬 수 있어야 합니다. 그것은 우리 의지로 하는 것이 아닙니다. 그렇다면 구원은 믿음이 아니라 공로로 받는 것이 됩니다.

　말장난처럼 들릴지 몰라도, 끝까지 믿음을 지키는 것은 오직 믿음으로만 가능합니다. 우리를 구원할 만한 믿음이라면 우리를 끝까지 지켜 줄 것입니다. 그 믿음은 매일같이 주님과 동행하는 믿음입니다. 마음과 영혼 깊이 주님을 믿고 의지하는 믿음입니다. "보이지 않는 분을 마치 보는 듯이 바라보면서 견디어낸"(히 11:27) 모세와 같은 믿음입니다. 반면 형식적 믿음, 이기적 믿음, 기복적 믿음, 교리적 믿음은 우리를 구원하지 못할 가능성이 높습니다. 그런 믿음은 강한 유혹에 쉽게 넘어지고 타협하게 될 것이며, 극심한 환난을 견디지 못합니다. 그러므로 복음을 거부한 사람들이 인자가 오실 때 가슴을 치는 것처럼, 구원하지 못할 믿음에 안주했던 사람들도 인자가 오실 때 가슴을 칠 것입니다.

　2

이어서 예수님은 간단한 비유 하나를 말씀하십니다.

"무화과나무에서 교훈을 배워라. 가지가 연하여지고, 잎이 돋으면, 너희는 여름이 가까이 온 줄을 안다. 이와 같이, 너희도 이 모든 일을 보거든, 인자가 문 앞에 가까이 온 줄을 알아라."(32-33절)

이 비유는 지난 반세기 동안 가장 심각한 오해의 대상이었습니다. 그들의 해석에 따르면, 무화과나무는 이스라엘을 가리키고, "가지가 연하여지고 잎이 돋는 것"은 이스라엘의 회복을 가리킵니다. 지난 2천 년 동안 존재하지 않던 이스라엘이라는 국가가 1948년에 재건되었는데, 바로 그것이 이 비유에서 말한 사건이라는 것입니다. 그러므로 이스라엘의 건국은 예수님의 재림이 멀지 않았다는 사실을 암시하는 것이라는 해석입니다. 이 해석이 1970년대와 80년대에 한국 교회에서 정설처럼 여겨진 적이 있습니다. 시한부 종말론자들은 어김없이 이 해석을 사용하여 사람들을 현혹시켰습니다. 이 해석이 지금도 자주 글이나 설교에서 발견되는 것을 보면 안타깝습니다.

이것은 비유 해석의 기본을 무시한 것입니다. 예수님의 비유는 그렇게 해석하도록 의도된 것이 아닙니다. 주님은 단순히 시대의 징조를 분별하라는 뜻으로 이 비유를 주셨습니다. 땅이 꽁꽁 얼어 있고 바람도 매서운데 나뭇가지 끝에서 파란 새순이 올라오는 것을 보면, 봄이 오고 있음을 짐작하게 됩니다. 달 주위에 커다란 달무리가 형성되어 있는 것을 보면, 며칠 사이에 비가 오리라 짐작하게 됩니다. 그것처럼 시대의 징조를 주목하라는 뜻입니다.

신앙인은 시대의 징조를 읽는 눈을 가져야 합니다. 믿음을 가진다는 말은 '볼 눈'을 가지는 것이요 '들을 귀'를 가지는 것입니다. 눈에 들어오는 모든 것을 꿰뚫어 보는 것이요, 귀에 들리는 모든 소리를 분별하는 것입니다.

겉모습을 보고 그 안에 있는 것을 꿰뚫어 보는 것입니다. 그런 눈이 있으면, 좀처럼 속지 않을 것이며 중요한 징조를 놓치지 않을 것입니다. 그런 눈과 귀를 가지고 있으면 재림의 징조도 놓치지 않을 것입니다.

신앙인의 덕목인 분별에는 항상 조심성이 따라야 합니다. 분별하는 사람은 성급하게 판단하고 단정하지 않습니다. '분별'을 의미하는 영어 prudence가 '분별'과 '절제'라는 뜻을 함께 담고 있는 이유가 여기에 있습니다. 시대의 징조를 분별하는 사람들은 쉽게 단정하거나 결론내리지 않습니다. 다만 언제 일어날지도 모르는 현상에 대해 깨어 있고 준비합니다. 자신의 분별이 틀릴 수 있다는 사실을 잊지 않습니다. 그래서 조심스럽게 행동합니다.

종말과 재림에 대해 무엇인가를 알아냈다고 선전하며 현혹시키는 사람들의 문제가 바로 여기에 있습니다. 재림의 징조를 분별한다는 말은 미래에 대해 깨어 준비한다는 말입니다. 그런데 종말이나 재림에 대해 선전하는 사람들은 '반드시 일어난다'고 장담합니다. 사람들은 분별에 만족하지 못합니다. 장담하는 사람들을 좋아합니다. 그로 인해 지난 세월 동안 수많은 영적 사기꾼들이 일어났고, 그들로 인해 패가망신한 사람들이 헤아릴 수 없이 많았습니다.

이 분별의 덕이 우리에게 있습니까? 꿰뚫어 '보는 눈'과 하나님의 음성을 분별하는 '들을 귀'가 우리에게 있습니까? 분별한 것에 자신을 준비시키지만 그렇지 않을 상황에 대해서도 마음을 여는 신중함이 우리에게 있습니까? 신앙이 성숙한 사람은 침착하게 분별하고 그것에 대해 깊이

숙고하며 신중하게 자신을 준비시키고 말을 아끼는 사람입니다. 그러한 덕이 우리 모두에게서 깊어지도록 더욱 힘써야겠습니다.

3
'무화과나무의 비유'를 말씀하신 후에 주님은 다음과 같은 말씀을 덧붙이십니다.

"내가 진정으로 너희에게 말한다. 이 세대가 끝나기 전에, 이 모든 일이 다 일어날 것이다. 하늘과 땅은 없어질지라도, 나의 말은 결코 없어지지 않을 것이다."(34-35절)

앞뒤 문맥을 볼 때, '이 모든 일'은 성전에 대한 심판을 뜻한다고 보아야 합니다. 지금까지 구체적으로 예고한 것은 성전에 대한 심판뿐이기 때문입니다. 예수님이 이 말씀을 하신 것이 주후 30년경이었는데, 성전 심판의 예언이 이루어진 것은 주후 70년입니다. 40년 후에 주님의 예언이 그대로 이루어진 것입니다. 예수님의 말씀을 듣고 있던 세대가 아직 살아 있을 때 그 일이 일어난 것입니다.

예수님이 이 말씀을 하실 때, 그것을 곧이들은 사람은 아무도 없었을 것입니다. 마치 노아가 홍수 심판을 예고하면서 준비하라고 했을 때 아무도 믿지 않은 것처럼, 성전의 돌 하나도 돌 위에 남지 않고 무너질 것이라는 예수님의 말씀이 실현되리라고는 믿지 못했을 것입니다. '통곡의 벽'에 가 보면 화강암 벽돌의 크기에 놀랍니다. 기중기도 없던 시절에 그 거대한 돌덩이를 어떻게 깎고 쌓아 올렸는지 상상할 수 없습니다. 그런 돌덩이들이 무너져 내리리라는 것도 상상할 수 없습니다.

그런데 그 일이 일어나고야 말았습니다. "하늘과 땅은 없어질지라도, 나의 말은 결코 없어지지 않을 것"이라는 말씀이 진실이었습니다. 그렇다면, 재림에 관한 주님의 말씀 역시 언젠가는 이루어질 것입니다. 세상을 둘러보면, 예수님이 재림하시고 새 하늘과 새 땅이 임한다는 것이 믿어지지 않습니다. 상상할 수도 없는 일입니다. 하지만 성전 심판에 관한 주님의 말씀이 이루어졌듯, 재림에 관한 말씀도 이루어질 것입니다. 그러므로 우리는 늘 시대의 징조를 보면서 그 날을 준비해야 할 것입니다.

오늘 말씀을 통해 나에게 들려주시는 성령의 음성에 귀 기울이며
잠시 묵상과 기도의 시간을 가지십시오.

19

깨어 있기를 요청하시다

마태복음 24:36-51

"그러므로 깨어 있어라.
너희는 너희 주님께서 어느 날에 오실지를 알지 못하기 때문이다.
이것을 명심하여라.
집주인이 도둑이 밤 몇 시에 올지 알고 있으면, 그는 깨어 있어서,
도둑이 집을 뚫고 들어오도록 내버려두지 않았을 것이다.
그러므로 너희도 준비하고 있어라.
너희가 생각하지도 않는 시각에 인자가 올 것이기 때문이다."
—— 마 24:42-44

I

예수님은 계속하여 재림의 때에 대해 말씀하십니다. 먼저, 그때에 대해 말씀하십니다.

"그러나 그 날과 그 시각은 아무도 모른다. 하늘의 천사들도 모르고, 아들도 모르고, 오직 아버지만이 아신다. 노아의 때와 같이, 이 인자가 올 때에도 그러할 것이다. 홍수 이전 시대에, 노아가 방주에 들어가는 날까지, 사람들은 먹고 마시고 장가가고 시집가며 지냈다. 홍수가 나서 그들을 모두 휩쓸어 가기까지, 그들은 아무것도 알지 못하였다. 인자가 올 때에도 그러할 것이다."(36-39절)

재림의 때에 대해 "아들도 모르고"라고 말씀하십니다. 얼른 보면, 성부 하나님이 재림의 날짜를 정해 놓고 예수님에게는 알려 주지 않았다는 말처럼 들립니다. 하지만 그런 뜻이 아닙니다. 성부 하나님은 그 날을 그분의 주권 아래에서 정하실 것입니다. "때나 시기는 아버지께서 아버지의 권한으로 정하신 것이니"(행 1:7)라는 말씀에 담긴 뜻이 그것입니다. 우리의 하나님은 '관계' 안에서 뜻을 정해 가시는 분입니다.

"그 날과 그 시각"을 오역한 사람들이 있었습니다. 그것을 the day and the time으로 해석하면서 그 해(the year)와 그 달(the month)을 알 수 있다고 주장한 것입니다. 1992년에 '다미선교회'가 시한부 종말론을 선전할 때 그렇게 주장했습니다. 하지만 그들은 나중에 그 날짜와 시간까지 알아냈다고 주장했습니다. 주님도 모른다고 하신 것을 알아냈다는 주장에 어쩌면 그렇게 번번이 속아 넘어가는지 안타까울 따름입니다.

그러면 그 날에 대해 어떻게 대비합니까? 예수님의 말씀이 이어집니다.

"그때에 두 사람이 밭에 있을 터이나, 하나는 데려가고, 하나는 버려둘 것이다. 두 여자가 맷돌을 갈고 있을 터이나, 하나는 데려가고, 하나는 버려둘 것이다. 그러므로 깨어 있어라. 너희는 너희 주님께서 어느 날에 오실지를 알지 못하기 때문이다. 이것을 명심하여라. 집주인이 도둑이 밤 몇 시에 올지 알고 있으면, 그는 깨어 있어서, 도둑이 집을 뚫고 들어오도록 내버려두지 않았을 것이다. 그러므로 너희도 준비하고 있어라. 너희가 생각하지도 않는 시각에 인자가 올 것이기 때문이다."(40-44절)

주님의 대답은 "깨어 있어라"입니다. 그러면서 하나의 비유를 사용하십니다. 도둑이 몇 시에 올지 알고서 깨어 있으면 당하지 않는 것처럼, 재림의 날에 대해서도 깨어 있으라고 하십니다. 늘 깨어 있다는 말은 무슨 뜻입니까? 만일 육체적으로 깨어 있어야 한다면, 며칠 지나지 않아 신경 쇠약에 걸릴 것입니다. 주님이 말씀하시는 것은 영적으로 깨어 있으라는 말입니다. 언제 주님이 오시더라도 주님을 만날 수 있는 준비를 하고 사는 것입니다.

영적으로 깨어 있다는 말은 무슨 뜻입니까? 늘 주님과 동행하는 것을 말합니다. 지금 이곳에서 주님과 동행하고 있다면, 주님이 재림하시는 것은 그 동행이 새로운 차원으로 달라지는 것이 될 것입니다. 먼 나라에서 근무하는 남편과 매일 화상 통화를 나누는 아내가 있다 합시다. 그렇게 몇 개월을 지내다가 남편이 근무 기간을 다 채우고 귀국합니다. 그러면 남편과의 동행이 새로운 차원으로 도약하게 되겠지요. 비유하자면 재림이 그렇습니다. 지금 우리가 주님과 동행하는 것이 마치 화상 통화를 하고 있는 것이라면, 재림은 얼굴을 마주하며 함께 살아가는 것입니다. 그러므로 매일 주님과 동행하며 살아간다면, 재림하실 때 깊은 잠을 자고 있다 해도 걱정할 것이 없습니다.

재림의 날은 심판의 날이 될 것이라고 하십니다. 운명이 흑과 백, 밤과 낮으로 완전히 갈리는 날입니다. 밭에서 함께 일하던 두 사람 중 하나는 구원으로, 다른 하나는 심판으로 운명이 갈릴 수 있습니다. 마주앉아 맷돌을 갈고 있는 며느리와 시어머니 중 한 사람은 구원으로, 다른 하나는 심판으로 운명이 갈릴 수 있습니다. 물론, 두 사람 모두 구원을 받을 수도 있고, 두 사람 모두 멸망을 당할 수도 있습니다. 깨어 있고 준비되어 있는 사람에게는 재림이 구원의 때인 반면, 영적으로 죽어 있는 사람들에게는 멸망의 때가 될 것입니다.

이 말씀 앞에 우리 자신을 세웁니다. 우리는 얼마나 준비되어 살고 있습니까? 주님의 재림은 언제든 일어날 수 있습니다. 그때를 알아내려는 노력은 모두 수포로 돌아갔습니다. 우리는 그때를 알려 할 것이 아니라, 그때가 언제든 상관없이 준비되어 있어야 합니다. 우리 인생은 언제든 끝날 수 있기 때문입니다. 재림이든 개인적 죽음의 순간이든, 예고가 없다는 것이 공통점입니다. 그러므로 우리는 오늘을 인생의 마지막 날처럼 준비하고 살아야 합니다.

제가 아는 어떤 사람은 직장에서 퇴근할 때마다 '내가 오늘 밤에 죽어 내일 후임자가 온다면 무엇이 필요할까?'를 염두에 두었다고 합니다. 참 좋은 삶의 태도입니다. 하지만 그보다 더 중요한 준비는 영적 준비입니다. 늘 주님과 함께 동행한다면, 오늘 당장 죽어도 걱정 없을 것입니다. 늘 주님과 동행하며 산다면, 주님의 재림은 두려운 일이 아니라 기쁜 일이 될 것입니다. 화상으로만 만나던 남편을 끌어안는 것처럼 주님을 가깝게 만날 수 있기 때문입니다.

2

주님은 재림에 대한 설교를 하나의 비유로 마무리하십니다.

"누가 신실하고 슬기로운 종이겠느냐? 주인이 그에게 자기 집 하인들을 통솔하게 하고, 제때에 양식을 내주라고 맡겼으면, 그는 어떻게 해야 하겠느냐? 주인이 돌아와서 볼 때에, 그렇게 하고 있는 그 종은 복이 있다. 내가 진정으로 너희에게 말한다. 주인은 자기 모든 재산을 그에게 맡길 것이다.

그러나 그가 나쁜 종이어서, 마음속으로 생각하기를, '주인이 늦게 오시는구나' 하면서, 동료들을 때리고, 술친구들과 어울려 먹고 마시면, 생각하지도 않은 날에, 뜻밖의 시각에 그 종의 주인이 와서 그 종을 처벌하고, 위선자들이 받을 벌을 내릴 것이다. 거기서 슬피 울며 이를 가는 일이 있을 것이다."
(45-51절)

주님은 두 종을 비교하십니다. 한 종은 '신실하고 슬기롭다'고 하십니다. '신실하다'는 말은 '믿음직하고 착실하다'는 뜻이고, '슬기롭다'는 말은 '신중하다'는 뜻입니다. 주인의 뜻을 충실하게 지키려는 태도가 '신실'이고, 그 뜻을 이루기 위해 늘 정성을 다하는 것이 '슬기'입니다. 그 종은 주인이 보이지 않는다고 자기 마음대로 행동하지는 않습니다. 주인이 맡긴 일을 주인의 마음으로 섬깁니다. 주인이 언제 올지에 대해서는 관심이 없습니다. 언제 오시든지 날마다 자신의 소임을 다하면 됩니다. 그것이 주인에 대한 최선의 사랑임을 압니다.

반면, 다른 한 종은 '나쁘다'고 하십니다. 다른 종에게 있던 '신실'과 '슬기'가 그에게 없었습니다. 그에게는 주인의 뜻을 받들어야 한다는 진심이 없었습니다. 주인의 뜻보다는 자신의 욕심이 더 컸습니다. 주인에 대한 사랑도, 존경도 없었습니다. 또한 그에게는 신중함도 없었습니다. 그때그때 자신의 욕심을 채우는 것이 그의 목적이었습니다. 그의 관심사는 주인의 눈치를 보는 것입니다. 주인의 눈을 속여 자신의 욕심을 채우는 것입니다. 처음에는 주인이 언제라도 들이닥칠지 몰라 조심스럽게 욕심을 채웠습니다. 그런데 주인이 늦어지는 것을 알아차리고는 마음 놓고 악행을 저지릅니다.

두 종의 행동에서 드러나는 결정적 차이가 있습니다. 신실하고 지혜로운 종은 자신에게 주어진 모든 것이 주인 것이라는 사실을 의식했습니다. 그에게 맡겨진 사람들도 '자기 집 하인' 즉 주인의 종들이고, 그들을 돌보도록 주어진 것들도 주인의 것이었습니다. 그렇기 때문에 주인의 뜻을 따라 하인들을 돌보고 물질을 사용했습니다.

하지만 나쁜 종은 그것을 자기 것으로 오인했습니다. 주인의 하인들을 자기 하인이라고 착각했고 그들을 돌보라고 주어진 물질을 자기 욕심을 위해 사용했습니다. 그 종은 주인이 맡긴 사람들에게 자신을 섬기라고 요구했습니다. 섬기라고 맡겨 주신 사람들을 억압하고 이용하고 착취했습니다.

그러던 어느 날 주인이 돌아옵니다. 아무런 기별 없이 뜻밖의 시각에 주인이 돌아옵니다. 그때, 한 종은 주인을 기쁨으로 맞이합니다. 주인이 오신 것이 그에게는 큰 기쁨이 됩니다. 주인도 그 종으로 인해 기뻐합니다. 그러고는 전 재산을 그 종에게 맡깁니다. 현금을 한 자루 쥐어 준다 해도 한 푼도 허투루 사용할 사람이 아닌 것이 입증되었기 때문입니다. 반면, 다른 종은 두려워 떱니다. 주인이 돌아올 즈음에 정신 차리면 된다고 생각했는데, 그만 때를 놓치고 말았습니다. 주인은 그 종의 소행을 낱낱이 보고받고 그에 상응하는 벌을 내립니다. "거기서 슬피 울며 이를 가는 일이 있을 것이다"라는 결론의 말씀은 이 비유가 마지막 심판에 대한 것이라는 사실을 의미합니다.

이 말씀의 거울 앞에서 우리 자신을 비추어 봅니다. 우리는 어떤 종에 가깝습니까? 우리에게 신실함과 슬기로움이 있습니까? 주님이 우리를 보실 때 "내가 너를 믿는다. 너는 너 자신보다 나를 더 생각하는구나"라고 말씀하실 것 같습니까? 우리에게는 분별력이 있습니까? 주님의 뜻을 헤아리고 그 뜻을 이루기 위해 지혜롭게 행동하고 있습니까? 어떻게 하면 주님의 눈에 들까 머리를 굴리고 있지는 않습니까? 보일 때는 잘하는 것처럼 하다가 보이지 않을 때는 내키는 대로 하는 것은 아닙니까?

우리는 우리에게 주어진 것이 실은 맡겨진 것임을 늘 기억하고 삽니까? 가족, 이웃, 동료, 교회 식구들 모두 주님이 우리에게 맡기신 사람들입니다. 그들을 돕고 섬기도록 나에게 맡겨 주신 사람들입니다. 그렇다면 그 사명을 다하고 있습니까? 물질 또한 그들을 섬기도록 맡겨 주신 것이라는 사실을 기억하고 삽니까? 혹시 나쁜 종처럼 자신의 욕심을 채우기 위해 허비하고 있는 것은 아닙니까? 내가 번 것이니 내 마음대로 써도 된다고 생각하는 것은 아닙니까?

매일 주님과 동행한다는 말은 모든 의사 결정에 그분의 뜻을 묻는 과정이 포함합니다. "주님이라면 어떻게 하실까?"를 묻는 것입니다. 크고 작은 선택과 결정 앞에서 "주님, 주님은 어떻게 하시기를 바라시나요?"라고 여쭈며 사는 것입니다. 처음에는 주님의 뜻이 분명해 보이지도 않고, 안다 해도 그것을 행하기 어렵습니다. 하지만 지속적으로 그렇게 동행하는 삶을 살다 보면, 주님의 뜻이 점점 분명해지고 그것을 행하기도 쉬워질 것입니다. 주님이 나의 생각과 의지를 붙잡아 주시기 때문입니다. 그렇게 될 때, 우리는 신실하고 지혜로운 종으로 주님이 오실 때까지 혹은 주님이 부르실 때까지 살아갈 수 있습니다.

오늘 말씀을 통해 나에게 들려주시는 성령의 음성에 귀 기울이며
잠시 묵상과 기도의 시간을 가지십시오.

20

열 처녀의 비유를 말씀하시다
마태복음 25:1-13

"미련한 처녀들이 기름을 사러 간 사이에 신랑이 왔다.
준비하고 있던 처녀들은 신랑과 함께 혼인 잔치에 들어가고, 문은 닫혔다.
그 뒤에 나머지 처녀들이 와서
'주님, 주님, 문을 열어 주십시오' 하고 애원하였다.
그러나 신랑이 대답하기를
'내가 진정으로 너희에게 말한다.
나는 너희를 알지 못한다' 하였다."
―― 마 25:10-12

I

재림에 대한 설교의 결론으로 주님은 몇 가지 비유를 말씀하십니다. 앞에서도 '무화과나무의 비유'와 '신실하고 지혜 있는 종의 비유'를 말씀하셨는데, 25장에는 그보다 더 잘 짜인 세 가지 비유가 기록되어 있습니다.

첫 번째 비유에서 주님은 또다시 혼인 잔치를 배경으로 삼으십니다. 주님은 당신과 함께하는 것을 혼인 잔치로 여기셨습니다. 혼인 잔치의 기쁨이 하나님 나라의 특징이기 때문입니다. 구원자로 오셔서 하나님 나라를 선포하시고 용서와 치유와 회복을 이루셨으니, 혼인 잔치의 기쁨이 그곳에 임하게 되는 것입니다. 그런데 주님은 당신의 재림에 대해서도 동일한 비유를 사용하십니다. 재림 때는 이미 맛보았던 혼인 잔치의 기쁨이 완성되는 때입니다.

주님은 열 명의 처녀들을 등장시킵니다. 유대인들의 혼인 잔치는 저녁에 신랑 집에서 시작됩니다. 잔치가 시작되면 신랑이 신부를 데리러 친구들과 함께 신부 집으로 갑니다. 보통 가까운 동네 사람끼리 결혼을 하던 시대이니, 잔치의 홍이 고조될 때면 신랑이 신부를 데리고 오고, 그것으로 잔치는 절정에 이르게 됩니다. 신랑이 신부를 데리러 가면 신부의 친구들은 신랑의 집에서 신부 맞을 준비를 합니다. 이 비유에 등장하는 열 명의 처녀들은 바로 그 일을 하기 위해 준비하고 있습니다.

주님은 열 처녀 중 다섯은 슬기 있었고 다섯은 어리석었다고 합니다. 열 처녀 모두 등을 가지고 있었습니다. 신약 시대의 배경을 연구한 사람들의 의견에 따르면, 등이 아니라 횃불이었을 것이라고 합니다. 등이든 횃불이든, 불은 제한된 시간에 타기 마련입니다. 슬기로운 다섯 처녀는 신랑이 늦을 수도 있음을 예상하고 여분의 기름을 준비해 두었고, 어리석은 다섯 처녀는 따로 예비해 놓지 않았습니다. 앞에서 '슬기'가 '신중함'을 뜻한다고 말한 바 있습니다. 어리석은 다섯 처녀는 신중하지 못했습니다.

5절을 보면 "신랑이 늦어지니, 처녀들은 모두 졸다가 잠이 들었다"고 되어 있습니다. 신랑이 예상보다 늦은 것입니다. 기다리던 열 처녀는 모두 졸다 잠이 들었습니다. 주님은 항상 깨어 있으라 하셨는데, 그것은 잠을 자지 말라는 뜻이 아니라는 사실이 여기서 분명해집니다. 슬기로운 다섯 처녀도 잠을 잤습니다. 슬기로운 처녀들과 어리석은 처녀들의 차이는 잠에 있지 않았습니다. 언제라도 주님을 맞이할 기름을 준비해 두었다는 데 있습니다. 한밤중에 신랑이 도착했을 때, 슬기로운 다섯 처녀는 얼른 일어나 여분의 기름을 등에 채워 신랑을 맞으러 나갔습니다. 반면,

어리석은 다섯 처녀는 꺼져 버린 등을 들고 어쩔 줄 몰라 했습니다.

이 비유에서 '기름'이 무엇을 의미하는지에 대해서는 의견이 분분하지만 '믿음'으로 보는 것이 가장 타당해 보입니다. 앞에서 주님은 "끝까지 견디는 사람은 구원을 얻을 것이다"(23:13)라고 말씀하셨습니다. 재림의 날이 늦어질 때, 끝까지 견디려면 믿음이 필요합니다. 앞에서도 언급했지만, 믿음을 지키기 위해서 필요한 것이 바로 믿음입니다. 믿음을 지킨다는 말은 하나님을 떠나지 않는 것을 말합니다. 견디기 힘들 정도로 환난이 길어질 경우에 우리는 하나님을 떠나는 유혹에 직면합니다. 물질적 풍요는 하나님 대신 물질을 섬기도록 유혹합니다. 이런 상황에서 필요한 것이 믿음입니다. 하나님에 대한 참된 믿음이 있어야만 끝까지 견딥니다.

어리석은 처녀들의 믿음을 어떻게 비유할 수 있을까요? 그들은 '웬만큼만 믿으면 된다'고 생각하는 사람들과 같다 할 수 있습니다. 적당한 선에서 믿는 것으로 충분하다고 생각한 것입니다. 부담 없이 믿는 것이 좋다고 생각했는지도 모릅니다. 혹은 손해가 안 될 정도만 믿으면 된다고 생각했는지도 모릅니다. 값진 보석을 발견하고 자신의 모든 것을 팔아 그 진주를 산 보석상의 마음이 아니라, 만약의 경우에도 큰 손해 보지 않을 만큼만 투자한 사람과 같습니다. 그들의 믿음의 실체는 초저녁에는 드러나지 않았습니다. 슬기로운 처녀들과 별로 다르지 않아 보였습니다. 하지만 깊은 밤이 되자 그들의 믿음의 바닥이 드러났습니다.

슬기로운 처녀들의 믿음은 전부를 거는 믿음이었습니다. 앞에서 말한 보석상처럼, 하나님 나라의 가치를 발견하고는 거기에 모든 것을 건 사람입니다. 그렇기 때문에 '적당히' '웬만큼' 혹은 '부담 없이' 믿는 것에 만족하지 않습니다. 있는 힘껏 하나님 나라에 투자합니다. 하나님 나라를 위해 기꺼이 부담을 떠안습니다. 나에게 이익이 되는 만큼만 믿는 것이 아니라 내 것을 희생하기까지 믿습니다. 그렇기 때문에 재림이 늦어지고 환난이 깊어져도 믿음을 버리지 않습니다. 그것이 밤을 밝힐 수 있는 '여분의 믿음'입니다.

이 말씀에 우리 자신을 비추어 봅니다. 우리의 믿음은 어떤 믿음입니까? 지금은 그 믿음이 진짜인지 가짜인지 알 수 없습니다. 밤이 깊어지고 환난이 깊어지면 믿음의 바닥이 곧 드러날 것입니다. 잘 믿는 것처럼 행동하다가 막상 환난의 날에 그 얕은 바닥이 드러나면 얼마나 낭패일까요? 폭풍이 몰아친 후 숲에 가 보면, 아름드리나무들이 뿌리째 뽑혀 나뒹구는 것을 봅니다. 그 뿌리를 보고 놀라지요. 어쩌면 그렇게 큰 나무가 그토록 뿌리를 얕게 내리고 살았을까? 우리의 믿음도 그런 모습이 아닐지 두렵습니다.

믿음의 뿌리를 깊게 내리도록 힘써야 합니다. 깊은 밤까지 견딜 만한 믿음을 얻어야 합니다. 그런 믿음을 얻기 위해 우리는 아직 시간이 있을 때 예수 그리스도를 통해 하나님을 더 깊이 알고 하나님 나라를 더 분명히 보도록 힘써야 합니다. 믿는다고 하면서도 여전히 자신만을 바라보고 사는 사람들이 많습니다. 그런 믿음으로는 안 됩니다. 눈을 들어 하나님을 보아야 합니다. 하나님 나라를 보아야 합니다. 하나님과 하나님 나라를 제대로 보면, 그것이 전부임을 깨닫습니다. 그 나라에 모든 것을 걸어야 한다는 것을 깨닫습니다. 그렇게 깨닫고 그 나라를 중심으로 살아가면 믿음의 뿌리가 점점 더 깊어질 것입니다. 깊은 밤을 견딜 만한 믿음을 얻을 수 있습니다.

2

　신랑이 당도했을 때, 어리석은 다섯 처녀가 슬기로운 처녀들에게 청합니다. "우리 등불이 꺼져 가니, 너희의 기름을 좀 나누어 다오"(8절). 그러자 슬기로운 처녀들이 대답을 합니다. "그렇게 하면, 우리에게나 너희에게나 다 모자랄 터이니, 안 된다. 차라리 기름 장수들에게 가서, 사서 써라"(9절). 거절당한 미련한 처녀들은 한밤중에 기름을 사러 가고, 그 사이에 신랑은 집에 도착하고 문은 닫혀 버립니다. 뒤늦게 기름을 구한 처녀들이 와서 닫힌 문을 두드리며 열어 달라고 간청을 하지만, 신랑도 역시 냉담하게 응답합니다. "내가 진정으로 너희에게 말한다. 나는 너희를 알지 못한다"(12절). 슬기로운 처녀들은 신중하기는 했으나 너그럽지는 못했습니다. 이상한 대목입니다. 예수님이 이런 행동을 칭찬할 리 없지 않습니까? 곤경에 처한 사람을 도와주는 것이 주님의 뜻이 아닙니까? 그런데 왜 여기서는 이렇게 매몰찬 행동에 대해 아무 말씀도 하지 않으십니까?

　예수님의 비유에는 항상 '놀람'(surprise)의 대목이 있습니다. 일상에서 쉽게 경험할 수 있는 방식으로 진행되다가 이야기가 뜻밖의 방향으로 전개되는 것입니다. 바로 그 대목에 중요한 메시지가 담겨 있습니다. 슬기로운 처녀들의 매몰찬 거절이 거기에 속합니다. 그들이 '슬기롭다'고 했으니, 너그럽기도 할 것이라는 기대감이 있었습니다. 그런데 결정적인 순간에 이해할 수 없는 방식으로 말하고 행동합니다. 왜 그럴까요?

　이 비유의 초점이 마지막 때에 대한 준비에 있다는 사실을 기억해야 합니다. 기름은 믿음을 의미한다고 했습니다. 여기서 주님은 마지막 때가 되어 부족한 믿음을 보충하려는 것은 부질없는 일이라는 사실을 강조하십니다. 믿음은 다른 사람에게 나누어 줄 수 없습니다. 자기 스스로 키워야만 하는 것입니다. 또한 그 일은 마지막 순간이 다가오기 전에 해야 합니다. 아직 여유 있다 싶을 때, 믿음이 깊이 뿌리를 내려 폭풍에도 흔들리지 않도록 준비해야 합니다. 적당히 믿다가 때가 되면 정신 차려야지라고 생각하면 큰 낭패를 당할 수 있습니다.

주님은 비유 마지막에 결론적으로 말씀하십니다. "그러므로 깨어 있어라. 너희는 그 날과 그 시각을 알지 못하기 때문이다"(13절). 알 수 없는 재림의 때를 위한 가장 좋은 준비는 깨어 있는 것입니다. 깨어 있는 것은 마지막 날까지 견디기에 충분한 믿음을 준비하는 것입니다. 다음에 이어지는 비유에서는 그 날까지 기다리고 견디면서 무엇을 할 것이냐에 대해 말씀하십니다. 그것도 중요하지만, 무엇보다 중요한 것은 어떤 경우에도 흔들리지 않는 믿음의 기름을 준비하는 것입니다.

그러므로 늦기 전에 믿음의 기름을 충분히 준비해야 합니다. 평안할 때 믿음의 뿌리가 깊어지도록 힘써야 합니다. 아름드리나무들이 폭풍에 맥없이 넘어가는 이유는 뿌리가 깊지 않기 때문이고, 뿌리가 깊지 않은 이유는 토양과 기후가 너무 좋기 때문입니다. 애리조나의 돌산을 다니다 보니, 바위틈에 비집고 뿌리를 내리고 자라는 소나무들이 보였습니다. 벼랑 끝에서 수없이 폭풍에 시달렸지만, 깊이 뿌리를 내린 까닭에 끄떡없이 버티고 서서 자라고 있었습니다. 지금 우리가 사는 환경으로는 믿음의 뿌리가 깊어지지 못합니다. 아주 사소한 시험과 환난이나 번영과 성공에도 쉽게 넘어져 버립니다.

지금 환난을 당하고 있습니까? 그것을 연단의 기회로 삼으시기 바랍니다. 믿음의 뿌리가 깊어지는 기회로 삼으시기 바랍니다. 존 파이퍼(John Piper) 목사가 얼마 전 전립선 암 수술을 받았습니다. 수술을 받기 전에 그는 자신의 블로그에 "당신의 암을 허비하지 말라!"(Don't waste your cancer)라는 글을 올렸습니다. 암을 수술하고 치료하는 과정에서 믿음이 깊어지지 않는다면 암을 허비한 것이라는 말입니다. 옳은 말입니다. 인생의 여정에 고난이 없을 수는 없습니다. 다만, 그 고난을 허비할 수도 있고 유익하게 사용할 수도 있습니다.

지금 평안하게 살고 있습니까? 풍요롭게 살고 있습니까? 그것에 빠져 살지 않도록 자신을 깨우십시오. 고난은 믿음의 뿌리를 흔들어 뽑아 버리려 하지만, 안정과 풍요는 믿음의 뿌리를 썩게 만듭니다. 안정과 풍요는 분명 복이지만 잘못 다루면 화가 됩니다. 반면, 고난은 분명 화이지만 잘 받아들이면 복이 됩니다. 어떤 상황에 처하든지 믿음이 깊어지는 것, 하나님 나라가 내 삶의 목적이 되는 것, 내가 아니라 하나님이 믿음의 목적이 되는 것을 위해 힘써야 합니다. 그것이 깨어 있는 것이요, 재림에 대한 가장 좋은 준비입니다.

오늘 말씀을 통해 나에게 들려주시는 성령의 음성에 귀 기울이며
잠시 묵상과 기도의 시간을 가지십시오.

21

달란트 비유를 말씀하시다

마태복음 25:14-30

> "그의 주인이 그에게 말하였다.
> '잘했다! 착하고 신실한 종아.
> 네가 적은 일에 신실하였으니,
> 이제 내가 많은 일을 네게 맡기겠다.
> 와서, 주인과 함께 기쁨을 누려라.'"
> —— 마 25:21

I

예수님은 '열 처녀 비유'에 이어 '달란트 비유'를 들려주십니다. 앞의 비유에서도 그랬지만, 이 비유에서도 "하늘나라는 이런 사정과 같다"는 말씀으로 시작하십니다. 하늘나라의 사정을 아는 것이 재림의 때를 대비하는 가장 중요한 일입니다. 하늘나라는 죽어서 가는 천국만을 가리키지 않습니다. 하나님이 다스리는 곳은 어디나 하늘나라입니다. 하나님의 통치권을 인정하지 않기 때문에 문제가 생깁니다. 겸손히 하나님의 다스림을 인정하고 그분의 뜻을 따라 살아갈 때 하늘나라는 그곳에 임합니다. 그렇게 살기 위해서는 하늘나라가 어떻게 움직이는지를 알아야 합니다.

주님은 돈 많은 사람을 주인공으로 삼습니다. 그는 여행을 떠나면서 종들에게 자신의 재산 중 일부를 맡깁니다. 여기서 '주인'은 예수님을 의미하고, '여행을 떠났다'는 말은 재림의 때까지 '육신적인 부재'가 지속될 것이라는 뜻입니다. '종들'은 믿는 사람들을 가리킵니다. '재산을 맡겼다'는 말은 사명을 맡겼다는 뜻입니다. 그런데 주인은 종의 능력에 따라 재산을 다르게 맡깁니다. 한 사람에게는 다섯 달란트를, 다른 한 사람에게는 두 달란트를 그리고 마지막 사람에게는 한 달란트를 맡깁니다.

'달란트'는 당시 통용되던 금화를 가리킵니다. 한 달란트는 6천 데나리온과 같았습니다. 한 데나리온은 당시 성인 남성 노동자의 하루치 일당이었습니다. 따라서 한 달란트는 성인 노동자가 20년치 일당을 전액 저축해야만 만들 수 있는 거금입니다. 요즈음 1킬로그램짜리 금괴 하나가 5만 달러 정도 한다고 하니, 한 달란트는 10킬로짜리 금괴에 해당한다고 할 수 있습니다. 그러니까 한 사람에게는 10킬로짜리 금괴 다섯 개를 주었고, 다른 한 사람에게는 두 개, 또 한 사람에게는 한 개를 주었다는 뜻입니다. 액수로 바꾸면, 한 사람에게는 대략 5백만 달러(50억 원)를, 다른 한 사람에게는 2백만 달러(20억 원)를, 또 한 사람에게는 1백만 달러(10억 원)를 맡겼다는 뜻입니다. 이렇게 많은 돈을 맡긴 것을 보면, 이 종들은 단순한 노예가 아니라 주인의 신뢰를 받고 있던 사람들입니다.

다섯 달란트, 즉 5백만 달러를 받은 사람은 즉시 가서 그것으로 사업을 하여 5백만 달러의 이익을 얻었습니다. 또한 두 달란트, 즉 2백만 달러를 받은 사람도 그렇게 하여 2백만 달러를 벌었습니다. 그런데 한 달란트, 즉 백만 달러를 받은 사람은 땅을 파고 그 돈을 숨겨 놓았습니다. 당시에는 은행 제도가 발달되어 있지 않아서 땅이나 벽을 파고 돈을 숨기는 경우가 자주 있었습니다. 예수님이 밭을 파다가 보물을 발견한 농부 이야기를 하신 이유가 여기에 있습니다. 당시에 그런 일이 자주 있었습니다. 불행하게도 어떤 사람이 보물을 땅 속에 숨겨 두었다가 잊은 것입니다.

'오랜 뒤에' 주인이 돌아옵니다. 예수님의 재림이 늦어질 수 있음을 암시하기 위해 '오랜 뒤에'라고 했을 것입니다. 주인이 돌아오자 종들을 부릅니다. 다섯 달란트 맡은 종이 주인 앞에서 결산을 합니다. 주인은 종의 성실과 충성을 기뻐하면서 칭찬합니다. 두 달란트 맡은 종도 주인에게 자신의 사업 결과에 대해 보고합니다. 주인은 다섯 달란트 받은 종에게 한 것과 동일하게 기뻐하고 칭찬합니다.

여기서 주목할 것이 있습니다. 예수님의 비유에 종종 나타나는 반전이 여기에 숨어 있습니다. 자본주의적 사고에 익숙한 우리로서는 다섯 달란트 번 사람이 두 달란트 번 사람보다 더 큰 칭찬을 받아야 마땅하다고 생각할 수 있습니다. 하지만 주인은 두 종에게 똑같은 칭찬을 하십니다.

"잘했다! 착하고 신실한 종아. 네가 적은 일에 신실하였으니, 이제 내가 많은 일을 네게 맡기겠다. 와서, 주인과 함께 기쁨을 누려라."(21, 23절)

여기에 아주 중요한 메시지가 숨어 있습니다. 주님은 우리 각자의 능력에 맡게 일을 맡기십니다. 그러므로 우리에게 주시는 사명과 직분이 차이가 납니다. 주님이 우리를 아시고 맡겨 주시는 것이므로 우리는 그 사명과 직분을 감사하게 받아야 합니다. 다른 사람의 사명과 직분을 탐하고 시기하고 불평해서는 안 됩니다. 혹은 다른 사람의 것과 비교하여 자신이 우월하다는 생각을 해서는 안 됩니다. 나에게 주어진 직분에 만족하고 다른 사람의 직분을 인정해 주어야 합니다.

다섯 달란트 받은 종과 두 달란트 받은 종이 동일한 칭찬을 받았다는 사실에서 하늘나라의 원리를 발견할 수 있습니다. 주님이 기대하시는 것은 최선이지 최고가 아닙니다. 두 종은 자신에게 주어진 것으로 동일하게 두 배를 남겼습니다. 다섯 달란트와 두 달란트가 엄청난 차이지만, 주님은 그것을 보시지 않습니다. 다섯 달란트 받은 종과 두 달란트 받은 종이 성실하다는 점에서 같다면, 동일한 칭찬을 받아야 마땅합니다. 달리 말하면, 능력은 다를 수 있지만 성실함은 같을 수 있습니다. 주어지는 사명과 직분은 다르지만, 그것에 대한 자세는 동일할 수 있습니다.

"네가 적은 일에 신실하였으니, 이제 내가 많은 일을 네게 맡기겠다"는 말씀에 대해서도 깊이 묵상해 볼 필요가 있습니다. 5백만 달러를 가지고 두 배의 이익을 남겼다는 것은 결코 작은 일이 아닙니다. 하지만 주님은 그것을 '작은 일'이라고 규정하십니다. 이 땅의 기준으로 보면 큰일과 작은 일을 구분하게 됩니다만, 하늘나라 관점으로는 다 '작은 일'에 불과합니다. 정말 큰일은 하나님 나라에 있습니다.

그러므로 이 땅에서 우리에게 맡겨진 일들이 크다 하여 우쭐할 필요도 없고 작다 하여 낙심하거나 불평할 필요도 없습니다. 어떤 일이 주어지든 겸손하고 신실하게 섬기면 됩니다.

2

비유 속 이야기는 한 달란트 받은 사람에게 오면서 분위기가 반전됩니다. 백만 달러를 받고는 땅 속에 묻어 두었던 종이 주인에게 와서 말합니다.

"주인님, 나는, 주인이 굳은 분이시라, 심지 않은 데서 거두시고, 뿌리지 않은 데서 모으시는 줄로 알고, 무서워하여 물러가서, 그 달란트를 땅에 숨겨

두었습니다. 보십시오, 여기에 그 돈이 있으니, 받으십시오."(24-25절)

한 달란트 받은 종은 주인을 '굳은 분'이라고 규정합니다. '혹독한' 또는 '비정한'이라는 뜻입니다. 어떻게든 많은 이익을 얻어내려는 비정한 사업가를 생각하면 됩니다. 그는 주인이 심지 않은 데서 거두려 하고 뿌리지 않은 데서 모으려 하는 타락한 자본가라고 생각했습니다. 만일 한 달란트로 사업을 하다가 본전마저 까먹으면 주인에게 물어내야 한다며 두려워했다는 것입니다. 그래서 땅에 숨겨 두었다가 그대로 주인에게 돌려주는 것입니다. "보십시오, 여기에 그 돈이 있으니, 받으십시오"라는 말은 "이제는 당신과 관계가 끝났으니 더 이상 대면하지 않겠다"는 뜻입니다. 이 종은 자신이 그렇게 한 모든 이유가 주인에게 있다고 말합니다. 자신에게는 아무 잘못이 없다는 뜻입니다.

주인은 그 종에 대해 이렇게 대답합니다.

"악하고 게으른 종아, 너는 내가 심지 않은 데서 거두고, 뿌리지 않은 데서 모으는 줄 알았다. 그렇다면, 너는 내 돈을 돈놀이 하는 사람에게 맡겼어야 했다. 그랬더라면, 내가 와서, 내 돈에 이자를 붙여 받았을 것이다. 그에게서 그 한 달란트를 빼앗아서, 열 달란트 가진 사람에게 주어라. 가진 사람에게는 더 주어서 넘치게 하고, 갖지 못한 사람에게서는 있는 것마저 빼앗을 것이다. 이 쓸모없는 종을 바깥 어두운 데로 내쫓아라. 거기서 슬피 울며 이를 가는 일이 있을 것이다."(26-30절)

종은 주인을 속이려 했습니다. 자신의 게으름으로 인해 생긴 문제를 주인의 고약한 성품 탓으로 돌리고 있습니다. 자신을 변호하기 위해 주인을 헐뜯고 있는 셈입니다. 하지만 주인은 그의 속을 꿰뚫어 봅니다. 설사 진실로 자신이 그렇게 비정한 자본가라고 여겼다면 돈놀이하는 사람에게 맡기기라도 했어야 한다고 책망하십니다. 주인은 그 종을 "악하고 게으른 종"이라고 말합니다. 그는 주인이 맡긴 것으로 일할 마음이 없었기에 '게으른' 사람입니다. 또한 자신의 잘못으로 인해 벌어진 일을 주인에게 뒤집어씌우려 했기 때문에 '악한' 사람입니다. 주인은 그에게 맡긴 한 달란트를 빼앗아 열 달란트 맡은 사람에게 주라고 합니다. 그러고는 그 쓸모없는 종을 바깥 어두운 곳으로 내쫓으라고 명합니다.

예수님은 이 비유에서 당시 상황을 빗대어 이야기를 만드신 것입니다. 만일 이 비유를 가지고 돈놀이하는 것을 주님이 괜찮다고 여기셨다고 해석한다면 비유를 잘못 해석하는 것입니다. 모세의 율법도 고리대금을 금지했고, 주님도 그것을 승인하지 않으셨습니다. 믿는 사람이 해서는 안 될 일 중 하나가 고리대금입니다. 자신의 여윳돈으로 어려운 사람들을 더욱 어렵게 만들면서 높은 이득을 취해서는 안 됩니다. 또한 믿는 사람은 돈으로 투기를 해서는 안 됩니다. '투자'와 '투기'를 구분하는 것은 쉽지 않습니다. 내가 하면 투자고 다른 사람이 하는 것은 투기라고 말하는 사람들도 있습니다. 그것은 하나님 앞에서 정직하게 분별해야 할 것입니다. 자신과 사회를 위한 투자는 필요한 것이지만, 짧은 시간에 많은 수익을 얻기 위한 투기나 도박은 해서는 안 되는 일입니다.

"가진 사람에게는 더 주어서 넘치게 하고, 갖지 못한 사람에게서는 있는 것마저 빼앗을 것이다"라는 말씀은 당시의 빈익빈 부익부 현상을 영적으로 적용한 말씀입니다. 당시 갈릴리의 경제 상황은 매우 악화되어 있었습니다. 그래서 가진 사람은 아주 쉽게 재산을 불릴 수 있었고, 가난한 사람은 그 굴레에서 벗어날 수 없었습니다. 경제 구조가 망가지면 그런 현상이 더 심해집니다. 과거 우리나라가 IMF의 관리 하에 있을 때, 은행 이자가 매우 높았습니다. 그래서 돈을 가진 사람은 은행 이자만으로도 재산이 급속하게 불어났고, 돈 없는 사람은 순식간에 빚더미에 깔렸습니다. 예수님은 당시 경제 문제를 날카롭게 꿰뚫어 보고 계셨을 것입니다. 그러니까 이런 말씀을 하셨을 것입니다. 지상에서 빈익빈 부익부 현상은 자본주의의 폐해로 고쳐야 할 부조리이지만, 하늘나라에서는 전혀 다른 원리로 작용합니다. 여기서 '가진 사람'은 하나님 나라에서 인정받고 칭찬받은 사람을 말합니다. '갖지 못한 사람'이란 하나님 나라에서 내놓을 것이 아무것도 없는 사람을 가리킵니다.

이 비유의 초점은 자신에게 주어진 사명과 직분에 감사하며 성실하게 섬기라는 데 있습니다. 하지만 한 달란트 받은 사람의 말을 통해 전하는 부수적인 메시지가 있습니다. 하나님을 오해하지 말라는 것입니다.

한 달란트 받은 사람은 주인에게 책임을 넘기기 위해 주인의 성품을 헐뜯습니다. 하지만 이 비유를 듣고 있던 사람들 중에는 실제로 하나님을 '굳은 분'으로 생각하는 사람들이 많았습니다. 당시 유대교에서는 하나님을 비정하고 냉혹한 심판자로 가르쳤습니다. 하나님을 그렇게 생각하면 '두려움'이 믿음의 동기가 됩니다. 두려움이 동기가 되면 최소한의 분량만 하게 됩니다. 형식적으로 믿게 되고, 벌 받지 않을 만큼만 하게 됩니다. 그것이 예수님 당시의 유대교가 지닌 문제였습니다.

자신에게 주어진 사명과 직분에 대해 자족하고 성실하게 일하는 것은 매우 중요합니다. 그것과 동일하게 중요한 것은 일하는 동기입니다. 다섯 달란트 받은 사람과 두 달란트 받은 사람은 주인이 자신에게 그렇게 큰일을 맡겨 준 것에 대해 감사히 여겼을 것입니다. 큰 영광으로 여겼을 것입니다. 그래서 기쁨으로 일했고 최선을 다했습니다. 하지만 한 달란트 받은 사람은 다른 사람보다 적은 돈이 맡겨진 것에 대해 불만을 가졌을 것입니다. 그리고 그의 말이 사실이라면 두려움으로 주인을 대했을 것입니다. 그렇기 때문에 주인에게 혼나지 않을 선에서 만족했던 것입니다.

저는 어릴 적에 아버지를 '굳은 분'으로 여겼습니다. 제가 공부하는 가장 큰 동기는 아버지께 혼나지 않는 데 있었습니다. 혼나지 않을 정도면 안심하고 만족했습니다. 아버지가 딱히 혼낼 빌미만 제공하지 않으면 된다고 생각했습니다. 그리고 나머지 시간에는 게으름을 피웠습니다. 신학을 공부하면서부터 저는 비로소 진리에 대한 탐구심으로 공부하기 시작했습니다. 아버지가 신학 공부하는 것을 반대하셨기 때문에 더 이상 아버지의 눈치를 볼 필요가 없었습니다. 그때부터 제대로 공부하기 시작했습니다.

마음의 태도가 이렇게 중요합니다. 나를 믿으시고 일을 맡기신 것에 대해 감사하고 감격하여 일해야 합니다. 나에게 일을 맡기신 주님을 기쁘시게 해 드리기 위해 일해야 합니다. 주님은 '굳은 분'이 아닙니다. 일을 하다가 본전을 까먹어도 격려하시고 다시 기회를 주시는 자비로운 분입니다. 그러므로 마음 놓고 기쁜 마음으로 일해야 합니다. 주님이 재림하실 때까지 그렇게 하루하루 살아나가면 됩니다. 오늘 하루도 우리에게 맡겨진 모든 일을 통해 주님께 최선을 드릴 수 있기를 기도합니다.

오늘 말씀을 통해 나에게 들려주시는 성령의 음성에 귀 기울이며
잠시 묵상과 기도의 시간을 가지십시오.

22

양과 염소의 비유를 말씀하시다
마태복음 25:31-46

"그때에 임금은 자기 오른쪽에 있는 사람들에게 말하기를
'내 아버지께 복을 받은 사람들아, 와서,
창세 때로부터 너희를 위하여 준비한 이 나라를 차지하여라.
너희는, 내가 주릴 때에 내게 먹을 것을 주었고,
목마를 때에 마실 것을 주었으며, 나그네로 있을 때에 영접하였고,
헐벗을 때에 입을 것을 주었고, 병들어 있을 때에 돌보아 주었고,
감옥에 갇혀 있을 때에 찾아 주었다' 할 것이다."
—— 마 25:34-36

I

이제 재림 설교에 대한 마지막 결론으로 주님은 '양과 염소의 비유'를 말씀하십니다. 주님은 "인자가 모든 천사와 더불어 영광에 둘러싸여서 올 때에"라고 말씀을 시작하십니다. 지금까지는 재림이 오기 전에 가져야 할 마음가짐에 대해 말씀하셨다면, 이제는 마지막으로 재림이 실현된 후의 이야기를 하십니다. 인자가 영원한 왕으로 재림하시면, 그분은 영광의 보좌에 앉아 '모든 민족'을 불러모아 심판할 것이라고 하십니다.

여기서 주님은 양과 염소를 비교하십니다. 우리나라에서 기르는 양과 염소는 구별하기가 쉽습니다. 대개 염소들은 검은 털을 가지고 있고, 흰 털을 가지고 있다 해도 외모상 양과 쉽게 구별됩니다. 하지만 중동 지방에서 기르는 양과 염소는 쉽게 구별되지 않습니다. 외양으로 보이는 유일

한 차이는 양은 꼬리를 내리고 있고, 염소는 꼬리를 올리고 있다는 것입니다. 동양이나 서양이나 양은 착한 사람에 대한 비유로, 염소는 못된 사람의 비유로 사용되었는데, 유대인들도 똑같이 생각했던 것 같습니다. 아무래도 꼬리를 올리고 있는 짐승이 성질이 사납게 보였겠지요. 낮에는 양과 염소를 함께 데리고 다니는데, 밤에는 보통 둘을 갈라놓는다고 합니다. 못된 염소가 양들을 괴롭히기 때문입니다.

인자께서는 양을 오른쪽에, 염소를 왼쪽에 갈라놓으십니다. 어느 나라에서든 대부분 왼쪽은 불길한 쪽이고, 오른쪽은 행운의 장소입니다. 우리나라에서도 오른쪽을 바른쪽이라고 하지 않습니까? 왼쪽은 바르지 않다는 뜻입니다. 이 비유에서도 오른쪽은 구원의 장소이고, 왼쪽은 심판의 장소입니다. 양들은 구원받은 의인들을 의미하고, 염소들은 심판에 직면한 죄인들을 의미합니다.

인자께서는 양들에게 말씀하십니다.

'내 아버지께 복을 받은 사람들아, 와서, 창세 때로부터 너희를 위하여 준비한 이 나라를 차지하여라. 너희는, 내가 주릴 때에 내게 먹을 것을 주었고, 목마를 때에 마실 것을 주었으며, 나그네로 있을 때에 영접하였고, 헐벗을 때에 입을 것을 주었고, 병들어 있을 때에 돌보아 주었고, 감옥에 갇혀 있을 때에 찾아 주었다.' (34-36절)

오른쪽에 서게 된 양들을 칭찬하시면서 주님은 그들의 행위를 칭찬하십니다. 그 말씀을 듣고 오른쪽에 선 사람들이 반문합니다.

'주님, 우리가 언제, 주님께서 주리신 것을 보고 잡수실 것을 드리고, 목마르신 것을 보고 마실 것을 드리고, 나그네 되신 것을 보고 영접하고, 헐벗으신 것을 보고 입을 것을 드리고, 언제 병드시거나 감옥에 갇히신 것을 보고 찾아갔습니까?' (37-39절)

예수님이 살아 계실 때 살았던 사람들이라면 말이 되지만, 부활 승천하신 후에 살았던 사람들에게는 말이 안 됩니다. 그들은 지금의 우리처럼 예수님을 직접 만날 수 없습니다. 그러니 이렇게 반문하는 것도 당연합니다. 그러자 주님이 대답하십니다.

'내가 진정으로 너희에게 말한다. 너희가 여기 내 형제자매 가운데, 지극히 보잘 것 없는 사람 하나에게 한 것이 곧 내게 한 것이다.' (40절)

"여기 내 형제자매 가운데, 지극히 보잘 것 없는 사람"은 누구를 뜻할까요? 이 질문에 대해서는 크게 두 가지 의견이 있습니다.

첫째, 모든 사람을 가리키는 말일 수 있습니다. 헐벗고 배고프고 병든 사람을 대접하는 것은 주님을 대접하는 것이 된다는 뜻입니다. 이렇게 해석하면 주님은 가난하고 어려운 상황에 있는 사람을 돕는 것이 자신을 돕는 것이라고 말씀하신 것이 됩니다.

둘째, 복음을 위해 수고하는 사람들을 가리킨다고 보는 학자들이 있습니다. 예수님은 어머니와 동생들이 찾아왔을 때 이렇게 말씀하신 적이 있습니다.

"누가 나의 어머니이며, 누가 나의 형제들이냐? 보아라, 나의 어머니와 나의 형제들이다. 하늘에 계신 내 아버지의 뜻을 따라 사는 사람이 곧 내 형제요 자매요 어머니이다." (12:48-50)

이 말씀과 연결시켜 보면, "여기 내 형제자매 가운데"라는 말은 하나님 나라를 위해 헌신하는 사람들을 가리킨다 할 수 있습니다. 전도에 대한 말씀을 하시는 가운데 이런 말씀도 하셨습니다.

"내가 진정으로 너희에게 말한다. 이 작은 사람들 가운데 하나에게, 내 제자라고 해서 냉수 한 그릇이라도 주는 사람은, 절대로 자기가 받을 상을 잃지 않을 것이다." (10:42)

이렇게 보면, 두 번째 해석이 더 타당해 보입니다. 주님은 하나님 나라와 하나님의 뜻을 위해 헌신하는 사람들에게 행한 것이 곧 자신에게 행한 것과 같다고 말씀하십니다. 주님의 명령을 받고 주님의 일을 대신하는 사람들이기 때문에 그들에게 행한 것이 곧 주님에게 행한 것이 됩니다.

그렇다고 해서 첫 번째 해석을 제외시키지는 말아야 합니다. 이 비유의 일차적 의미는 하나님 나라를 위해 헌신하는 사람들에 대한 것이라 해도, 가난하고 병들고 고난받는 사람들을 돕는 것은 주님이 가장 중요하게 여기셨던 일이기 때문입니다. 따라서 이 비유를 가난한 사람들에 대한 관심을 일깨우는 말씀으로 해석한다 하여 크게 틀린 것은 아닙니다.

톨스토이는 이 비유를 가지고 짧은 희곡을 만들었습니다. 어느 구둣방 주인이 꿈속에서 주님을 만납니다. 주님은 "내일 너의 구둣방에 잠시 들르겠다"고 하십니다. 다음 날 주인은 좋은 음식과 선물을 준비해 두고 주님을 기다립니다. 그런데 주님은 오시지 않고 가난하고 병들고 헐벗은 사람들이 줄을 이어 찾아옵니다. 주인은 가엾은 마음에 주님을 위해 준비한 것들을 그들에게 나누어 줍니다. 주님이 오시면 드릴 것이 없어 어쩌나 걱정도 했지만, 도와줄 수밖에 없었습니다. 그런데 밤이 되도록 주님은 오시지 않았습니다. 주인은 실망하여 잠자리에 듭니다. 그날 밤 꿈에 주님이 다시 나타나십니다. 주인은 주님께 왜 오시지 않았느냐고 묻습니다. 그때 주님은 "나는 네 가게에 여러 번 갔었다. 그때마다 너는 좋은 것으로 나를 대접해 주었다. 고맙다"라고 말씀하십니다.

누구든지 나에게 찾아오는 사람은 '변장하고 찾아오신 주님'입니다. 그런 마음으로 사람들을 만나면 결코 소홀히 여기거나 냉대하지 않으며 상처 주지도 않을 것입니다. 내 유익을 위해 그를 이용할 생각을 접고, 그의 유익을 위해 내 것을 드릴 생각을 합니다. 그렇게 하여 우리는 주님을 대접하게 됩니다. 또한 하나님 나라를 위해 희생하는 사람들을 더욱 정성껏 섬겨야 합니다. 냉수 한 그릇의 대접도 결코 잊히지 않을 것이라고 하십니다.

2

이번에는 인자께서 왼쪽에 서 있는 염소들에게 말씀하십니다.

'저주받은 자들아, 내게서 떠나서, 악마와 그 졸개들을 가두려고 준비한 영원한 불 속으로 들어가거라. 너희는 내가 주릴 때에 내게 먹을 것을 주지 않았고, 목마를 때에 마실 것을 주지 않았고, 나그네로 있을 때에 영접하지 않았고, 헐벗었을 때에 입을 것을 주지 않았고, 병들어 있을 때나 감옥에 갇혀 있을 때에 찾아 주지 않았다.' (41-43절)

마지막에 심판을 받고 지옥에 떨어질 사람들에게 인자께서는 '행하지 않은 죄'를 말씀하십니다. 어떤 죄를 구체적으로 지었기 때문이 아니라, 주님이 주릴 때 먹을 것을 주지 않았고, 목마를 때 마실 것을 주지 않았으며, 나그네로 있을 때 영접하지 않았다는 것이 이유입니다. 저주받은 사람들로서는 놀랄 말이 아닐 수 없습니다. 게다가 그들은 주님을 만난 적도 없습니다. 그래서 이렇게 묻습니다.

'주님, 우리가 언제 주님께서 굶주리신 것이나, 목마르신 것이나, 나그네 되신 것이나, 헐벗으신 것이나, 병드신 것이나, 감옥에 갇히신 것을 보고도 돌보아 드리지 않았다는 것입니까?' (44절)

그러자 주님이 대답하십니다.

'내가 진정으로 너희에게 말한다. 여기 이 사람들 가운데서 지극히 보잘 것 없는 사람 하나에게 하지 않은 것이 곧 내게 하지 않은 것이다.' (45절)

여기서 우리는 적지 않은 충격을 받습니다. 죄에는 두 가지 종류가 있다고 말합니다. '행함의 죄'(sins of commission)와 '행하지 않은 죄'(sins of omission)가 그것입니다. 악한 일을 행하는 것도 죄이지만, 선을 행하지 않은 것도 죄입니다. 어려운 환경에 처한 사람을 만났을 때 그를 도울 힘이 있는데도 모른 척하는 것이 죄라는 것입니다. 하나님 나라를 위해 희생하며 헌신하는 사람을 보고도 모른 체하면 그것이 죄라는 것입니다. 흔히들 "나는 다른 사람에게 해를 입히지 않았고 내 양심껏 살았으니 죄가 없다"고 말합니다. 그렇게 말하는 사람들은 '행함의 죄'만 생각한 것입니다. '행하지 않은 죄'까지 생각하면 그런 말을 할 수 없습니다. 사실, 그들에게 '행함의 죄'가 없는 것도 아닙니다. 착각하고 사는 것이죠.

마지막 46절 말씀도 그냥 넘기지 말아야 합니다. "그리하여, 그들은 영원한 형벌로 들어가고, 의인들은 영원한 생명으로 들어갈 것이다." 주님은 앞에서도 '영원한 불'에 대해 말씀하셨습니다. 우리는 지옥에 대해 생각하기를 원치 않습니다. 그런 것이 없다면 참 좋겠습니다. 하지만 지옥에 대해 가장 많은 말씀을 하신 분이 바로 예수님이십니다. 지옥의 존재와 그 형벌이 무엇인지 정확하게 알 수 없지만, 주님은 엄연한 일로 전제하고 말씀하십니다.

그러므로 이것을 엄중한 경고의 말씀으로 받아야 합니다. 이 땅에서의 삶에 대한 결산이 있을 것이며, 이후 그에 상응하는 대가를 치러야 한다는 사실을 알아야 합니다. 다만, 주님은 지옥에 대한 두려움이 믿음의 동기가 되는 것은 원치 않으셨습니다. 주님의 설교 주제는 천국, 즉 하나님 나라였습니다. 하나님 나라에 매료되어 믿는 것이야말로 예수님이 전하신 복음입니다. 천국을 믿는다면, 지옥의 현실에 대해서도 인정해야 하고 경각심을 가지고 살아가야 합니다. 예수 그리스도를 믿는 것은 지옥의 현실을 피하는 가장 확실한 길입니다.

마지막으로 한 가지 더 생각할 것이 있습니다. 이 비유를 잘못 읽으면, 구원은 믿음이 아니라 행함으로 된다는 식의 결론에 이르게 됩니다. 실제로 제가 유학할 당시에 달라스에 있는 어느 보수적인 신학교의 신약학 교수가 이 비유를 놓고 "구원은 믿음이 아니라 행함으로 얻는다"고 주장하여 해고당한 일이 있었습니다. 이것은 너무 피상적이고 단편적으로 해석한 결과로 생긴 오해입니다. 마태복음에서 '행함'은 언제나 '믿음에서 생기는 행함'을 뜻합니다. 믿음이 살아 있다면 그에 따른 행함이 있어야 한다는 것입니다. 그런데 믿음은 있어 보이지만 그에 따르는 행함이 없는 경우가 있습니다. 그 믿음은 죽은 믿음이라고, 야고보 사도는 지적했습니다. 우리를 진정으로 구원할 만한 믿음은 우리의 행동까지 바꾸어 줄 수 있어야 합니다.

이 말씀에 우리 자신을 비추어 봅니다. 우리에게 믿음이 있습니까? 행함으로 증명되는 믿음이 있습니까? 사람을 외모로 취하지 않으며 모든 이들을 변장하고 찾아온 주님으로 보고 대하는 믿음이 있습니까? 하나님 나라와 복음을 위해 헌신하는 사람들에게 냉수 한 잔이라도 내어 준 적이 있습니까?

오늘 말씀을 통해 나에게 들려주시는 성령의 음성에 귀 기울이며
잠시 묵상과 기도의 시간을 가지십시오.

23

한 여인에게서 향유의 섬김을 받으시다

마태복음 26:1-13

"가난한 사람들은 늘 너희와 함께 있지만,
나는 늘 너희와 함께 있는 것이 아니다.
이 여자가 내 몸에 향유를 부은 것은,
내 장례를 치르려고 한 것이다. 내가 진정으로 너희에게 말한다.
온 세상 어디서든지, 이 복음이 전파되는 곳에서는,
이 여자가 한 일도 전해져서, 그를 기억하게 될 것이다."
—— 마 26:11-13

I

예수님은 재림에 대한 말씀을 다 마치신 다음, 이제 곧 일어날 일에 대해 예고하십니다.

"너희가 아는 대로, 이틀이 지나면 유월절인데, 인자가 넘겨져서 십자가에 달릴 것이다." (2절)

유월절은 유대인들의 달력으로 니산월 14일에 시작합니다. 이스라엘 백성이 이집트에서 구원받은 사건을 기억하고 감사하는 축제입니다. 일주일 동안 지속되는 이 축제를 유대인들은 가장 중요하게 여겼습니다. 예수님이 죽임당하신 해의 니산월 14일은 목요일이었습니다.

주님은 다시 한 번 당신의 죽음을 예고하십니다. '넘겨져서'라는 말에는 두 가지 뜻이 담겨 있습니다. 유대 권력자들의 손에 의해 넘겨진다는 뜻이기도 하고, 하나님의 뜻에 의해 넘겨진다는 뜻이기도 합니다. 예수님의 죽음은 인간의 죄로 인해 일어난 일인 동시에 하나님의 섭리에 따른 일이었습니다.

마태는 먼저 예수님을 죽게 한 사람들에 대해 기록합니다.

그 즈음에 대제사장들과 백성의 장로들이 가야바라는 대제사장의 관저에 모여서, 예수를 속임수로 잡아서 죽이려고 모의하였다. 그러나 그들은 "백성 가운데서 소동이 일어날지도 모르니, 명절에는 하지 맙시다" 하고 말하였다. (3-5절)

예수님의 죽음에 대한 가장 큰 책임은 당시 유대 권력자인 대제사장들과 백성의 장로들에게 있습니다. 그들은 당시 대제사장인 가야바의 관저에 모여 계략을 짭니다. 이미 예수를 죽이기로 결의했으므로 이제는 입을 맞추어 그를 로마 총독에게 고발하기만 하면 됩니다. 하지만 그들은 명절, 즉 유월절에는 하지 않기로 했습니다.

유월절에는 사방 각지에서 순례객들이 예루살렘에 모여듭니다. 이집트로부터의 해방을 기념하는 축제이기 때문에 로마의 통치로부터 해방되기를 바라는 소원이 강력해질 때입니다. 메시아에 대한 기대가 가장 높아질 때이기도 합니다. 아주 작은 사건 하나만 일어나도 폭동으로 비화될 수 있었습니다. 그래서 이 기간 중에는 가이사랴에 거주했던 로마 총독이 예루살렘에 머물렀고, 병력도 늘렸습니다. 유대인 지도자들도 긴

장했고, 로마 군인들도 긴장했습니다. 이런 형편이었기 때문에 유월절에는 피하려고 했던 것입니다.

하지만 일은 그들의 계산대로 진행되지 않았습니다. 예수님은 유월절의 두 번째 날, 즉 금요일에 죽임당하셨습니다. 여기서 우리는 대제사장과 장로들 위에 다른 존재가 있음을 보아야 합니다. 그들은 자신들의 권력으로 무엇이든 할 수 있다고 생각했지만, 그들보다 더 큰 손이 위에서 움직이고 있었습니다.

2

그날 저녁, 예수님은 다시금 베다니로 내려가 쉬십니다. 이번에는 나병 환자 시몬의 집에 머무십니다. 나병 환자는 자기 집에서 살 수 없었습니다. 그가 집에서 살 수 있었던 것은 예수님이 이미 나병을 완치해 주셨기 때문입니다. 그의 집에서 하루의 피로를 씻어 내고는 저녁을 잡숫고 계실 때, 한 여인이 향유를 담은 옥합을 가지고 예수님에게 와서 그 머리에 부었습니다.

그 여인 역시 예수님에게 큰 은혜를 입은 사람이었습니다. 그녀는 예수님을 향한 사랑과 감사를 주체할 수 없었습니다. 무엇인가 자신의 가장 귀한 것을 드리고 싶었습니다. 당시 여인에게 향유 한 병은 오늘날 유명 향수 한 병과 비교할 수 없을 정도로 비싼 것이었습니다. 다른 복음서에 보면, 제자들이 그 향유의 값을 3백 데나리온으로 평가합니다. 한 데나리온이 성인 남자의 하루 품삯이었으니, 성인 남자의 1년치 품삯에 해당하는 값비싼 물건이었습니다.

여기서 여인의 행동에 대한 제자들의 반응에 주목할 필요가 있습니다.

그런데 제자들이 이것을 보고 분개하여 말하였다. "왜 이렇게 낭비하는 거요? 이 향유를 비싼 값에 팔아서, 가난한 사람들에게 줄 수 있었을 텐데요!" (8-9절)

제자들이 분개했다고 되어 있습니다. 이것은 분명히 과잉 반응입니다. '놀랐다' 혹은 '이상히 여겼다' 정도면 충분해 보입니다. 그렇다면 제자들은 왜 이렇게 반응했을까요? 추측컨대, 예수님에게 인정받으려고 그랬을 것입니다. 평소 예수님이 말씀하고 행동하신 것에 비추어 볼 때, 주님은 그 여인의 행동을 꾸짖을 것이라 짐작했기 때문입니다. 제자들은 그 마음을 알아채고 주님이 하고 싶은 말을 대신 함으로써 인정받기를 기대했습니다. 그런데 주님의 반응은 예상을 빗나갔습니다.

예수께서 이것을 보시고 그들에게 말씀하셨다. "왜 이 여자를 괴롭히느냐? 그는 내게 아름다운 일을 하였다. 가난한 사람들은 늘 너희와 함께 있지만, 나는 늘 너희와 함께 있는 것이 아니다. 이 여자가 내 몸에 향유를 부은 것은, 내 장례를 치르려고 한 것이다. 내가 진정으로 너희에게 말한다. 온 세상 어디서든지, 이 복음이 전파되는 곳에서는, 이 여자가 한 일도 전해져서, 그를 기억하게 될 것이다." (10-13절)

주님은 그 여자의 행동이 당신의 장례를 준비한 것이라고 여기시며 칭찬하십니다. 그 여인이 정말 그런 의도로 그렇게 한 것은 아니었습니다. 단지, 예수님께 무엇인가를 드리고 싶어서 그렇게 한 것입니다. 그런데 여인의 뜻밖의 행동이 예수님의 장례를 준비하는 데 사용되었습니다. 예수님의 시신은 향유 바르는 절차도 없이 무덤에 안치되었습니다. 그것을 미리 알기라도 한 듯, 여인은 예수님의 머리에 향유를 부은 것입니다.

여기서 우리는 사랑의 신비를 경험합니다. 순수한 사랑에는 이런 능력이 있습니다. 마음 다해 사랑하고 보니 그것이 치유의 능력이 됩니다. 극진히 사랑했더니 그것이 절망 속에서 희망을 붙드는 이유가 되었습니다. 아무 계산 없이 사랑한 것뿐인데, 그것이 미래의 불행에 대한 예비가 되고, 다가올 겨울에 대한 대비가 됩니다. 그것이 사랑입니다. 그러기에 살아가면서 가장 의지할 것은 사랑입니다. 고통스러울 때도 사랑하고, 앞길이 안 보일 때도 사랑하고, 무엇을 해야 할지 알 수 없을 때에도 사랑하면 됩니다. 그러면 그 사랑이 길을 열어 갑니다.

"가난한 사람들은 늘 너희와 함께 있지만, 나는 늘 너희와 함께 있는 것이 아니다"라는 말씀을 잘못 해석하는 사람들이 있습니다. 가난한 사람을 돕는 것은 중요한 일이 아닌 것처럼 해석합니다. 그렇지 않습니다. 구약에서나 신약에서나 가난한 사람들은 하나님의 가장 우선적인 관심사였습니다. 율법에는 가난한 사람들에 대한 세심한 배려가 담겨 있습니다. 예언자들도 가난한 사람들에 대한 관심과 배려를 요구했습니다. 예수님은 가난한 사람들과 늘 함께했습니다. 그러므로 가난한 사람들을 살피고 돌보는 것은 믿는 사람들의 중요한 관심사가 되어야 옳습니다.

믿는 사람들은 아주 쉽게 '축복 논리'라는 함정에 빠집니다. 자신이 얻은 바는 자신의 믿음에 대해 하나님이 주신 복이라고 생각합니다. 그렇기 때문에 당연히 누릴 권리가 있다고 생각합니다. 우리나라 사람들은 한동안 가난에서 벗어나는 것을 목표로 살았습니다. 그것이 믿음과 결합되면서 가난에서 벗어나는 복을 자랑하게 되었습니다. 그 결과, '청지기

의식'이 흐려져 버렸습니다. 내게 맡겨진 것은 모두 하나님이 나를 믿고 맡기신 것이라는 생각이 희미해진 것입니다. 가난한 사람들에 대한 예수님의 관심을 망각하고 살게 되었습니다.

"가난한 사람들은 늘 너희와 함께 있지만, 나는 늘 너희와 함께 있는 것이 아니다"라는 말씀에서 우리는 두 가지를 생각해야 합니다. 첫째, 가난한 사람들을 살피고 돕는 것은 늘 해야 하는 일이라는 것입니다. 예수님은 가난 문제에 관한 현실을 제대로 보셨습니다. 인간의 욕심이 완전히 치유되지 않는 한, 가난은 해결되지 않을 것이라고 말씀하십니다. 그렇기 때문에 모른 체하라는 뜻이 아닙니다. 오히려 그렇기 때문에 하나님을 믿는 사람들은 항상 가난 문제를 염두에 두어야 합니다. 사회적 질병으로서의 가난을 치유하기 위해 애쓸 뿐 아니라, 개인적으로 그리고 공동체적으로 다른 사람의 가난을 해결하기 위해 노력해야 합니다.

둘째, 때로는 '거룩한 낭비'가 필요하다는 것을 인정해야 합니다. 예수님의 말씀은 "가난한 사람들을 돕는 일은 언제나 할 수 있는 일이다. 하지만 나의 장례를 준비하는 일은 단 한 번 있는 일이다. 그때를 놓치면 그만이다"라는 뜻입니다. 그러므로 지금 주님의 장례를 위한 거룩한 낭비를 허용하라는 뜻입니다. 제자들은 주님의 반응에 적지 않게 놀랐을 것입니다. 절제, 금욕, 단순, 자족, 절약, 나눔 같은 것이 주님이 가르치신 덕목이기 때문입니다.

예수님은 율법주의자가 아니셨습니다. 금욕주의자도 아니셨습니다. 항상 절약이나 나눔만 주장한 것은 아닙니다. 그분은 때로는 금식하셨지만, 자주 잔치를 벌이셨습니다. 절약하고 가난한 사람들을 도우셨지만, 동시에 넉넉하게 베풀기도 하셨습니다. 주님은 언제나 '원칙'에 매여 살지 않왔습니다. 그분은 그때그때 상황에 맞게 행동하셨습니다. 그래서 함께 있는 사람들이 자주 의아하게 생각했습니다. 주관도 일관성도 없어 보였기 때문입니다. 그분은 그만큼 자유로운 분이셨습니다.

오늘 우리가 주님만큼 자유롭게 되기를 꿈꾸지는 못합니다. 우리는 오히려 어떤 원칙이나 기준을 세우고 그것을 따라가는 것이 더 편리하고 안전합니다. 동시에 늘 하나님과의 깊은 사귐을 통해 그 순간 필요한 것이 무엇인지를 찾는 것이 중요합니다. 기독교의 덕목은 절제, 금욕, 단순, 자족, 절약, 나눔입니다. 가난한 사람들에 대한 관심과 복음을 알지 못하는 사람들에 대한 관심도 역시 중요합니다. 그것이 우리의 우선적인 관심사가 되어야 할 것입니다. 하지만 때로는 그보다 더 시급하고 꼭 필요한 일도 있습니다. 그럴 때는 기쁘고 감사한 마음으로 '거룩한 낭비'를 허용해야 합니다.

여인이 향유 옥합을 얻기 위해 얼마나 오랫동안 고생하여 돈을 모았을지 짐작할 수 있습니다. 먹을 것 먹지 않고, 쓰고 싶은 것 쓰지 않고, 하고 싶은 것 절제하면서 모았을 것입니다. 그렇게 어렵게 모은 것을 주님을 위해 아낌없이 썼습니다. 그 귀한 것을 사랑을 표현하는 데 다 쓴 것입니다. 주님은 온 세상 어디서든지 복음이 전파되는 곳에서는 이 여인의 이야기도 함께 전해질 것이라고 축복하십니다. 예수님의 열두 제자 중 누구도 이런 칭찬을 받아 본 일이 없습니다.

이 말씀에 우리 자신을 비추어 봅니다. 우리는 어떻게 살고 있습니까? 주님을 향한 우리의 사랑은 어떻습니까? 그분에게서 받은 은혜로 인해 그분에게 무엇인가를 해 드리고 싶은 마음이 있습니까? 자신의 가장 귀중한 보물을 바친 이 여인처럼, 자신의 가장 귀한 것을 드리고 싶은 마음이 있습니까? 가장 귀한 시간을 기꺼이 드리고 있습니까? 가장 귀한 물질을 기꺼이 드리고 있습니까? 다른 아무 이유 없이, 어떤 목적의식도 없이, 그냥 사랑 때문에 그리고 사랑을 위하여 드리려는 마음이 있습니까? 주님은 그 조건 없는 사랑을 기뻐하시고, 그 사랑으로 이적을 만들어 내십니다.

오늘 말씀을 통해 나에게 들려주시는 성령의 음성에 귀 기울이며
잠시 묵상과 기도의 시간을 가지십시오.

24
가룟 유다에 대해 예언하시다
마태복음 26:14-25

> 예수께서 대답하셨다.
> "나와 함께 이 대접에 손을 담근 사람이, 나를 넘겨줄 것이다.
> 인자는 자기에 관하여 성경에 기록되어 있는 대로 떠나가지만,
> 인자를 넘겨주는 그 사람은 화가 있다.
> 그 사람은 차라리 태어나지 않았더라면, 자기에게 좋았을 것이다."
> —— 마 26:23-24

I

예수님이 시몬의 집에서 쉬시는 날, 예수님의 제자 중 하나가 몰래 집을 빠져나가 대제사장의 관저로 향합니다. 그는 대제사장과 일행이 모인 자리에서 중대한 제안을 합니다. 예수를 넘겨준다면 무엇을 해주겠느냐 묻습니다. 그러자 그들은 은 서른 닢을 유다에게 넘겨줍니다. 출애굽기 21장 32절에 의하면, 은 서른 닢은 노예의 몸값이었습니다. 그러니까 은 서른 닢을 셈해 준 것은 예수님을 경멸하려는 의도였다고 할 수 있습니다.

유다가 예수님을 팔아넘긴 이유는 무엇이었을까? 이것은 아직도 풀리지 않는 의문입니다. 아마도 하나님만 아시는 일일 것입니다. 유다가 분명 돈을 요구해서 받았으니, 이 거래에 돈이 연루된 것은 사실입니다. 하지만 그것이 진정한 동기는 아니었음이 여러 증거를 통해 드러납니다. 유다

는 '가롯'이라는 별명으로 불렸습니다. 이 이름은 혁명당원을 뜻하는 '식카리'에서 나왔을 가능성이 큽니다. 그렇다면 조국 해방에 대한 열망을 품고 예수님의 제자가 된 것이 분명합니다. 그런 사람이라면 돈 욕심이 생겨서 그런 일을 했을 가능성이 낮습니다. 만일 돈 욕심 때문에 그랬다면, 은 서른 닢에 만족했을 리 없습니다. 더 많은 돈을 요구했을 것입니다.

유다의 배신 동기에 대해 지금까지 제기된 많은 이론들 중 가장 그럴듯한 것은 '위기감 조성설'입니다. 유다는 예수님이 메시아로서의 능력을 가지고 있음을 분명히 믿었습니다. 하지만 예루살렘에 온 이후에는 그 능력을 드러내지 않고 있습니다. 유다는, 예수님께 죽음의 위협이 닥쳐오면 그 능력으로 떨치고 일어날 것이고, 그렇게 되면 걷잡을 수 없는 반란이 시작될 것이라고 생각했습니다. 지금은 유월절 기간이라 순례객들이 많이 와 있었습니다. 반란을 일으키기에 가장 좋은 시점이었습니다.

유다는 이 기회를 놓쳐서는 안 되겠다 생각했습니다. 그래서 대제사장을 찾아간 것입니다. 그들에게 예수님을 팔아넘기기 위해서는 다른 구실이 있어야 했습니다. 그래서 돈을 요구한 것이고, 은전 삼십의 헐값을 그대로 받아들인 것입니다.

2

이야기는 이제 무교절 첫째 날로 넘어갑니다. 우리 식으로 하면 목요일에 일어난 일입니다. 이스라엘 백성들이 이집트에서 탈출할 때는 누룩을 넣어 숙성시킨 빵을 먹을 수 없었습니다. 급히 빵을 만들어야 했기 때문입니다. 그래서 유월절이 되면 무교병, 즉 누룩을 넣지 않은 빵을 먹었습니다. 맛없는 빵을 씹으면서 그들은 조상들의 고난을 생각했습니다.

제자들이 예수님께 여쭙니다. "우리가, 선생님께서 유월절 음식을 잡수시게 준비하려고 하는데, 어디에다 하기를 바라십니까?"(17절) 무교절 첫째 날에 모든 유대인 가정에서는 유월절 음식을 나눕니다. 유월절 식사를 준비하는 방식과 식사하는 절차는 마치 유교에서 제사 절차를 정한 것처럼 아주 세밀하고 복잡하게 정해져 있었습니다. 그 모든 절차와 순서는 과거 조상들이 출애굽을 하면서 겪었던 고난을 기억하게 하려는 것이었습니다. 제자들은 집을 떠나 있었기 때문에 유월절 식사를 예수님과 함께해야 했습니다. 예수님이 가장 역할을 하게 되었던 것입니다.

그래서 제자들은 어느 집에서 유월절 식사를 준비하면 좋겠느냐고 묻는 것입니다. 그러자 주님이 대답합니다. "성 안으로 아무를 찾아가서, '선생님께서 말씀하시기를, 내 때가 가까워졌으니, 내가 그대의 집에서 제자들과 함께 유월절을 지키겠다고 하십니다' 하고 그에게 말하여라"(18절). 여기서 '성'은 예루살렘 성을 말합니다. 주님은 이미 성 안에 사는 어떤 사람에게 말해 놓은 것입니다. 이 본문에는 언급되어 있지 않지만, 요한 마가의 어머니가 방을 마련해 놓고 있었습니다.

3

예수님이 말씀하신 대로, 제자들은 유월절 식사를 준비해 두었고, 해가 지자 예수님은 제자들과 함께 식탁에 앉으십니다. 이때, 유다는 대제사장들과의 결탁을 끝내고 다시 제자들 가운데로 돌아옵니다.

주님은 어릴 때부터 보고 자란 대로 유월절 식사 예전을 따라 식사를 시작하십니다. 한참 식사를 하던 중에 주님이 갑작스러운 말씀을 하십니다. "내가 진정으로 너희에게 말한다. 너희 가운데 한 사람이 나를 넘겨줄 것이다"(21절). 제자들은 뭔가 심상치 않은 분위기를 감지했을 것입니다. 위기가 다가오고 있다는 것을 직감했습니다. 그런데 그것이 바로 그들 가운데 한 사람이라니! 순간, 좌중이 얼어붙었을 것입니다.

한동안 침묵이 흐르더니, 누군가 "주님, 나는 아니지요?"라고 묻습니다. 그러자 기다렸다는 듯이 너도 나도 같은 말로 주님께 묻습니다.

사람의 마음이란 이렇습니다. 위기 앞에서 어떻게 행동할지 자신이 없습니다. 제자들은 주님의 말씀을 듣고는 각자 자신에 대해 염려합니다. 이 질문에는 일종의 불안감과 함께 자신만은 아니기를 바라는 간절한 소원이 담겨 있습니다.

주님은 잠시 후에 이렇게 말씀하십니다.

"나와 함께 이 대접에 손을 담근 사람이, 나를 넘겨줄 것이다. 인자는 자기에 관하여 성경에 기록되어 있는 대로 떠나가지만, 인자를 넘겨주는 그 사람은 화가 있다. 그 사람은 차라리 태어나지 않았더라면, 자기에게 좋았을 것이다."(23-24절)

자신을 넘겨줄 사람이 낯선 누군가가 아니라 한솥밥을 먹던 사람이라는 뜻입니다. 이 말씀 안에는 "그토록 나와 함께 동고동락한 사람이 나를 넘겨주려 하는구나!"라는 안타까운 탄식이 담겨 있습니다. 어찌 보면, 이 말씀은 유다에게 주어진 마지막 경고였는지 모릅니다. 그의 잘못을 깨우쳐 주시기 위한 말씀이었을 것입니다. 불행하게도 그의 마음은 되돌릴 수 없었습니다.

예수님이 가롯 유다를 두고 하신 말씀은 곰곰이 생각해 볼 필요가 있습니다. 예수님이 십자가에 달려 돌아가시는 것은 성경에 기록된 예언대로 하나님의 뜻과 섭리에 따른 것입니다. 이사야 53장에 기록된 '고난의 종'이 바로 메시아가 가야 하는 길이었습니다. 예수님은 정해진 길을 가시지만, 그분을 넘겨준 그 사람에게는 화가 있을 것입니다. 그 사람은 차라리 태어나지 않았더라면 자기에게 좋았을 것이라고 말씀하십니다. 그의 죄가 얼마나 심각한지를 강조하시는 어법입니다.

그동안 가룟 유다와 빌라도에 대해 변호하는 사람들이 많았습니다. 그들을 변호하는 논리는 이런 것입니다. "인류의 죄 용서를 위해 예수님이 십자가에 달려 돌아가셔야 했다면, 누군가 악역을 맡았어야 했습니다. 악역을 맡는 사람이 없었다면 예수님은 십자가에 달려 돌아가시지 않았을 것이며, 그랬다면 인류 구원은 완성되지 못했을 것입니다. 그러므로 유다와 빌라도는 하나님의 구원 사역에 가장 큰 공헌을 한 것입니다. 그러므로 그들의 죄는 용서받아야 합니다."

얼핏 보면 그럴듯한 논리입니다. 아마도 이런 논리가 제기될 것을 아시고 주님이 이런 말씀을 하셨는지 모릅니다. 자신의 죄가 선한 결과를 만들어 냈다고 하여 그 죄가 선이 되는 것은 아닙니다. 하나님이 인간의 악행을 사용하여 좋은 결과를 만들어 내셨다고 하여 그 악행이 용서되는 것은 아닙니다. 가룟 유다가 예수님을 배반한 것은 하나님의 구원 계획을 알고 아무도 나서지 않는 상황에서 "제가 희생양이 되겠습니다" 하고 나선 행동이 아닙니다. 그는 자신이 추구하는 해방을 이루기 위해 예수님을 이용하려 한 것입니다.

이와 같은 경고의 말씀을 듣고 지금이라도 유다가 회개했더라면 좋았을 것입니다. 하지만 그는 마음을 돌이키지 않습니다. 그는 주님에게 모두 드러난 것을 알면서도 다른 제자들처럼 "선생님, 나는 아니지요?"라고 묻습니다. 그러자 주님은 "네가 말하였다"(25절)라고 대답하십니다. "그것은 네 말이다"라고 번역하는 것이 더 나을 것입니다. 이 대답은 긍정도 부정도 아닙니다. 이 대답으로 주님이 던지고자 하신 메시지는 "그건 네가 알 것이다"라는 것이었습니다.

4

이 말씀은 우리로 하여금 악의 문제에 대해 깊이 생각하게 만듭니다. 하나님이 창조하신 선하고 아름다운 세상에 인간의 죄로 인해 악이 시작되었습니다. 어떤 악은 자연재해로 인해 생깁니다. 지진이나 산사태 같은 것들은 인간으로서는 어찌할 수 없는 자연재해입니다. 그것으로 인해 직접 피해를 입으면, 자연현상이 거대한 악으로 다가옵니다. 자연재해 자체는 악이 아니지만, 그것을 당한 사람에게는 악이 됩니다. 질병도 마찬가지입니다. 우리가 질병을 자초하는 경우도 많지만, 어쩔 수 없이 당하는 질병도 적지 않습니다. 그것을 당하는 사람에게는 매우 고통스러운 악이 됩니다.

반면, 인간의 죄가 만들어 내는 악도 있습니다. 매일같이 신문을 채우는 수많은 사건들은 대부분 인간이 만들어 내는 악입니다. 인생이라는 여정에 처음부터 포함되어 있는 악에 대해 우리는 어떻게 대해야 하겠습니까? 몇 가지 생각을 정리할 수 있습니다.

첫째, 우리 자신이 악을 행하지 않도록 힘써야 합니다. 성령의 감화를 받아 새로 지음받고 성령의 능력 안에서 거룩하고 의롭게 살아가도록 힘써야 합니다. 하나님의 섭리를 이루는 데 악역을 맡을 것이 아니라 선한 역할을 맡도록 힘써야 합니다.

둘째, 이 세상의 악이 줄어들도록 힘써야 합니다. 죄악을 범할 수밖에 없는 구조와 환경을 개선하는 일을 찾아야 합니다. 아무리 좋은 뜻을 가진 사람이라도 환경이 옥죄어 오면 죄악을 범할 수밖에 없습니다. 그러므로 죄악에 유혹받지 않는 환경을 만드는 것이 중요합니다. 동시에 개인의 내면이 변화되도록 힘써야 합니다. 환경이 아무리 개선되어도 인간의 본성이 변하지 않으면 악은 줄어들지 않습니다. 개인의 내면이 변화하려면 가장 중요한 것이 회개하고 복음을 믿는 것입니다. 그렇게 하여 새 사람으로 지음받아야만 진정한 희망이 있습니다.

셋째, 다른 사람이 만들어 낸 악을 당해야 할 때가 있습니다. 그럴 때, 하나님이 계시다는 사실을 믿고 "악을 악으로 갚지 말고" 하나님의 인도를 기다려야 합니다. 그러면 하나님이 그 악을 사용하여 선을 만들어 내실 것입니다. 가룟 유다와 빌라도와 유대 지도자들의 악행을 사용하여 구원의 역사를 이루신 것처럼, 하나님은 인간의 죄악을 축복으로 변모시키는 분이십니다. 그래서 바울 사도는 "하나님을 사랑하는 사람들, 곧 하나님의 뜻대로 부르심을 받은 사람들에게는, 모든 일이 서로 협력해서 선을 이룬다는 것을 우리는 압니다"(롬 8:28)라고 말씀하십니다. 믿고 참고 견디며 기다리는 사람은 이 말씀이 진실임을 경험합니다.

이렇게 하여 우리는 스스로 악행에 빠지지 않도록 보호하고 세상에 만연한 죄악을 치유하고 하나님의 정의가 실현될 수 있도록 힘써야 합니다. 그것이 새 하늘과 새 땅이 이를 때까지 우리가 해야 할 일입니다.

오늘 말씀을 통해 나에게 들려주시는 성령의 음성에 귀 기울이며
잠시 묵상과 기도의 시간을 가지십시오.

25
제자들과 마지막 저녁 식사를 나누시다
마태복음 26:26-30

> 그들이 먹고 있을 때에, 예수께서 빵을 들어서
> 축복하신 다음에, 떼어서 제자들에게 주시고 말씀하셨다.
> "받아서 먹어라. 이것은 내 몸이다." 또 잔을 들어서
> 감사 기도를 드리신 다음에, 그들에게 주시고 말씀하셨다.
> "모두 돌려가며 이 잔을 마셔라. 이것은 죄를 사하여 주려고
> 많은 사람을 위하여 흘리는 나의 피, 곧 언약의 피다."
> —— 마 26:26-28

I

제자들과 유월절 식사를 하시던 중에 주님은 당신이 제자들 중 하나에게 배반당하실 것을 예고하십니다. 실은, 자신의 의도를 숨기고 일을 꾸미고 있던 유다에 대한 마지막 애정의 표현이었습니다. 불행히도 유다는 마지막 회개의 기회를 외면했습니다.

이어서 주님은 제자들에게 두고두고 기억할 만한 말씀을 하십니다. 그 장면을 마태는 이렇게 적어 놓았습니다.

> 그들이 먹고 있을 때에, 예수께서 빵을 들어서 축복하신 다음에, 떼어서 제자들에게 주시고 말씀하셨다. "받아서 먹어라. 이것은 내 몸이다."(26절)

이미 고인이 된 헨리 나우웬(Henri Nouwen)은 여기서 네 가지 단어에 주목해야 한다고 말했습니다. 첫째, '들어서'(took)입니다. 주님이 빵을 집어 드신 것입니다. 둘째, '축복하신'(blessed)입니다. 주님의 축복으로 인해 그 빵은 새로운 의미와 무게를 지니게 되었습니다. 셋째, '떼어서'(broke)입니다. '깨다' 혹은 '찢다'라는 뜻입니다. 넷째, '주시고'(gave)입니다. 이 네 단어에 마지막 만찬의 신비가 담겨 있다는 뜻입니다.

주님은 여기서 당신의 생명을 빵에 비유하십니다. 이제 곧 닥쳐올 죽음을 내다보시면서 이 말씀을 하십니다. 당신의 생명에 네 가지 사건이 일어나고 있다는 뜻입니다. 성부 하나님이 주님의 생명을 들어서 축복하시고 찢어 사람들에게 주실 것이라는 뜻입니다. 제자들이 주님이 주시는 빵을 받아먹고 생명을 얻는 것처럼, 하나님이 찢어 주시는 주님의 몸을 먹는 사람은 생명을 얻을 것입니다. "받아서 먹어라. 이것은 내 몸이다"라는 말씀은 이런 뜻입니다.

2

이어서 주님은 잔을 들어 똑같이 하시고는 이렇게 말씀하십니다.

또 잔을 들어서 감사 기도를 드리신 다음에, 그들에게 주시고 말씀하셨다. "모두 돌려가며 이 잔을 마셔라. 이것은 죄를 사하여 주려고 많은 사람을 위하여 흘리는 나의 피, 곧 언약의 피다." (27-28절)

예수님은 여기서 구약의 '전제'(奠祭)에 당신의 죽음을 비유하십니다. 전제는 죄 용서를 위해 행하는 제사의 한 종류입니다. 잔에 포도주를 가득 담아 제단에 붓는 것입니다. 이것은 완전한 죽음을 의미하기도 하고, 전적인 헌신을 의미하기도 합니다. 주님은 당신의 죽음이 모든 인류의 죄 용서를 위해 하나님의 제단 앞에 부어지는 제물이라고 해석하신 것입니다. '언약의 피'라는 말은 '새로운 언약을 맺는 피'라는 뜻입니다. 이 구절을 누가는 이렇게 썼습니다.

> 그리고 저녁을 먹은 뒤에, 잔을 그와 같이 하시고서 말씀하셨다. "이 잔은 너희를 위하여 흘리는 내 피로 세우는 새 언약이다." (눅 22:20)

예수님의 피는 하나님이 당신의 백성과 새로운 계약을 맺으시기 위해 흘리는 것이라는 뜻입니다. 하나님은 아브라함 그리고 모세를 통해 이스라엘과 언약을 맺으셨습니다. 율법은 그 언약의 징표요 조건이었습니다. 하지만 이스라엘은 하나님과의 언약에 충실하지 못했습니다. 앞에서 본 '포도원 소작인의 비유'에 암시된 것처럼, 이스라엘과의 언약은 깨어졌고 선민 자격은 박탈당할 것입니다. 그리고 새로운 언약이 세워질 것입니다. 이스라엘이 아니라 열매 맺는 새로운 백성이 일어날 것입니다. 바로 그 사건이 예수님의 죽음을 통해 일어날 것이라는 뜻입니다.

일찍이 예레미야는 새 언약에 대해 다음과 같이 예언을 했습니다.

> "그때가 오면, 내가 이스라엘 가문과 유다 가문에 새 언약을 세우겠다. 나 주의 말이다. 이것은 내가 그들의 조상의 손을 붙잡고 이집트 땅에서 데리고 나오던 때에 세운 언약과는 다른 것이다. 내가 그들의 남편이 되었어도, 그들은 나의 언약을 깨뜨려 버렸다. 나 주의 말이다. 그러나 그 시절이 지난

뒤에, 내가 이스라엘 가문과 언약을 세울 것이니, 나는 나의 율법을 그들의 가슴 속에 넣어 주며, 그들의 마음 판에 새겨 기록하여, 나는 그들의 하나님이 되고, 그들은 나의 백성이 될 것이다. 나 주의 말이다. 그때에는 이웃이나 동포끼리 서로 '너는 주님을 알아라' 하지 않을 것이니, 이것은 작은 사람으로부터 큰 사람에 이르기까지, 그들이 모두 나를 알 것이기 때문이다. 내가 그들의 허물을 용서하고, 그들의 죄를 다시는 기억하지 않겠다. 나 주의 말이다." (렘 31:31-34)

구약성경을 보면, 언약은 언제나 피로써 보증되었습니다. 피는 곧 생명을 의미했으므로 언약이 그만큼 중요한 것이라는 뜻입니다. 옛 언약은 짐승의 피로 맺어졌습니다. 하지만 새 언약은 하나님의 아들 예수 그리스도의 피로 맺어질 것입니다. 옛 언약은 불완전하여 이스라엘이 언약의 조건을 어김으로써 파기되었습니다. 하지만 새 언약은 하나님의 무조건적인 사랑의 약속입니다. 그렇기 때문에 새 언약은 파기되지 않습니다. 하나님이 영원하고 예수 그리스도가 영원하듯 새 언약도 영원합니다. 십자가는 새 언약이 확인되는 전환점이 될 것입니다.

빵과 포도주에 대해 말씀하신 후, 주님은 이렇게 덧붙이십니다.

"내가 너희에게 말한다. 이제부터 내가 나의 아버지의 나라에서 너희와 함께 새 것을 마실 그 날까지, 나는 포도나무 열매로 빚은 것을 절대로 마시지 않을 것이다." 그들은 찬송을 부르고, 올리브 산으로 갔다. (마 26:29-30)

주님은 당신의 죽음이 코앞에 닥쳐왔으며 곧 하나님 나라에 이를 것이라는 사실을 암시하십니다. 지금 먹는 음식이 지상에서 먹는 마지막 음식이라는 사실을 안다면, 그 느낌이 어떨까요? 그 감정은 당해 보지 않고는 헤아릴 수 없을 것입니다. 그런데 주님은 담담하게 말씀하십니다. 아니, 의연하게 말씀하십니다. 하나님 나라가 어떤 것인지 아셨기 때문입니다. 이 말씀의 의미를 제자들이 제대로 알았을까 싶습니다. 그렇게 유월절 식사를 마치고 예수님과 그 일행은 '할렐'(시편 113-118편을 부르는 이름)이라 불리는 찬송을 불렀습니다. 그것으로써 유월절 식사가 끝나고 그들은 올리브 산으로 갔습니다.

3

마지막 식사에서 주님이 하신 행동과 말씀은 주님의 전 생애와 가르침을 요약한 것이라 할 수 있습니다. 성부 하나님은 주님의 생명을 취하여 축사하신 뒤 쪼개고 나누어 세상의 생명이 되게 하셨습니다. 그것이 십자가에서 일어난 사건입니다. 또한 십자가는 성부 하나님이 온 인류와 맺으신 새 언약의 증거입니다. 하나님과 우리 사이에 가로막혀 있던 죄의 장벽을 허무셨습니다. 십자가를 통해 하나님께 이르는 넓은 길이 활짝 열렸습니다. 주님의 몸은 세상의 생명으로 찢기셨고 주님의 피는 새 언약의 증거로 흘리셨습니다. 우리는 예수 그리스도의 보혈로써 죄 씻음을 받고 새 언약의 백성이 되며 주님이 주시는 영원한 생명을 얻습니다.

예수님이 부활 승천하신 후, 제자들은 주님의 명령을 따라 함께 모일 때 성찬을 나누었습니다. 그럴 때마다 주님은 성령을 통해 그들과 함께하셨습니다. 믿음으로 빵을 취할 때 주님의 살은 주님의 임재의 통로가 되었고, 믿음으로 잔을 대할 때 그것은 주님이 주시는 생명이 되었습니다.

믿음으로 빵을 먹고 포도주를 마실 때, 주님이 그들 안에 계시고 그들이 주님 안에 있는 것을 확인할 수 있었습니다. 성찬을 통해 경험한 주님의 영은 때마다 필요한 은혜를 주셨습니다. 소망 없는 자에게는 소망을, 상처 입은 자에게는 치유를, 질병 앓는 자에게는 회복을, 믿음 없는 자에게는 믿음을 주셨습니다.

얼마 전, 어느 여성 작가의 글을 읽었습니다. "내 생애 가장 차가운 입맞춤"이라는 제목의 글이었습니다. 환갑도 못 채우고 돌아가신 아버지에 관한 글입니다. 화장을 위해 불구덩이에 넣기 직전 아버지 시신에 입을 맞추었는데, 차가운 냉기가 온몸으로 퍼졌다고 합니다. 화장을 끝내고 납골당에 모시기 전까지 아버지의 유골분을 플라스틱 통에 담아 집에 보관해 두었습니다. 납골당에 모실 날이 되어 주문한 유골함에 아버지의 유골분을 옮겨 담았는데, 아무리 탈탈 털어도 플라스틱 통의 벽에 붙은 뼛가루가 다 떨어지지 않았습니다. 그 통을 그대로 재활용 상자에 버리려고 생각하니 아버지의 분신을 쓰레기통에 버려서는 안 되겠다 싶었습니다. 그럼 물에 헹구어 버릴까 생각해 보니, 그것도 아니라는 생각이 들었습니다. 생각다 못해 깨끗한 물로 헹구어 마셨습니다. 작가는 입 안에 사각거리는 아버지의 뼛가루를 하나씩 삼키면서 조금이라도 아버지와 가까워진 것 같아서 좋았다고 합니다.

그 글을 읽으면서 주님의 살을 먹고 피를 마시는 것에 대해 새로운 통찰을 얻었습니다. 성찬 빵을 잔에 찍어 먹을 때 입 안에 감도는 뒷맛을 통해 주님의 임재를 더 친밀하게 느낄 수 있기를 소망했습니다. 재림의 날까지 우리는 주님을 눈으로 보거나 손으로 만질 수 없습니다. 성찬은 간접적이기는 하지만 주님의 몸을 느끼고 그 생명을 경험하는 통로입니다.

헨리 나우웬은 예수님에게 일어난 일이 믿는 자들의 삶에도 일어나야 한다고 말합니다. 우리를 구원하신 주님이 들려지고 축사되고 쪼개져서 내어 줌을 당한 것처럼, 우리 삶도 주님께 드려져야 한다는 것입니다.

주님이 우리 삶을 들어 축사하시고 쪼개어 나누어 줄 때 우리를 통해서도 세상을 살리는 기적이 일어납니다. 그것이 믿는 사람들이 받을 가장 큰 영광입니다. 진실로 그렇습니다. 하나님이 당신의 아들을 통해 우리를 구원하신 이유는 우리 자신만의 행복을 위한 것이 아닙니다. 하나님은 우리를 통해 온 세상을 구원하시기 원하십니다. 그 뜻을 위해 우리 인생이 사용된다면 그보다 더 행복한 일은 없을 것입니다.

그래서 이 말씀 앞에서 스스로에게 물어봅니다. 나는 주님의 은혜를 받았는가? 나는 주님 손에 바쳐졌는가? 주님 손에 들린 인생인가? 주님의 축복을 받은 인생인가? 내 인생에는 쪼개지고 깨어진 흔적이 있는가? 내 인생은 다른 사람을 살리는 데 사용되고 있는가?

오늘 말씀을 통해 나에게 들려주시는 성령의 음성에 귀 기울이며
잠시 묵상과 기도의 시간을 가지십시오.

26

베드로의 부인을 예언하시다

마태복음 26:31-35

베드로가 예수께 말하였다.
"비록 모든 사람이 다 주님을 버릴지라도,
나는 절대로 버리지 않겠습니다." 예수께서 그에게 말씀하셨다.
"내가 진정으로 네게 말한다. 오늘 밤에 닭이 울기 전에,
네가 세 번 나를 모른다고 할 것이다."
—— 마 26:33-34

I

예수님과 제자들은 마가의 다락방에서 나와 금문을 통하여 기드론 골짜기로 향하십니다. 골짜기 동편, 즉 올리브 산 아래쪽에는 겟세마네라는 올리브 나무숲이 있었습니다. 앞으로 보겠지만, 주님은 그곳에서 기도하시면서 마지막을 준비할 예정이셨습니다. 주님은 앞으로 닥쳐올 일에 대해 마음의 준비를 하러 가시고, 제자들은 영문을 알 수 없는 불길한 느낌에 휩싸여 뒤따라갑니다. 가는 길에 주님께서 침묵을 깨십니다.

"오늘 밤에 너희는 모두 나를 버릴 것이다. 성경에 기록하기를 '내가 목자를 칠 것이니, 양 떼가 흩어질 것이다' 하였다. 그러나 내가 살아난 뒤에, 너희보다 먼저 갈릴리로 갈 것이다." (31-32절)

아, 이게 무슨 말씀입니까? 제자들은 이 말씀을 듣고 가슴이 철렁했을 것입니다. 저녁 식사를 나눌 때는 그들 중 한 사람이 당신을 팔아넘길 것이라고 하시더니, 이번에는 모두 당신을 버릴 것이라고 하십니다. 그러시면서 예언자 스가랴의 말씀을 인용하십니다. 하나님은 스가랴의 입을 통해 하나님의 심판이 임할 날에 대해 이렇게 말씀하십니다.

"칼아, 깨어 일어나서, 내 목자를 쳐라. 나와 사이가 가까운 그 사람을 쳐라. 나 만군의 주가 하는 말이다. 목자를 쳐라. 그러면 양 떼가 흩어질 것이다. 나 또한 그 어린 것들을 칠 것이다. 내가 온 땅을 치면, 삼분의 이가 멸망하여 죽고, 삼분의 일만이 살아남게 될 것이다. 나 주가 하는 말이다. 그 삼분의 일은 내가 불 속에 집어넣어서 은을 단련하듯이 단련하고, 금을 시험하듯이 시험하겠다. 그들은 내 이름을 부르고, 나는 그들에게 응답할 것이다. 나는 그들을 '내 백성'이라고 부르고, 그들은 나 주를 '우리 하나님'이라고 부를 것이다." (슥 13:7-9)

예수님은 당신에게 일어날 일을 생각하면서 스가랴를 통해 주신 하나님의 말씀을 기억하셨습니다. 주님은 목자로 오셨습니다. 자신의 필요를 채우기 위해 양들을 기르는 목자가 아니라 양들을 위해 생명도 아끼지 않는 '선한 목자'이십니다. 그 목자에 대해 하나님은 "나와 사이가 가까운 그 사람"이라고 부릅니다. 선한 목자는 하나님께 이토록 소중한 존재이십니다. 그런데 하나님은 그 목자가 해를 당하도록 그냥 두고 보십니다. 목자가 해를 당하면 양 떼는 뿔뿔이 흩어질 것입니다. 하지만 그것이 끝이 아닙니다. 그 환난을 통과해 살아남은 삼분의 일이 금처럼 단련되어 다시 모이고 하나님의 뜻을 이룰 것입니다.

주님은 당신의 죽음이 끝이 아님을 아셨습니다. 스가랴를 통해 주신 예언의 말씀처럼, 앞으로 당할 환난을 통과하면서 금처럼 연단된 사람들이 남아 있을 것임을 아셨습니다. 뿐만 아니라 죽은 자들 가운데로 내려간 후에 부활할 것을 아셨습니다. 주님은 부활하실 것에 대해 제자들에게 이미 세 차례나(복음서에 기록된 것만) 말씀해 주셨습니다. 여기서 주님은 한 가지 말씀을 덧붙이십니다. 부활하신 후에 갈릴리로 "너희보다 먼저" 가시겠다고 하십니다. "너희보다 먼저"라는 표현은 주님이 목자라는 사실을 암시합니다. 목자는 늘 양들보다 앞서갑니다.

주님은 부활하신 후에 왜 갈릴리로 가셨을까요? 오직 주님만이 대답할 수 있는 질문입니다. 하지만 추측이 전혀 불가능한 것도 아닙니다. 갈릴리는 예수님이 사역을 시작하신 곳입니다. 또한 갈릴리는 제자들과 예수님의 첫사랑이 시작된 곳입니다. 따라서 갈릴리로 가시겠다는 말은 첫사랑의 장소로 돌아가 첫 마음을 회복하겠다는 뜻입니다. 주님은 환난을 통과하고 살아남은 제자들을 갈릴리로 다시 모아 새롭게 출발할 것을 마음에 두고 이 말씀을 하신 것입니다.

2

유월절 식사는 해가 진 다음에 시작되는데, 전통적인 형식을 따라 행할 경우, 거의 자정이 되어서야 끝이 납니다. 그러니 지금 예수님과 제자들은 깊은 밤에 겟세마네로 가고 있는 것입니다. 달빛 어린 차가운 밤길을 걸으면서 주님은 생각하기도 싫은 두려운 말씀을 주십니다. 그때, 베드로가 응답합니다.

"비록 모든 사람이 다 주님을 버릴지라도, 나는 절대로 버리지 않겠습니다."
(33절)

베드로는 늘 이런 식입니다. 그의 급한 성격 탓입니다. 하지만 이 말을 할 때 그는 진심이었을 것입니다. 정말 그러고 싶었을 것입니다. 하지만 그는 그렇게 강한 사람이 못 되었습니다. 아니, 누구라도 그렇습니다. 인간은 그렇게 강한 존재가 되지 못합니다. 그렇기 때문에 '절대로'라는 말을 조심해야 합니다. '절대'는 오직 하나님께만 속한 말입니다. 피조물이요 죄로 물든 우리는 상대적인 존재입니다. 절대로 우리 자신을 신뢰할 수 없는 존재들입니다. 그런데도 우리는 자주 그 사실을 잊고 '절대'라는 말을 사용하고, 때로는 맹세를 하기도 합니다.

주님은 베드로를 돌아보시며 말씀하십니다.

"내가 진정으로 네게 말한다. 오늘 밤에 닭이 울기 전에, 네가 세 번 나를 모른다고 할 것이다."(34절)

이 말씀을 하실 때 주님의 마음은 어떠했을까요? 아마도 담담하게 말씀하셨을 것입니다. 그 사실에 대해 분노할 것도 없고 실망할 것도 없습니다. 주님은 인간이 어떤 존재인지를 매우 잘 아셨기 때문입니다.

죽음의 위협 앞에서 모두 뿔뿔이 흩어질 것이라는 사실은 너무 인간다운 일이기 때문에 이상히 여길 것도 아니고 실망할 일도 아닙니다. 누가복음에 보면, 이렇게 말씀하시면서 주님은 베드로를 위해 기도하겠다고 말씀하십니다. 주님은 제한적이고 나약한 인간성을 탓하신 것이 아니라 안타까이 여기시고 돕기를 원하십니다.

베드로는 이 말씀에 자존심이 무척 상했을 것입니다. 주님이 자신을 무시해도 너무 무시한다고 생각했을 것입니다. 물론, 한편으로 뜨끔했을 것입니다. 자신의 연약함과 비겁함을 알고 있었기 때문입니다. 하지만 이미 뱉은 말을 주워 담을 수도 없었고, 주님의 말씀에 슬그머니 꼬리를 내릴 수도 없었습니다. 그래서 더욱 강력하게 자신의 의지를 밝힙니다. "주님과 함께 죽는 한이 있을지라도, 절대로 주님을 모른다고 하지 않겠습니다"(35절). 그러자 다른 제자들도 덩달아 같은 말로 맹세합니다.

강한 긍정은 강한 부정일 때가 많습니다. 베드로는 자신이 동원할 수 있는 최고의 표현으로 자신의 의지를 표현하지만, 그의 말은 속이 텅 비어 있었습니다. 그것은 예수님의 예언이 현실로 이루어질지 모른다는 불안감을 외면하려는 몸부림이었습니다. 앞으로 보겠지만, 그는 다른 제자들이 모두 달아났을 때에도 끝까지 주님과 함께하려고 가야바의 법정에까지 갔습니다. 하지만 그곳에서 그는 비참하게 무너집니다.

3

조금 전 저녁 식사 자리에서 주님은 한 제자가 당신을 배반할 것이라고 예고하셨고, 지금 겟세마네로 가는 길 위에서는 베드로의 부인에 대해 예고하셨습니다. 당신을 배반할 사람이 누구인지에 대해서는 밝히지 않으십니다. 반면, 당신을 부인할 사람에 대해서는 분명히 밝히십니다. 또한 당신을 배반할 사람에 대해서는 차라리 태어나지 않았으면 더 좋았을 것이라고 하셨는데, 베드로에 대해서는 그를 위해 기도할 것이라고 말씀하십니다. 얼른 보기에는 별로 다를 것이 없어 보이는데, 주님은 전혀 다르게 취급하십니다.

가룟 유다의 배반과 베드로의 부인 사이에는 결정적인 차이가 있습니다. 가룟 유다의 행동은 자기 스스로 택한 죄인 반면, 베드로의 행동은 인간의 본성으로 인해 당한 실패입니다. 가룟 유다는 악했고, 베드로는 약했습니다.

스스로 택한 죄악에 대해서는 그에 상응하는 심판이 있습니다. 하지만 연약함으로 인해 범하게 되는 실수와 실패에 대해서는 주님이 같이 아파하시고 도와주십니다. 연약한 것이 죄는 아니기 때문입니다.

하나님 앞에 자신의 연약함과 한계를 인정하고 늘 도움을 구하는 것은 매우 중요한 일입니다. 베드로처럼 그 연약함을 부정하려 할 때 심하게 넘어집니다. 반면, 자신의 연약함을 인정하고 주님의 도우심을 구하며 겸손하게 행동할 때는 넘어짐이 덜합니다. 그래서 바울 사도는 "그러므로 서 있다고 생각하는 사람은 넘어지지 않도록 조심하십시오"(고전 10:12)라고 권면하십니다. 그렇다고 패배주의적인 태도로 살라는 뜻은 아닙니다. 주님이 주시는 능력으로 자신감을 갖고 살아가되 언제나 넘어질 수 있는 존재임을 기억해야 합니다.

가야바의 법정에서 심하게 깨어졌던 베드로가 부활하신 주님을 만나 회복되고 성령의 충만함을 받아 어떻게 변했는지, 우리는 사도행전과 베드로전후서를 통해 확인할 수 있습니다. 그는 가야바의 법정 바깥 어두운 곳에서 심하게 통곡하며 산산이 깨어졌을 것입니다. 추측컨대, 그때 베드로는 자신에 대한 모든 신뢰를 내려놓았을 것입니다. 그렇게 심하게 깨어진 베드로를 부활하신 주님이 방문하여 회복시켜 주셨고, 오순절에 성령께서 그를 변화시켜 주셨습니다. 그는 더 이상 자신의 의지를 믿고 나서거나 자신하지 않았습니다. 그가 믿는 것은 자신의 의지가 아니라 성령의 능력이었습니다. 주님이 스가랴의 말씀을 인용하신 것처럼, 베드로는 금과 같이 연단되어 하나님 나라를 위해 쓰임받았습니다.

우리는 어떻습니까? 우리는 자신에 대해 얼마나 신뢰하고 있습니까? 그 신뢰의 근거가 무엇입니까? 만일 그 신뢰의 근거가 자신의 지식이요 경험이며 의지력이라면, 가룟 유다처럼 악해질 수도 있고 베드로처럼 심하게 무너질 수도 있습니다. 하나님 앞에서 피조물로서 그리고 죄인으로서 자신의 연약함을 인정해야 합니다. 우리가 신뢰할 것은 오직 우리 안에서 역사하시는 성령의 능력뿐입니다. 매일 자아를 부정하고 성령의 능력을 힘입고 그분의 인도를 따라갈 때 우리의 걸음은 미끄러지지 않을 것입니다.

오늘 말씀을 통해 나에게 들려주시는 성령의 음성에 귀 기울이며 잠시 묵상과 기도의 시간을 가지십시오.

27

겟세마네에서 기도하시다
마태복음 26:36-46

> 그때에 예수께서 그들에게 말씀하셨다.
> "내 마음이 괴로워 죽을 지경이다.
> 너희는 여기에 머무르며 나와 함께 깨어 있어라."
> 예수께서는 조금 더 나아가서, 얼굴을 땅에 대고 엎드려서 기도하셨다.
> "나의 아버지, 하실 수만 있으시면, 이 잔을 내게서
> 지나가게 해주십시오. 그러나 내 뜻대로 하지 마시고,
> 아버지의 뜻대로 해주십시오."
> —— 마 26:38-39

I

주님은 겟세마네로 불렸던 올리브 나무숲으로 가십니다. 우리가 보통 '겟세마네 동산'이라고 부르는데, 영어로는 '겟세마네 정원'(Garden of Gethsemane)입니다. '동산'으로 번역했기 때문에 그 이름만으로는 언덕을 상상하게 됩니다. 하지만 겟세마네는 올리브 산의 서쪽에 있는 기드론 골짜기에 있습니다. 지금도 그곳에는 1천 년도 넘었다는 올리브 나무들이 잘 보존되어 있습니다. 올리브 나무는 물이 부족한 땅에서 잘 자라는 식물입니다. 뿌리를 백 미터 이상 깊게 내리기 때문에 그렇게 오래 살 수 있습니다.

입구에 이르러 주님은 제자들에게 "내가 저기 가서 기도하는 동안에, 너희는 여기에 앉아 있어라"(36절)고 말씀하십니다. 깊은 밤중에 제자들

은 옹기종기 모여 앉아 예수님을 기다렸을 것입니다. 주님은 베드로와 요한과 야고보만을 데리고 숲 속 깊숙이 들어가십니다. 세 명의 제자만 따로 데리고 가셨다는 사실은 매우 특별한 일이 일어날 것이라는 사실을 암시합니다. 주님은 특별한 일이 있을 때는 세 명의 제자만 따로 데리고 가곤 하셨습니다. 얼마쯤 가서 주님은 멈추시고 자리를 잡으십니다. 그때 주님은 갑자기 "근심하며 괴로워하기 시작하셨다"고 합니다.

참 이상한 일입니다. 예수님은 죽을 것을 알고 예루살렘에 오셨습니다. 여러 번 당신의 죽음을 예고하셨습니다. 조금 전에도 마지막 만찬의 자리에서 그리고 기드론 골짜기로 오는 길에서 주님은 당신의 죽음을 당연한 일인 듯 말씀하셨습니다. 하나님이 예언자들을 시켜 미리 정하신 것이라고 믿으셨습니다. 그래서 당신 자신의 죽음에 대해 말하면서 담담하고 의연했습니다. 그런데 세 제자를 데리고 올리브 나무숲 깊은 곳에 이르시더니 갑자기 근심하며 괴로워하기 시작하십니다. 이게 무슨 일입니까? 주님이 그동안 죽음에 대한 두려움을 숨기고 있다가 세 제자 앞에서 무너진 것입니까?

많은 사람들이 이 대목에서 예수님의 인간성을 봅니다. 그분은 하나님의 아들이 아니라 우리와 동일한 인간으로서 죽임을 당하셨기에 이렇게 두려워했다는 것입니다. 저도 한동안 그렇게 생각했습니다. 하지만 그렇게 보기에는 문제가 너무 많습니다. 설령 주님이 우리와 같은 순전한 인간으로서 죽음을 대하셨다 하더라도 이와 같은 갑작스러운 근심은 이해하기 어렵습니다. 예수님만한 인격과 영성에 이르지 못한 사람들도 아무런 두려움 없이 죽음을 맞는 경우가 있습니다. 예수님은 죽게 될 것을 알면서도 예루살렘에 오셨고, 그것이 하나님이 정하신 일이며 또한 죽은 자들 가운데 내려갔다가 부활할 것이라고 믿으셨습니다. 죽음 이후에 보게 될 하나님 나라에 대해서도 의심 없이 믿으셨습니다. 그런 분이 죽음을 코앞에 두고 갑작스럽게 패닉에 빠진 것은 이해할 수 없습니다.

주님은 세 제자에게 "내 마음이 괴로워 죽을 지경이다. 너희는 여기에 머무르며 나와 함께 깨어 있어라"(38절)고 말씀하시고는 더 깊이 들어가 기도하십니다. 그러고는 우리가 잘 아는 대로 주님은 "얼굴을 땅에 대고 엎드려서" 기도하셨습니다.

"나의 아버지, 하실 수만 있으시면, 이 잔을 내게서 지나가게 해주십시오. 그러나 내 뜻대로 하지 마시고, 아버지의 뜻대로 해주십시오."(39절)

주님의 말씀과 행동에 대한 우리의 의문은 점점 더 커집니다. 방금 전에 제자들이 죽음의 위협 앞에서 뿔뿔이 흩어질 것이라고 예고하시고 베드로의 부인에 대해서도 말씀하셨던 분이 지금은 "괴로워 죽을 지경"이라고 말하고 있습니다. 또한 고난의 잔을 피할 수만 있다면 피하게 해달라고 간구하십니다. 39절은 예수님이 오랜 시간 동안 드린 기도의 내용을 요약한 것입니다. 그러므로 "그러나 내 뜻대로 하지 마시고, 아버지의 뜻대로 해주십시오"라는 기도는 "나의 아버지, 하실 수만 있으시면, 이 잔을 내게서 지나가게 해주십시오"라는 기도에 이어 곧바로 드린 것이 아닙니다. 앞의 기도를 한참 동안 드린 이후, 뒤에 나오는 기도를 덧붙이신 것입니다. 누가복음에 보면, 하늘의 천사가 내려와 주님을 도왔고 주님의 기도가 얼마나 치열했던지 땀이 핏방울처럼 땅에 떨어졌다고 합니다. 그만큼 고난의 잔을 피하고 싶어 하셨다는 뜻입니다.

여기서 우리는 "예수님도 우리처럼 죽음의 위협 앞에서 두려워 떤 인간이셨다"고 쉽게 결론내리면 안 됩니다. 예수님은 당신 자신의 죽음으로 인해 이렇게 두려워 떨었다고 볼 수 없습니다. 그렇다면 왜 그랬을까요?

이 질문은 많은 신학자들의 연구와 고민의 대상이었습니다. 지금까지 신학자들이 제시한 대답 중 가장 신뢰할 만한 내용은 예수님의 죽음은 그분 개인의 죽음이 아니었다는 것입니다. 그분의 죽음은 한 개인의 죽음과는 비교할 수 없이 큰 것이었습니다. 성경의 증언대로, 만일 주님이 온 인류의 모든 죄를 짊어지고 십자가에서 죽는 것이었음을 감안한다면 그분의 고민과 두려움이 이해가 됩니다. 어떻게 한 사람의 죽음이 모든 인류의 죄를 대속할 수 있는지, 논리로 설명할 수는 없습니다. 하지만 겟세마네에서 예수님이 보여 주신 감정의 깊이를 생각할 때, 그분이 분명히 그렇게 느끼셨음을 알 수 있습니다.

십자가의 신비는 직접 경험해 보아야만 알 수 있습니다. 논리로 이해하고 믿는 것이 아닙니다. 믿음으로 이해할 수 있는 것입니다. 만일 주님이 겟세마네에서 보여 주신 감정의 변화를 곰곰이 생각해 본다면, 십자가의 신비를 이해할 수는 없어도 그 신비 앞에 자신을 들여다볼 생각은 할 수 있을 것입니다. 겸손한 마음으로 십자가의 그늘 아래 들어가 그분의 은혜를 구할 때, 십자가가 제대로 보일 것입니다. 십자가의 넓은 품 안에 안길 수 있을 것이고, 보혈로 씻음받을 수 있을 것입니다.

2

주님이 기도를 마치고 세 제자가 있는 곳으로 돌아오셨을 때 그들은 꾸

벅꾸벅 졸고 있었습니다. 지금 무슨 일이 벌어지고 있는지 전혀 감을 잡지 못하고 있는 것입니다. 주님은 많이 실망하셨을 것입니다. 주님은 베드로를 보시고 이렇게 말씀하십니다.

"이렇게 너희는 한 시간도 나와 함께 깨어 있을 수 없느냐? 시험에 빠지지 않도록, 깨어서 기도하여라. 마음은 원하지만, 육신이 약하구나!"(40-41절)

지금 예수님은 닥쳐올 환난에 대해 준비하기 위해 기도하십니다. 온 인류의 죄를 짊어지고 죽어야 하는 무서운 고통에 자신을 준비시키셨습니다. 그 고난의 잔을 피하고 싶었지만, 하나님의 뜻을 돌이킬 수 없다면 기꺼이 순종하기로 마음을 준비시키신 것입니다. 하지만 베드로는 자신에게 닥칠 환난을 예감하지도 못했고 그것에 대해 준비하지도 못했습니다. 조금 전에 큰 환난이 닥칠 것이라고 예고했지만 귓등으로 들었습니다. 나중에 보겠지만, 영적인 준비를 충분히 하신 주님은 십자가의 길을 묵묵히 걸으셨지만 베드로는 주님을 부인하고 말았습니다.

'시험'에 해당하는 헬라어 '페이라스모스'(peirasmos)는 '유혹'이나 '시련' 또는 '시험'으로 번역할 수 있습니다. 유혹이나 시련은 우리의 인격을 시험하고 믿음을 시험합니다. 인생사에는 언제나 유혹과 시련이 있습니다. 기도는 불필요한 유혹과 시련을 예방하는 능력이 있습니다. 그래서 주님은 "시험에 들게 하지 마시고"라고 기도하라고 가르치셨습니다. 가장 좋은 것은 유혹과 시련을 만나지 않는 것입니다. 하지만 육신을 입고 살아가는 사람에게 유혹과 시련이 전혀 없을 수는 없습니다. 따라서 깨어서 기도하는 것이 필요합니다. "마음은 원하지만, 육신이 약하기" 때문입니다. 마음으로는 거룩하게 살기 원하지만, 육신에 배인 죄의 습성이 우리를 무너뜨리기 때문입니다.

그렇게 당부하고 주님은 다시 가서 기도하십니다. 내용 면에서 첫 번째 기도와 크게 다르지 않아 보이지만 강조점은 확실히 다릅니다.

"나의 아버지, 내가 마시지 않고서는 이 잔이 내게서 지나갈 수 없는 것이면, 아버지의 뜻대로 해주십시오." (42절)

첫 번째 기도가 잔을 피하는 것에 강조점이 있었던 반면, 두 번째 기도는 하나님의 뜻을 수용하는 것에 강조점이 있습니다. 첫 번째 기도를 통해 두려움을 많이 극복했다는 뜻입니다. 이제는 그 무서운 고난의 잔을 마실 준비를 하는 것이 필요했습니다.

그렇게 기도를 하고 돌아오니, 베드로와 두 제자는 계속 졸고 있습니다. 이번에는 깨우지 않고 다시 기도하던 자리로 가셔서 기도를 계속하십니다. 시간은 벌써 새벽녘이 되었을 것입니다. 예수님은 졸고 있는 세 제자를 깨우며 말씀하십니다.

"이제 남은 시간은 자고 쉬어라. 보아라, 때가 이르렀다. 인자가 죄인들의 손에 넘어간다. 일어나서 가자. 보아라, 나를 넘겨줄 자가 가까이 왔다." (45-46절)

"이제 남은 시간은 자고 쉬어라"는 말씀이 뼈아프게 느껴집니다. 이제는 돌이킬 수 없게 되었습니다. 너무 늦었습니다. 주님은 기도를 시작할 때와는 전혀 다른 모습과 태도로 말씀하십니다. 이제는 죽음에 대해 충분히 준비되셨기 때문입니다. 반면, 제자들은 아무런 영적 준비 없이 큰 환난을 맞아야 할 상황이 되었습니다.

3

여기서 우리는 기도가 무엇이며 어떻게 하는 것인지에 대해 여러 가지 가르침을 받습니다. 기도는 상황과 형편에 따라 여러 가지 방식으로 할 수 있습니다. 오늘 말씀은 중대한 문제에 당면했을 때 어떻게 기도해야 하는지에 대한 좋은 모범입니다.

첫째, 자신의 뜻이 하나님의 뜻과 다르다는 사실을 안다 해도 자신의 뜻을 하나님께 말씀드릴 필요가 있습니다. 하나님 앞에서 언제나 '착한 아이'처럼 말하고 행동해야 한다는 선한 집착을 버려야 합니다. 하나님은 우리의 연약함을 아십니다. 우리 안에 있는 유혹도 아십니다. 죄를 탐하는 마음도 아십니다. 그것을 숨기려 해서는 안 됩니다. 숨길 수도 없습니다. 있는 모습 그대로 하나님께 털어놓을 필요가 있습니다.

둘째, 하지만 기도가 농성이 되어서는 안 됩니다. 내가 원하는 것이 관철될 때까지 하나님을 밀어붙이려 해서는 안 됩니다. 기도는 대화입니다. 내가 원하는 것을 하나님께 아뢰고, 하나님의 뜻을 묻는 과정입니다. 그렇게 기도하다 보면, 처음에는 거리가 멀었던 내 뜻과 하나님의 뜻이 점점 더 가까워집니다. 하나님이 내 뜻을 허락하실 때도 있고, 내 뜻을 내려놓고 하나님의 뜻에 순종하게 될 때도 있습니다.

셋째, 때로는 많은 시간 동안 온 힘을 다해 기도해야 합니다. 때로는 조용히 묵상할 때도 있고, 때로는 찬송을 부를 때도 있으며, 때로는 마음을 쏟아 놓을 때도 있습니다. 상황에 따라 기도의 태도가 달라지는 것입니다. 인생의 중대한 문제를 만났을 때는 기도에 전념하고 땀이 핏방울 떨어지듯 전심을 다할 필요가 있습니다. 그렇게 열심을 다하는 이유는 하나님의 뜻을 꺾기 위한 것이 아니라 하나님의 뜻을 알고 그 뜻에 순종하기 위한 것입니다. 한국 교회는 결사적인 기도로 유명하지만, 많은 경우 하나님의 뜻을 꺾기 위한 결사인 것이 문제입니다. 결사의 방향이 하나님에게서 자신에게로 옮겨져야 합니다.

넷째, 기도가 우리에게 주는 가장 큰 유익은 시험에 들지 않게 하고 시험을 이기게 하는 것입니다. 우리는 인생길을 가면서 많은 시험을 받습니다. 죄의 유혹으로 인해 시험받기도 하고, 번영으로 시험당하기도 하며, 환난으로 인해 시험당하기도 합니다. 그런 상황들이 우리를 시험하여 인격과 영성의 바닥이 얼마나 얕은지를 드러나게 합니다. 이러한 시험에서 흔들리지 않고 낙방하지 않으려면 늘 깨어 기도해야 합니다. 주님도 깨어 있기 위해서 기도했다면, 우리에게는 얼마나 더 필요하겠습니까? 우리가 기도할 것이 많지만, 가장 중요한 기도는 영적으로 깨어 살아가는 것이어야 합니다.

오늘 말씀을 통해 나에게 들려주시는 성령의 음성에 귀 기울이며
잠시 묵상과 기도의 시간을 가지십시오.

28

예수께서 체포되시다

마태복음 26:47-56

> 그때에 예수께서 무리에게 말씀하셨다.
> "너희는 강도에게 하듯이, 칼과 몽둥이를 들고 나를 잡으러 왔느냐?
> 내가 날마다 성전에 앉아서 가르치고 있었건만,
> 너희는 내게 손을 대지 않았다. 그러나 이 모든 일을
> 이렇게 되게 하신 것은, 예언자들의 글을 이루려고 하신 것이다."
> 그때에 제자들은 모두, 예수를 버리고 달아났다.
> —— 마 26:55-56

I

때는 금요일 새벽, 겟세마네 깊은 숲 속에서 기도를 마치신 주님은 베드로와 두 제자를 데리고 다른 제자들이 기다리는 곳으로 가십니다. 그때, 가룟 유다가 한 무리의 사람들을 몰고 옵니다. 예수님을 체포하도록 대제사장과 장로들이 보낸 사람들입니다. 달빛이 있다 해도 깊은 숲 속이었기에 육안으로 식별할 수 없었습니다. 유다는 가야바의 경비병들에게 자신이 입 맞추는 사람을 잡으라고 알려 주었습니다. 실제로 입을 맞추는 것이 아니라 볼을 부비는 것입니다. 이것은 예수님의 제자들 사이에서 시작된 새로운 인사법이었습니다.

가룟 유다는 경비병들과 약속한 대로 예수님에게 다가가 입을 맞추고 인사를 했습니다. 예수님은 "친구여, 무엇 하러 여기에 왔느냐?"라고 물

습니다. 몰라서 물으시는 것이 아닙니다. 자신이 하려는 일을 숨기고 입 맞춤으로 가장하는 유다의 행동을 꾸짖는 질문입니다. "나에게 인사하려고 온 것이 아니지 않는가? 네가 할 일을 해라"는 뜻입니다. 그것을 신호로 경비병들이 달려들어 예수님을 체포합니다. 다른 제자들은 유다가 경비병들과 미리 짰다는 사실을 몰랐습니다. 당시 유다는 자신도 놀랐다는 듯이 행동했을 것입니다.

그때 제자 중 한 사람이 칼을 꺼내어 휘둘렀고, 대제사장의 종 한 사람이 빗맞아 귀가 잘렸습니다. 요한복음에 의하면, 칼을 휘두른 사람은 베드로였고 귀가 잘린 종의 이름은 말고였습니다. 베드로는 어느 사이에 칼을 준비해 두고 있었던 것입니다. 패싸움이 일어날 찰나에 예수님이 개입하십니다. 요한복음에 의하면, 땅에 떨어진 귓조각을 주워 붙여 주셨다고 합니다. 그러고는 이렇게 말씀하십니다.

"네 칼을 칼집에 도로 꽂아라. 칼을 쓰는 사람은 모두 칼로 망한다. 너희는, 내가 나의 아버지께, 당장에 열두 군단 이상의 천사들을 내 곁에 세워 주시기를 청할 수 있다고 생각하지 않느냐? 그러나 그렇게 되면, 이런 일이 반드시 일어나야 한다고 한 성경 말씀이 어떻게 이루어지겠느냐?" (52-54절)

"칼을 쓰는 사람은 모두 칼로 망한다"는 말은 당시에 떠도는 속담이었을 것입니다. 속담 안에는 촌철살인의 진리가 담겨 있습니다. 주님은 설교 중에 당시 속담을 자주 사용하셨습니다. "칼을 쓰는 사람은 모두 칼로 망한다"는 말씀은 예수님이 가르치신 진리와 같은 맥락에 있습니다. 군사력이나 금력 혹은 완력은 진정한 힘이 아닙니다. 그것은 소기의 목적을 빨리 이룰 수 있게 하지만 결국 자신이 사용한 그 힘 때문에 망하게 되어 있습니다. 그것은 역사를 통해 수없이 증명되었습니다.

인류의 구원은 힘으로 할 수 있는 일이 아닙니다. 그것은 오직 진리와 사랑의 힘으로만 이룰 수 있는 것입니다. 그래서 주님은 떨치고 일어나 로마군을 몰아낼 능력을 가지고 계셨지만 그 길을 가지 않으셨습니다. 주님이 원하신 것은 흥망성쇠를 거듭하는 인간의 제국을 세우려는 것이 아니었기 때문입니다. 주님의 소명은 하나님 나라를 이루는 것입니다. 진리와 사랑의 나라를 세우는 것입니다. 그것은 칼로 세울 수 있는 것이 아닙니다. 예수님에게는 칼과 창보다 더 큰 힘이 있었습니다. 열두 군단이 넘는 천사를 동원하실 수도 있었습니다. 로마식으로 한 군단은 6천 명이었으니, 엄청난 수의 천사를 부릴 수 있다는 뜻입니다. 하지만 그렇게 하면 하나님이 작정하신 구원의 역사는 이루어지지 않을 것입니다.

제자들에게 이렇게 말씀하신 다음, 예수님은 경비병들에게 고개를 돌려 말씀하십니다.

"너희는 강도에게 하듯이, 칼과 몽둥이를 들고 나를 잡으러 왔느냐? 내가 날마다 성전에 앉아서 가르치고 있었건만, 너희는 내게 손을 대지 않았다. 그러나 이 모든 일을 이렇게 되게 하신 것은, 예언자들의 글을 이루려고 하신 것이다." (55-56절)

주님은 그들이 한밤중에 자신을 체포하러 온 것에 대해 책망하십니다. 날마다 성전에 앉아서 가르치고 계셨으니, 잘못이 있다면 그때 잡아갈 일이었습니다. 그런데 이렇게 한밤중에 잡으러 온 것을 보면 그들에게

떳떳하지 못한 것이 있음에 틀림없습니다. 하지만 주님은 그 모든 일이 사람의 뜻이 아니라 하나님의 뜻에 의해 결정된 것이라고 말씀하십니다. 순순히 그들을 따라가겠다는 뜻이었습니다. 그 말이 끝나자 제자들은 모두 예수님을 버리고 도망합니다. 베드로는 몰래 숨어서 가야바의 법정에까지 따라갔고, 요한은 십자가 아래까지 따라갑니다. 하지만 겟세마네에서 예수님이 체포되었을 때는 모두 어둠 속으로 사라졌습니다.

2

이 이야기를 읽으면서 바로 전에 기록된 이야기를 떠올립니다. 겟세마네 숲 속에서 세 제자와 함께 있을 때 그리고 홀로 기도하실 때 주님은 죽음에 대한 두려움으로 매우 흔들렸습니다. 십자가 위에서 마셔야 할 잔이 너무 고통스럽다는 것을 아셨기 때문입니다. 그것은 그분 자신의 죽음이 아니라 온 인류의 죽음이었기 때문입니다. 주님은 모든 아담을 품고 십자가에서 죽으시고 새로운 아담으로 부활하실 것입니다. 누구든지 예수 그리스도를 영접하는 사람은 그분과 함께 옛 사람이 십자가에 못 박혀 죽고 그분과 함께 새 사람으로 부활하게 됩니다. 우주적 재탄생이 십자가에서 시작될 찰나였습니다. 그렇기에 그 죽음은 예수님조차 피하고 싶을 만큼 고통스러운 것이었습니다. 하지만 땀이 핏방울처럼 떨어지는 치열한 기도를 통해 주님은 하나님의 뜻에 순종하기로 하셨습니다.

기도를 마친 다음에 주님이 가룟 유다와 가야바의 경비병들을 대하시는 태도는 놀라울 정도로 대조가 됩니다. 제자들에게 "괴로워 죽을 지경이다"라고 말씀하신 주님은 이제 모든 고난에 준비되셨습니다. 하나님이 예언자들을 통해 예언하신 그 길을 가실 준비가 되셨습니다. 그래서 칼을 휘두르며 저항하는 제자를 제지하고 순순히 오랏줄을 받아들이십니다. 방금 겟세마네 숲 속에서 그토록 치열하게 기도했던 분이라고는 상상하기 어려운 모습입니다.

이것이 기도입니다. 진정한 기도는 기도하는 사람에게 이런 변화를 만들어 냅니다. 주님의 그 치열한 기도는 환난을 막지 못했습니다. 오히려 환난을 순순히 받아들이게 만들었습니다. 주님의 기도는 환난 중에 하나님을 끝까지 신뢰하고 당신에게 주어진 길을 가도록 만들었습니다. 앞으로 확인하게 되겠지만, 주님은 지독한 모욕과 수치와 고통을 묵묵히 견디어 내십니다. 기도가 아니고는 그런 힘이 길러질 수 없습니다. 반면, 기도로 깨어 있지 못했던 제자들은 뿔뿔이 흩어져 버렸습니다.

3

오늘의 이야기는 주님의 '온유하심'에 대해 생각하게 만듭니다. 주님은 산상설교의 첫머리에서 이렇게 말씀하신 적이 있습니다.

"온유한 사람은 복이 있다. 그들이 땅을 차지할 것이다"(마 5:5). '온유'(溫柔)는 '따뜻하고 부드럽다'는 뜻입니다. 그렇기에 항상 미소 짓고, 말도 곱게 하고, 늘 겸손하게 사람을 대하는 경우에 온유하다고 생각합니다. 하지만 예수님이 말씀하신 온유는 그런 것이 아닙니다. 늘 미소 짓는 것도, 고운 말을 사용하는 것도, 겸손한 것도 다 좋습니다. 하지만 그것이 온유의 본질은 아닙니다. 온유의 본질은 하나님이 모든 것을 바로잡으시고 보상해 주실 것을 믿고 자신에게 있는 힘을 사용하지 않는 것입니다. 얼마든지 보복할 수 있지만 하지 않는 것입니다. 얼마든지 되갚아 줄 수 있지만 손해를 보는 것입니다. 악다구니로 싸울 수 있지만 져 주는 것입니다.

그렇게 사는 사람은 악한 사람에게 땅을 빼앗길 수 있습니다. 그러나 하나님이 계십니다. 마침내 하나님이 모든 것을 바로잡으시고 땅을 차지하게 해주십니다. 현세에서 그렇게 되지 않으면 내세에서라도 반드시 정의를 바로잡아 주십니다. 여기서의 '땅'은 부동산을 의미하는 것이 아닙니다. 자신이 마땅히 받을 몫을 의미합니다. 자기 몫을 지키려고 자기 힘으로 악하게 싸우는 사람은 결국 빈손이 되겠지만, 하나님의 정의를 믿고 온유하게 사는 사람은 마땅히 받을 몫을 받게 될 것입니다.

사실, 주님의 말씀은 시편 37편의 요약이라 할 수 있습니다. 그 시편의 첫 부분에서 온유한 자의 복을 이렇게 노래합니다.

"악한 자들이 잘 된다고 해서 속상해하지 말며, 불의한 자들이 잘 산다고 해서 시새워하지 말아라. 그들은 풀처럼 빨리 시들고, 푸성귀처럼 사그라지고 만다. 주님만 의지하고, 선을 행하여라. 이 땅에서 사는 동안 성실히 살아라. 기쁨은 오직 주님에게서 찾아라. 주님께서 네 마음의 소원을 들어주신다. 네 갈 길을 주님께 맡기고, 주님만 의지하여라. 주님께서 이루어 주실 것이다. 너의 의를 빛과 같이, 너의 공의를 한낮의 햇살처럼 빛나게 하실 것이다. 잠잠히 주님을 바라고, 주님만을 애타게 찾아라. 가는 길이 언제나 평탄하다고 자랑하는 자들과, 악한 계획도 언제나 이룰 수 있다는 자들 때문에 마음 상해하지 말아라. 노여움을 버려라. 격분을 가라앉혀라. 불평하지 말아라. 이런 것들은 오히려 악으로 기울어질 뿐이다. 진실로 악한 자들은 뿌리째 뽑히고 말 것이다. 그러나 주님을 기다리는 사람들은 반드시 땅을 물려받을 것이다." (시 37:1-9)

이렇게 볼 때, 주님은 온유함의 모범이십니다. 하나님이 모든 것을 바로잡으시고 당신의 뜻을 이루실 줄 믿으며 모든 힘을 내려놓고 스스로 죽는 길을 가셨기 때문입니다. 하나님의 뜻을 저버리고 자신의 욕망을 위해 주어진 능력을 사용했다면, 그분은 몇십 년 동안 권좌에 앉아 세상을 호령했을 것입니다. 하지만 주님은 자신의 힘으로 권력을 쥐려 하지 않았습니다. 성부 하나님이 높여 주실 때까지 자신을 낮추셨습니다. 그렇게 자신을 낮추어 십자가에서 죽기까지 내려가시자 하나님이 주님을 부활시키셔서 모든 이름 위에 뛰어난 이름을 주셨습니다. 하나님이 주님의 정당한 몫을 되찾아 주신 것입니다.

오늘 우리는 어떻게 살고 있습니까? 과연 우리에게는 온유함이 있습니까? 하나님이 살아 계신 것을 진실로 믿습니까? 하나님이 모든 정의를 바로잡아 주신다는 사실을 믿습니까? 현세에서 안 되면 주님 나라에서라도 그렇게 해주신다는 것을 믿습니까? 그렇게 믿기에 포기한 것, 손해 본 것, 억울하게 당한 것이 있습니까? 되갚을 힘이 없어서 포기하는 것은 참담함을 느끼게 만듭니다. 더러워서 포기하는 것도 좋은 일은 아닙니다. 하나님의 주권을 인정하고 기쁜 마음으로 주님께 모든 것을 맡기고 양보하고 손해 보고 피해 입는 쪽을 택하는 것이 온유입니다. 눈 뜬 채 코 베어 가는 세상에서 이렇게 사는 것은 매우 어렵습니다. 현실성이 없어 보입니다. 하지만 이 세상은 이렇게 사는 사람들로 인해 살맛나는 세상이 됩니다. 우리는 왜 그런 사람들의 이야기를 들으면 감동하고 칭찬하면서 우리 자신은 그렇게 하기를 주저할까요?

오늘 말씀을 통해 나에게 들려주시는 성령의 음성에 귀 기울이며
잠시 묵상과 기도의 시간을 가지십시오.

29

예수께서 산헤드린 앞에서 재판받으시다

마태복음 26:57-68

> 그러나 예수께서는 잠자코 계셨다. 그래서 대제사장이 예수께 말하였다.
> "내가 살아 계신 하나님을 걸고 그대에게 명령하니,
> 우리에게 말해 주시오. 그대가 하나님의 아들 그리스도요?"
> 예수께서 그에게 말씀하셨다.
> "당신이 말하였소. 그러나 내가 당신들에게 다시 말하오.
> 이제로부터 당신들은, 인자가 권능의 보좌 오른쪽에 앉아 있는 것과,
> 하늘 구름을 타고 오는 것을, 보게 될 것이오."
> ─── 마 26:63-64

I

가야바가 보낸 경비병들은 예수님을 데리고 가야바의 관저로 갑니다. 새벽이었지만 그곳에는 대제사장과 율법학자들이 모여 있었습니다. 이들은 산헤드린 의원입니다. 우리말로 '공의회'라고 번역된 '산헤드린'은 로마 정부가 유대인에게 허락한 자치 정부였습니다. 행정과 입법과 사법권을 모두 가진 유일한 권력 기관이었습니다. 산헤드린의 수장은 현직 대제사장이었습니다. 71명으로 구성된 산헤드린 의원들은 대부분 귀족 출신으로 종신제였습니다. 산헤드린에서 결정하고 집행할 수 없는 영역은 오직 사형에 관한 것이었습니다. 그것은 로마 총독의 재가가 있어야만 했습니다. 산헤드린은 낮에 소집되지만, 사안이 중대한 만큼 대제사장은 새벽에 의원들을 소집했습니다.

그들은 예수님을 체포하러 간 병사들이 오기를 기다렸다가 도착하자마자 심문을 시작합니다. 그들에게는 예수님을 로마 총독에게 고발할 빌미가 필요했습니다. 로마 총독에게서 사형 언도를 받아 내려면 반란죄가 제일 좋았습니다. 하지만 예수님은 반란죄로 몰 만한 발언이나 행동을 하지 않으셨습니다. 과거 독재 정권에서 자주 그랬던 것처럼, 죄를 뒤집어 씌우는 수밖에 없었습니다.

그때, 두 사람이 일어나 "이 사람이 하나님의 성전을 허물고, 사흘 만에 세울 수 있다고 하였습니다"(61절)라고 증언합니다. 율법에 의하면 어떤 증언이든지 두 사람 이상의 일치된 증인이 있어야 법적으로 유효했습니다. 없는 죄를 뒤집어씌우려 하면서도 율법의 규정은 지키려 하는 모순을 여기서 봅니다.

예수님이 실제로 그렇게 말씀하신 적이 있습니다. 하지만 그것은 예루살렘 성전을 두고 한 말이 아니라, 자신의 몸을 두고 한 말입니다. 예수님은 새로운 성전으로 오신 분입니다. 성전은 하나님이 당신의 이름을 두신 곳입니다. 그곳에서 만나 주시겠다고 약속한 곳이 성전입니다. 이제 예루살렘 성전은 오염과 타락으로 인해 그 효력을 상실했고 곧 심판받을 운명에 처했습니다. 그리고 그 기능이 예수님에게 넘어갑니다. 예수님은 '우리와 함께하시는 하나님'이십니다. 그분이 곧 성전입니다. 주님은 당신의 몸을 두고 "이 성전을 허물어라. 그러면 내가 사흘 만에 다시 세우겠다"라고 말씀하셨습니다.

대제사장은 그 증언이 사실인지를 예수님에게 확인합니다. 하지만 주님은 아무 대꾸도 하지 않으십니다. 대꾸할 필요가 없는 일이기 때문입니다. 그들은 예수님을 죽이기로 이미 결의했습니다. 어떤 방법으로도 그들의 결의를 바꿀 수 없습니다. 또한 주님은 하나님의 뜻을 따르기로 결심하셨습니다. 그러므로 자신을 변호할 이유가 없었습니다. 변호한다 해도 상황이 바뀔 형편이 아니었습니다.

2

답답해진 대제사장은 예수님에게 다그쳐 묻습니다.

"내가 살아 계신 하나님을 걸고 그대에게 명령하니, 우리에게 말해 주시오. 그대가 하나님의 아들 그리스도요?"(63절)

대제사장은 로마 총독에게 고소할 만한 혐의를 제기합니다. 성전에 대한 증언이 나왔지만, 그것으로는 총독에게 고발할 빌미가 되지 않습니다. 정치적 반란 혐의를 찾아야 했습니다. 로마 총독이 가장 신경 쓰는 것은 스스로 메시아를 자처하는 사람들입니다. 메시아를 간절히 기다리던 유대인들은 메시아를 자처하는 사람이 나타나면 목숨을 내걸고 결집하여 로마에 대항해 싸웠기 때문입니다. 대제사장은 무엄하게도 하나님을 끌어댑니다. 자신의 불의한 목적을 이루기 위해 하나님을 이용하고 있는 것입니다.

내내 침묵을 지키시던 주님은 대제사장의 질문에 이렇게 답하십니다.

"당신이 말하였소. 그러나 내가 당신들에게 다시 말하오. 이제로부터 당신들은, 인자가 권능의 보좌 오른쪽에 앉아 있는 것과, 하늘 구름을 타고 오는 것을, 보게 될 것이오."(64절)

"당신이 말하였소"라는 대답은 긍정 반, 부정 반의 대답입니다. 겉으로는 긍정하는 것처럼 보입니다. 예수님은 대제사장이 원하는 빌미를 허락하십니다. 자신을 정치범으로 고발할 수 있는 빌미를 제공하신 것입니다. 하지만 내용상 부정하는 의미를 담고 있습니다. "그것은 네 말이다. 네가 생각하는 것과 내가 생각하는 것은 다르다"는 뜻입니다. 대제사장은 예수님을 정치범으로 고발하기 위해 그렇게 물었지만, 예수님은 당신이 정말 '하나님의 아들 그리스도'라고 믿고 계셨습니다. 다만, 예수님은 정치적 반란을 통해 지상의 제국을 세우려는 왕이 아니라 하나님 나라를 세우려는 그리스도이셨습니다.

바로 그런 까닭에 "이제로부터 당신들은, 인자가 권능의 보좌 오른쪽에 앉아 있는 것과, 하늘 구름을 타고 오는 것을, 보게 될 것이오"라고 덧붙이신 것입니다. 이것은 다니엘 7장 13절 이하에 나오는 환상을 생각나게 합니다.

인자, 즉 사람처럼 생긴 분이 하늘 구름을 타고 와서 옛부터 계신 이가 성부 하나님에게 영원한 왕권을 받아 온 세상을 통치하게 된다는 환상입니다. 예수님은 이 말씀을 통해 당신이 어떤 그리스도이신지를 말씀하십니다. 로마 제국을 밀어내고 인간의 제국을 세울 그리스도가 아니라 영원한 하나님 나라의 통치를 이룰 그리스도라는 뜻입니다.

예수님은 인자의 영원한 통치가 이제 시작되고 있다고 말씀하십니다. '이제로부터'라는 말에 그런 의미가 담겨 있습니다. 십자가에 달려 죽는 것으로 인자의 통치가 시작된다는 뜻입니다. 십자가에서의 죽음으로써 예수님의 지상 사역은 끝나고 이제 부활과 승천 그리고 재림을 통해 인자의 영원한 통치가 시작될 것이라는 뜻입니다. 동시에 이 말씀은 진정한 심판자는 가야바가 아니라 예수님이라는 사실을 암시합니다. 아이러니입니다. 결박되어 끌려온 죄수가 화려한 예복을 입고 높은 보좌에 앉아 심판하는 대제사장에게 "이제 곧 내가 너를 심판할 것이다"라고 말하고 있는 것입니다.

3

대제사장은 예수님의 말씀을 알아들었습니다. 그에게는 순간 "저 말이 진실이라면?"이라는 의문이 들었을 것입니다. 그것이 진실이라면, 지금이라도 예수님 앞에 무릎 꿇어야 했습니다. 하지만 그렇게 하기에 그는 가진 것이 너무 많았습니다. 그렇게 하려면 너무 많은 것을 포기해야 했습니다. 그래서 그는 짐짓 못 알아들은 척하면서 자신의 계획을 밀고 갑니다. 그는 정도 이상으로 흥분하여 옷을 찢으면서 이렇게 말합니다.

"그가 하나님을 모독하였소. 이제 우리에게 이 이상 증인이 무슨 필요가 있겠소? 보시오, 여러분은 방금 하나님을 모독하는 말을 들었소. 여러분의 생각은 어떠하오?" (65-66절)

대제사장은 예수님을 신성모독 죄로 유대인들에게 고발합니다. 먼저 예수님에 대한 증오심을 산헤드린 의원들과 군중에게 심어 주어야 했습니다. 그래야만 한목소리로 총독에게 고발할 수 있었습니다. 유대인들에게 가장 혐오스러운 죄는 하나님을 모독하는 죄입니다. 가야바는 예수님이 스스로 하나님의 아들이라고 주장했다 하여 하나님을 모독했다고 고발합니다. 그러면서 의원들의 의견을 묻습니다. 의원들은 "그는 사형을 받아야 합니다"라고 대답합니다. 레위기 24장 16절에 따른 판결입니다.

"주의 이름을 모독하는 사람은 반드시 사형에 처해야 한다. 온 회중이 그를 돌로 쳐죽여야 한다. 주의 이름을 모독하는 사람은 이스라엘 사람은 말할 것도 없고 외국 사람이라 하여도 절대로 살려 두어서는 안 된다." (레 24:16)

율법에 의하면, 하나님을 모독한 사람은 투석형에 해당합니다. 스데반은 투석형으로 순교를 당합니다. 그것은 우발적으로 벌어진 일입니다. 로마의 통치 하에 있는 동안에는 산헤드린에서 사형을 집행할 수 없었습니다. 그래서 산헤드린에서 사형을 결정하여 로마 총독에게 고발한 것입니다. 이로써 예수님에 대한 재판은 종결됩니다. 이제 총독을 설득하는 일만 남았습니다.

하나님을 모독한 죄로 사형이 결정되자, 그들은 예수님을 농락하고 조롱하고 학대합니다. 얼굴에 침을 뱉고 주먹으로 치고 손바닥으로 때리기도 했습니다. 그러면서 "그리스도야, 너를 때린 사람이 누구인지 알아맞추어 보아라" 하고 조롱합니다. 그래도 되는 줄 알았던 것입니다. 그 죄가 얼마나 큰지, 그때는 미처 몰랐습니다.

4

이 말씀을 읽으며 몇 가지를 묵상합니다. 첫째, 주님의 침묵을 주목합니다. 사람이 가장 참기 힘든 것이 억울함입니다. 모욕당하는 것도 참기 어렵습니다. 그런데 주님은 그 모든 모욕과 억울함과 학대를 묵묵히 견디십니다. 꼭 필요한 말씀 외에는 하지 않으십니다. 말로 되는 일이 아님을 아셨기 때문입니다. 반박하고 공박하기보다는 침묵으로 모든 것을 흡수하십니다. 그것이 침묵의 힘입니다. 내공이 강한 사람만이 침묵할 수 있습니다. 속이 허약한 사람일수록 자신을 변호하려 하고 맞서 싸웁니다. 침묵할 수 있는 내공은 깊은 기도로써 길러집니다.

둘째, 주님이 겪으신 고난의 깊이를 묵상합니다. 힘이 없어서 당하는 것은 오히려 쉽습니다. 주님은 한번에 모든 상황을 뒤집을 만한 능력이 있었습니다. 그럼에도 불구하고 하나님의 뜻을 이루기 위해 모든 능력을 내려놓고 수많은 모욕과 학대와 조롱을 견디셨습니다. 그것이 바로 나의 구원을 위한 것이었음을 생각한다면 결코 이 말씀을 무덤덤하게 읽을 수 없을 것입니다. "거기 너 있었는가?"라는 찬송가 제목처럼 이 말씀을 바로 그 현장에서 지켜보는 것처럼 읽어 볼 필요가 있습니다.

셋째, 예수님이 누구신지 알지도 못하고 조롱하고 모욕하고 학대하는 사람들에 대해 생각해 봅니다. 또한 "혹시?" 하는 의혹이 있었지만, 자신의 기득권을 지키기 위해 모른 척했던 가야바를 떠올려 봅니다. 그들은 모두 나름 잘 믿는다고 생각했던 사람들입니다. 하나님을 모독했다고 치를 떨면서 바로 하나님의 아들을 모독하고 있는 것입니다. 우리의 믿음이 잘못되면, 하나님의 이름으로 하나님을 모독하는 잘못을 범할 수 있습니다. 늘 깨어 있어야 하는 이유가 바로 여기에 있습니다. 우리는 과연 하나님께 영광 돌리는 삶을 살고 있습니까?

오늘 말씀을 통해 나에게 들려주시는 성령의 음성에 귀 기울이며
잠시 묵상과 기도의 시간을 가지십시오.

30
베드로가 예수님을 부인하다
마태복음 26:69-75

> 조금 뒤에 거기에 서 있는 사람들이
> 베드로에게 다가와서 베드로에게 말하였다.
> "당신은 틀림없이 그들과 한패요. 당신의 말씨를 보니,
> 당신이 누군지 분명히 드러나오." 그때에 베드로는 저주하며
> 맹세하여 말하였다. "나는 그 사람을 알지 못하오."
> 그러자 곧 닭이 울었다. 베드로는
> "닭이 울기 전에, 네가 나를 세 번 부인할 것이다"
> 하신 예수의 말씀이 생각나서, 바깥으로 나가서 몹시 울었다.
> —— 마 26:73-75

I

예수님이 체포되실 때 베드로는 어둠 속에 숨었다가 몰래 그들을 뒤따라갑니다. 요한복음 18:15에 따르면, 제자 중 하나가 대제사장을 잘 아는 사이여서 베드로를 들여보내 주었다고 합니다. 그 제자가 누구인지에 대해서는 알 수 없습니다. 가룟 유다였을 가능성도 있지만, 열두 제자 중 한 사람이 아니었을 수도 있습니다. 어쨌거나 산헤드린이 소집되어 재판이 이루어지고 있었으므로 가야바의 공관에는 경비가 삼엄했을 것입니다. 예수님이 안뜰에서 심문을 받으시는 동안 베드로는 멀찍이 서서 불을 쬐면서 지켜보고 있었을 것입니다.

그때 하녀 한 사람이 베드로를 지켜보다 "당신도 저 갈릴리 사람 예수와 함께 다닌 사람이네요"(69절)라고 말합니다. 그 하녀가 베드로를 어

떻게 알아보았는지 알 수는 없습니다. 베드로의 수상한 행색과 행동 때문이었을 수도 있고, 어떤 경로로든 베드로를 만났던 사람이었을 수도 있습니다. 때는 보름이었고 횃불로 환하게 밤을 밝히고 있었기 때문에 베드로를 알아보는 것은 그리 어려운 일이 아니었을 것입니다. 그 질문에 베드로는 화들짝 놀라 거의 반사적으로 응답합니다. "나는 네가 무슨 말을 하는지 모르겠다"(70절).

이렇게 대답한 후 베드로는 심상치 않음을 느끼고는 슬금슬금 뒷걸음질칩니다. 여차하면 도망가기 위해 대문 근처로 이동합니다. 그때 또 다른 하녀가 그를 보고는 "이 사람은 나사렛 예수와 함께 다니던 사람입니다"(71절)라고 소리칩니다. 앞의 하녀보다 더 확실하게 증언합니다. 그러자 베드로는 "나는 그 사람을 알지 못하오"(72절)라고 응답합니다. 처음보다 훨씬 더 강하게 부정합니다. 게다가 예수님을 향해 '그 사람'이라고 부릅니다. 자신에게도 낯선 사람이라는 뜻을 전하고 싶었던 것입니다.

그때, 걷잡을 수 없이 상황이 악화됩니다. 주변에 있던 사람들이 몰려들면서 의혹의 눈초리를 보내는 겁니다. 그러면서 "당신은 틀림없이 그들과 한패요. 당신의 말씨를 보니, 당신이 누군지 분명히 드러나오"(73절)라고 압박합니다. 당시 갈릴리 사람들은 독특한 억양을 가지고 있었습니다. 갈릴리와 유다 사이에는 사마리아 지방이 있어서 서로 왕래가 쉽지 않았습니다. 그러다 보니 유다 사람들과 갈릴리 사람들의 말투는 확연히 차이가 났습니다. 특히 갈릴리 사람들은 모음을 정확하게 발음하지 못해서 억양이 세련되지 못하게 들렸다고 합니다.

베드로는 더 이상 물러설 곳이 없어 보입니다. 그러자 그는 그 위기를 빠져나가기 위해 초강수의 조치를 취합니다. 그는 저주하면서 "나는 그 사람을 알지 못하오"라고 대답합니다. 베드로가 무엇을 저주했을까요?

예수님을 저주했을 수도 있습니다. "저 사람은 죽어 마땅한 사람이오"라는 식의 발언을 했을 수 있습니다. 혹은 자기 자신을 저주했을 수도 있습니다. "내 말이 사실이 아니라면 나는 저주받아도 좋소"라는 뜻으로 말입니다. 지금 베드로가 처한 상황에서는 어떤 말이든 필요했을 것입니다. 그렇게 말하고는 재빨리 대문 바깥으로 뛰쳐 나갑니다.

그는 아무도 찾을 수 없는 구석에 몸을 숨기고 한숨을 돌렸을 것입니다. 머지않아 예수님이 빌라도의 법정으로 이동되실 것이기에 그때까지 숨어서 기다릴 작정이었을 것입니다. 그렇게 숨어 떨고 있는데 멀리서 닭 우는 소리가 들립니다. 바로 그때 예수님이 하신 말씀이 생각납니다. 베드로가 목숨을 내걸고라도 주님을 위해 싸우겠다고 했을 때, 예수님은 오늘 밤 닭이 울기 전에 세 번 자신을 부인할 것이라고 예고하셨습니다.

그 말씀이 기억나는 순간 베드로는 통곡하며 뜨거운 눈물을 흘립니다. 자신의 교만과 헛된 자만심이 그를 무너지게 했습니다.

2

베드로의 모습은 예수님의 모습과 뚜렷이 대조되어 보입니다. 예수님은 가야바 법정의 안뜰에서 심문당하고 계십니다. 주님은 모든 모욕과 수치를 묵묵히 받으며 당당히 행동하십니다. 반면, 베드로는 아래쪽에서 비공식적인 심문을 당합니다. 그는 비겁하게 부인하다가 어둠 속으로 사라집니다. 안뜰에서 주님이 보여 주신 행동 때문에 바깥뜰에서 베드로가 보여 준 행동이 더욱 참담한 실패로 보입니다.

사복음서 모두가 이 두 가지 사건을 뚜렷하게 대조시켜 묘사하는 것은 우연이 아닙니다. 당시 복음서를 읽던 사람들은 베드로와 비슷한 처지에 처할 위험에 늘 노출되어 있었기 때문입니다. 예수 그리스도를 믿는다는 것만으로 박해와 순교를 당할 수 있었습니다. 그런 상황에서 자신의 정체를 밝힌다는 것은 쉽지 않은 일이었습니다. 그래서 많은 사람들이 자신의 믿음을 감추었고, 마침내 믿음을 떠나기도 했습니다. 복음서 저자들은 그러한 위험에 대비할 필요를 느꼈습니다. 그래서 이렇게 예수님의 담대한 증언과 베드로의 비겁한 부인을 대조시켜 묘사한 것입니다.

실제로 예수님의 증언을 모범으로 삼은 권고도 있습니다. 바울이 디모데에게 한 말입니다.

하나님의 사람이여, 그대는 이 악한 것들을 피하십시오. 의와 경건과 믿음과 사랑과 인내와 온유를 좇으십시오. 믿음의 선한 싸움을 싸우십시오. 영생을 얻으십시오. 하나님은 영생을 얻게 하시려고 그대를 부르셨고, 또 그대는 많은 증인들 앞에서 훌륭하게 신앙을 고백하였습니다. 나는 만물에게 생명을 주시는 하나님 앞과, 본디오 빌라도에게 훌륭하게 증언하신 그리스도 예수 앞에서, 그대에게 명령합니다. 그대는 우리 주 예수 그리스도께서 나타나실 때까지 그 계명을 지켜서, 흠도 없고, 책망 받을 것도 없는 사람이 되십시오. 정한 때가 오면, 하나님께서 주님의 나타나심을 보여 주실 것입니다. 하나님은 찬양 받으실 분이시요, 오직 한 분이신 통치자이시요, 만왕의 왕이시요, 만주의 주이십니다. 오직 그분만이 죽지 않으시고, 사람이 가까이 할 수 없는 빛 속에 계시고, 사람으로서는 본 일도 없고, 또 볼 수도 없는 분이십니다. 그분에게 존귀와 영원한 주권이 있기를 빕니다. 아멘. (딤전 6:11-16)

바울 사도는 디모데가 많은 증인들 앞에서 훌륭하게 신앙을 고백한 것을 언급하면서 "본디오 빌라도에게 훌륭하게 증언하신" 예수님을 모델로 듭니다. 믿음을 공개적으로 증언하는 것이 비록 손해나 박해를 불러온다 해도 주님을 모범으로 삼아 담대하게 증언하라는 권면입니다.

가야바의 법정에서 참담하게 실패한 베드로는 부활하신 주님을 만나 회복되고 오순절의 성령 체험을 통해 새롭게 지음받았습니다. 그는 나머지 전 생애를 하나님 나라를 위해 헌신했고, 마침내 순교당했습니다.

초대교회 전승에 따르면 베드로는 십자가에 거꾸로 못 박혀 순교당했다고 합니다. "나 같은 죄인이 어떻게 주님과 같은 모습으로 죽을 수 있겠는가? 나를 거꾸로 매달아라"라고 말했다 합니다. 그것이 사실이든 아니든, 베드로는 마침내 주님처럼 담대하게 자신을 증언했습니다.

주님은 다음과 같이 말씀하신 적이 있습니다.

"누구든지 사람들 앞에서 나를 시인하면, 나도 하늘에 계신 내 아버지 앞에서 그 사람을 시인할 것이다. 그러나 누구든지 사람들 앞에서 나를 부인하면, 나도 하늘에 계신 내 아버지 앞에서 그 사람을 부인할 것이다." (마 10:32-33)

정신이 번쩍 드는 말씀입니다. 목숨이 걸려 있을 때에라도 믿음을 고백하라는 말입니다. 사람이 우리 목숨을 좌지우지할 수 있을지라도 하나님은 목숨만이 아니라 영원한 생명까지 다스리기 때문입니다. 이 땅에서 몇 년 혹은 몇십 년 더 사는 것보다 영원한 생명을 얻는 것이 더 중요하다고 믿으셨기 때문입니다. 실로, 주님은 그런 믿음 때문에 죽음의 길을 묵묵히 걸어가고 계신 것입니다.

3

오늘도 초대교회 시대처럼 믿는다는 이유 하나만으로 죽임당해야 하는 나라들이 있습니다. 어떤 기사는 '전에 없던 박해의 시대가 오고 있다'는 제목을 달았습니다. 기독교에 대한 박해는 이슬람권 국가에서는 당연한 일로 취급받고 있고, 기독교권이라고 여겼던 나라들에서도 반기독교적 정서가 점점 더 강해지고 있습니다. 얼마 전 기사에 따르면 중국에 가서 기독교를 접한 북한 주민들이 색출되어 처형되었다고 합니다. 이슬람 무장 세력들은 기독교인들을 최우선의 표적으로 테러를 계획하고 있습니다. 깨어 기도해야 할 일입니다.

지금 우리가 사는 사회에서는 믿음을 고백하는 것이 목숨을 위태롭게 할 정도로 위험한 것은 아닙니다. 하지만 기독교 신앙을 고백하는 것은 점점 더 위험한 일이 되고 있습니다. 연예인이나 스포츠 스타가 신앙을 공개적으로 드러내면 공격의 대상이 되고 안티 그룹이 생겨납니다. 미국에서는 무신론자 단체가 거액의 기금을 모아 법적으로 기독교를 압박하고 있습니다. 얼마 전, 뉴욕 주에서 공립학교 건물을 교회에 대여하지 말도록 판결한 것이 대표적인 사례입니다. 헌법이 보장한 종교의 자유가 다른 권리 앞에서 밀려나고 있는 것입니다. 초등학교에서부터 대학교에 이르기까지 기독교 신앙을 밝히는 것은 왕따를 자초하는 일이 되고 있습니다. 미국에서도 한국에서도 더 이상 예수의 사람임을 드러내는 것이 안전한 일이 아닙니다. 때로는 조롱을, 때로는 왕따를, 때로는 손해를, 때로는 해고를, 때로는 박해를 감수해야 하는 일이 되었습니다.

이 말씀은 그런 상황을 마주할 때 어찌 행동하게 될지 자문하게 만듭니다. 과연 우리는 예수님처럼 믿음을 고백할 수 있을까요? 아니면 베드로처럼 정체를 숨기고 물러설까요? 모든 것은 예수님의 말씀처럼 목숨과 영원한 생명을 모두 다스리시는 하나님을 진실로 믿느냐에 달려 있습니다. 사람들에게 조롱받지 않으려다 하나님 앞에서 수치당한다면? 사람들에게 왕따당하지 않으려다 정작 주님이 모른다고 하시는 상황에 처한다면? 이 땅에서 손해 보지 않으려다 하나님 나라에서 진짜 손해를 보게 된다면? 몇 년 더 살려고 비겁하게 행동했다 영원한 생명을 잃는다면?

이 모든 생각은 우리를 몹시 불편하게 합니다. 우리에게 그럴 용기가 부족하기 때문입니다. 베드로는 자신이 그렇게 비겁할 줄 몰랐습니다. 우리도 지금은 '할 수 있다'고 느낄지 모릅니다. 하지만 위기 앞에 서 봐야 진면목이 드러납니다. 아직은 모릅니다. 그래서 두렵습니다. 그 두려움은 하나님께 진실하게 의지할 때라야 넘어설 수 있습니다. 겸손히 주님께 의지하고 성령의 능력을 힘입을 때에만 넘어지지 않을 가능성이 열립니다. 우리는 절대로 자기 자신을 믿어서는 안 됩니다. 오직 우리를 붙들고 계시는 성령만을 믿어야 합니다.

오늘 말씀을 통해 나에게 들려주시는 성령의 음성에 귀 기울이며
잠시 묵상과 기도의 시간을 가지십시오.

31

가룟 유다가 스스로 목숨을 끊다

마태복음 27:1-10

> 그때에, 예수를 넘겨준 유다는, 그가 유죄 판결을
> 받으신 것을 보고 뉘우쳐, 그 은돈 서른 닢을
> 대제사장들과 장로들에게 돌려주고, 말하였다.
> "내가 죄 없는 피를 팔아넘김으로 죄를 지었소."
> 그러나 그들은 "그것이 우리와 무슨 상관이요? 그대의 문제요"
> 하고 말하였다. 유다는 그 은돈을 성전에 내던지고 물러가서,
> 스스로 목을 매달아 죽었다.
> —— 마 27:3-5

1

산헤드린 의원들은 결국 예수님을 사형에 처하기로 의결합니다. 이제 남은 것은 로마 총독 빌라도를 설득하여 예수님을 정치범으로 처형하도록 하는 일입니다. 그들은 예수님을 끌고 총독 관저가 있는 안토니오 요새로 갑니다.

마태는 여기서 잠시 눈을 돌려 가룟 유다의 이야기를 전합니다. 그는 예수님이 유죄 판결을 받는 것을 보고 '뉘우쳤다'고 되어 있습니다. 그는 전에 만났던 대제사장들과 장로들을 찾아가서 예수님의 몸값으로 받았던 은전 서른 닢을 돌려줍니다. 유다는 "내가 죄 없는 피를 팔아넘김으로 죄를 지었소"라고 말합니다. 앞에서도 말했지만, 그는 돈에 욕심이 나서 예수님을 팔아넘긴 것이 아니었습니다. 그는 예수님이 위기 앞에 서

면 자신의 정치적 노선을 바꾸실 것으로 기대했습니다. 자신이 꿈꾸는 대로 이스라엘의 영광을 회복시키려고 분기할 것이라고 기대했습니다. 그런데 예수님은 끝내 침묵하시고 돌아오지 못할 선을 넘으셨습니다. 유다는 자신의 계획이 수포로 돌아간 것을 확인하고는 받은 돈을 돌려줍니다.

마태는 유다의 회개를 '뉘우쳤다'라고 표현합니다. 신약성경에서 '뉘우침' 혹은 '회개'를 뜻할 때 보통 '메타노에오'(metanoeo)라는 단어를 사용하는데, 여기서 마태는 '메타멜레오'(metameleo)라는 동사를 사용합니다. '메타노에오'는 자신의 잘못을 뉘우치고 애석해할 뿐 아니라 마음을 돌이키는 것까지 포함합니다. 반면, '메타멜레오'는 후회하고 애석해하는 것으로 그치는 것입니다. 베드로는 '메타노에오'를 했고, 유다는 '메타멜레오'를 했습니다. '메타노에오'는 구원의 은총에 이르게 하고, '메타멜레오'는 구원의 은총에 이르게 하기에는 모자랍니다.

앞에서 베드로와 유다의 차이점에 대해 언급한 바 있습니다. 베드로가 주님을 부인한 것은 그의 인간적인 나약함 때문에 일어난 일인 반면, 유다가 주님을 배반한 것은 자신의 이념에 대한 신념 때문이었습니다.

신념은 좋은 것이지만, 잘못된 신념은 악으로 흐르게 만듭니다. 우리가 붙들고 살 것은 신념이 아니라 하나님의 진리입니다. 자신의 신념을 따라 사는 사람은 강해 보이지만 약한 사람입니다. 반면, 하나님의 진리를 따라 사는 사람은 약해 보이지만 진실로 강한 사람입니다. 하나님의 진리를 부단히 찾아가면서 자신의 신념을 수정해 가기 때문입니다.

베드로는 자신의 잘못을 깨닫고 심하게 깨어져 웁니다. 자신의 연약함을 통렬하게 깨달은 것입니다. 베드로는 여인처럼 그리고 어린아이처럼 심하게 웁니다. 그 눈물은 연약함의 증거였지만, 다시 강해질 수 있는 자원이 되었습니다. 반면, 가룟 유다는 울지 않았습니다. 그는 신념의 사나이였기에 그렇게 약해질 수 없었습니다. 자신의 신념이 잘못된 것이라고 생각하지 않았습니다. 그는 예수를 잘못 보았다고 생각했습니다. 자신의 신념과 이상을 끝내 실현할 수 없다는 사실에 애석해했습니다. 그래서 그는 '메타멜레오'에 그쳤던 것입니다.

이렇듯 신념은 때로 우상이 될 수 있습니다. 뚜렷하고 강한 주관과 신념을 가지고 살아가는 것은 좋은 일이지만, 그것이 하나님을 대신하면 안 됩니다. 또한 하나님 앞에서 언제나 강한 사람이 되려고 해서도 안 됩니다. 주님은 "슬피 우는 사람은 복이 있다"고 하셨습니다. 무엇 때문에 우는지에 대해서는 말씀하지 않으셨습니다. 어떤 경우에든 눈물은 치유와 회복의 영약이 되기 때문입니다. 특별히 자신의 한계와 연약함을 두고 슬피 우는 것은 귀한 일입니다. 그 깨어짐의 무더기에서 새로운 희망이 꽃피기 때문입니다.

2

대제사장들과 장로들은 가룟 유다에게 "그것이 우리와 무슨 상관이요? 그대의 문제요"라고 대답합니다. 이 말로써 그들은 예수님의 죽음의 책임을 가룟 유다에게 뒤집어씌우려 합니다. 자신들은 유다의 제안을 받아서 처리한 것뿐이라고 말합니다. 손바닥으로 하늘을 가리는 것이 더 쉬운 일일 것입니다.

가룟 유다는 그들에게 받은 삼십 개의 은전을 그들 앞에 던져 놓고 나가서 목을 매어 자결합니다. 스스로 목숨을 취하는 동기는 여러 가지입니다. 사는 것보다 죽는 것이 더 나을 것 같아서 그렇게 하는 경우도 있고, 심리적 질환 때문에 그 같은 불행을 선택하는 경우도 있습니다. 그리고 가룟 유다의 경우처럼, 끝까지 강하고 싶어서 그렇게 하는 경우도 있습니다. 일본 무사들의 할복자살이 비슷한 경우입니다. 그 어떤 경우에도 자살은 피해야 하지만, 가장 피해야 할 경우는 유다처럼 굴복하기 싫어서 택하는 죽음입니다. 그는 끝까지 강해지려 하기보다는 약해지기를 선택해야 했습니다. 용서받을 수 없는 죄를 지었지만, 하나님께 돌아갔더라면 새로운 희망이 생겼을지도 모릅니다.

대제사장과 장로들은 유다가 던져 놓고 간 은전 삼십을 어떻게 처리할까 고민합니다. 우선, 성전 금고에 넣을 수는 없다고 판단했습니다. 핏값으로 치른 돈이기 때문입니다. 그들은 논의 끝에 토기장이의 밭을 사서 묻힐 곳이 없는 나그네들의 무덤으로 사용하기로 했습니다. '토기장이의 밭'이라는 말은 헐값에 살 수 있는, 쓸모없는 땅을 의미하는 말입니다. 그러고는 그곳을 '피밭'이라고 불렀습니다. 마태는 그렇게 하여 예레미야의 예언이 이루어졌다는 사실을 강조하고 있습니다.

가룟 유다가 은전 삼십에 눈이 멀어 예수님을 팔아넘긴 것은 아닙니다. 하지만 은전 삼십은 예수님의 죽음에 연루된 돈입니다. 그 돈이 묻힐 곳이 없는 나그네들의 무덤을 만드는 데 사용되었다는 사실은 의미심장합니다. 생전에 주님은 나그네들을 환대하셨습니다. 구약성경의 율법에도 나그네들을 선대할 것을 거듭 명령하고 있습니다. 주님은 생전에도 그리하셨지만, 죽어서도 나그네들의 안식처를 제공해 주셨습니다. 물론, 주님은 육신이 묻힐 땅에 대해서는 그리 큰 의미를 두지 않으셨습니다. 그보다 더 중요한 것은 하늘의 거처입니다. 그렇기는 하지만, 그분의 몸값으로 나그네들의 무덤이 마련되었다는 사실은 큰 위안이 됩니다. 그분은 갈 곳 없는 자들의 참된 안식처이시기 때문입니다.

3

앞에서 우리는 복음서 저자들이 예수님과 베드로의 행동을 뚜렷이 대비시켜 묘사하고 있다는 사실을 지적했습니다. 당시 독자들이 베드로처럼 박해받을 가능성이 높았기 때문입니다. 그럴 때, 베드로처럼 비겁하게 행동하지 말고 예수님처럼 담대하게 행동하라는 메시지를 던지고 싶었을 것입니다.

마태는 베드로가 예수님을 부인한 이야기에 연결시켜 유다의 자살 이야기를 보도하고 있습니다. 시기적으로 볼 때, 이 사건은 예수님이 십자가에서 돌아가시고 난 뒤에 일어났을 가능성이 큽니다. 예수님을 데리고 빌라도의 법정으로 가는 마당에 이런 만남을 가질 만한 여유가 없었을 것이기 때문입니다. 그러니까 마태는 일부러 유다 이야기를 이 시점에 끌어다 놓은 것입니다. 베드로와 유다를 대비시키려는 까닭입니다.

베드로와 유다는 모두 실패했습니다. 다른 열 제자도 실패했다는 점에서는 마찬가지였습니다. 하지만 실패한 이유가 달랐고, 실패한 종류가 달랐으며, 실패 이후의 반응이 달랐습니다. 베드로는 연약함으로 인해 실패했고, 예수님이 자신과 상관없다고 부인했으며, 그로 인해 심하게 깨어져 울었습니다. 반면, 유다는 자신의 신념 때문에 실패했고, 예수님을 박해자들에게 넘겨주는 잘못을 행했습니다. 이후 자신의 잘못을 깨달았을 때, 자결로써 모든 일을 끝냅니다. 얼핏 보면 작은 차이가 엄청난 운명의 차이를 만들어 냈습니다.

당시 복음서를 읽던 사람들도 베드로나 유다처럼 실패할 수 있었습니다. 아니, 이미 그런 실패를 경험한 사람들도 많았습니다. 베드로처럼 죽음이 두려워 신앙을 부인했던 사람도 있었고, 제자들처럼 숨어 지내는 사람들도 있었습니다. 또한 자신이 살아남기 위해서 가룟 유다처럼 박해자들에게 믿는 자들의 이름을 넘긴 사람들도 있었습니다. 베드로와 유다의 실패는 그들에게 한편으로는 위로와 격려를, 다른 한편으로는 경고와 깨우침을 주었을 것입니다. 어떤 실패를 했든지, 베드로처럼 진실하게 회개하고 성령의 능력으로 새롭게 지음받으면 희망이 있다는 사실은 큰 격려가 되었을 것입니다. 이 이야기를 읽으면서 독자들은 유다처럼 믿음의 동지들을 박해자에게 넘기는 큰 죄를 짓지 않기를 간절히 바랐을 것입니다. 또한 베드로처럼 진실하게 깨어져 회개할 것을 도전받았을 것입니다.

이 말씀에 우리 자신을 비추어 봅니다. 우리는 어떻습니까? 그동안 우리는 얼마나 자주 주님에 대한 믿음을 부정하며 살았습니까? 나의 유익을 위해 주님을 모른 척하고 떠나 살았던 적은 또 얼마나 많습니까? 지금 우리는 내가 살기 위해 믿음의 형제자매들을 박해자에게 넘겨주어야 할 정도로 박해를 받고 있지는 않습니다만, 혹시 그런 상황이 온다면 끝내 침묵을 지킬 수 있겠습니까?

나의 유익을 위해 주님을 버리거나 부인하는 초라한 믿음에서 벗어나기를 기도합니다. 요즈음 우리 신앙인들의 모습을 유심히 보면, 주님을 위해 믿는 것이 아니라 나를 위해 믿습니다. 나에게 유익이 있기에 믿으며, 그 유익을 키우기 위해 믿습니다. 어느 교회를 가면 더 큰 유익을 얻는지를 따지면서 신앙생활을 하고 있습니다. 그런 믿음은 작은 환난 앞에서도 심하게 흔들립니다. 그런 믿음은 우리를 요단 강 건너편까지 데리고 갈 수 없습니다. 그러므로 아직 안전할 때 자신의 믿음을 돌아보고 잘못된 방향을 바로잡아야 합니다. 주님의 은혜를 받고 그 은혜에 감사하여 이제는 주님을 위해 살아간다는 고백에 이르러야 합니다. 그런 믿음만이 우리를 구원합니다.

우리의 연약한 믿음을 보완해 주는 것이 회개입니다. 진실하게 자신의 연약함을 애통해하고 주님께 마음을 돌려 하늘의 은총을 구해야 합니다. 우리는 언제든 깨어질 수 있는 연약한 그릇입니다. 하지만 깨어질 때마다 진정한 회개로 다시 지어지면 점점 더 견고한 그릇으로 빚어집니다. 한 번도 넘어지지 않고 살아간다면 가장 좋겠지요. 하지만 그것은 불가능하기에 우리에게는 참된 회개를 할 수 있는 영적 태도가 필요합니다. 베드로처럼 진실하게 깨어져 올 때, 가룟 유다처럼 참담하게 꺾어지는 비극을 막을 수 있습니다.

오늘 말씀을 통해 나에게 들려주시는 성령의 음성에 귀 기울이며
잠시 묵상과 기도의 시간을 가지십시오.

32
빌라도가 군중과 거래하다
마태복음 27:11-26

> 총독이 그들에게 물었다.
> "이 두 사람 가운데서, 누구를 놓아주기를 바라오?"
> 그들이 말하였다. "바라바요." 그때에 빌라도가 그들에게 말하였다.
> "그러면 그리스도라고 하는 예수는, 나더러 어떻게 하라는 거요?"
> 그들이 모두 말하였다. "그를 십자가에 못 박으시오."
> 빌라도가 말하였다. "정말 이 사람이 무슨 나쁜 일을 하였소?"
> 사람들이 더욱 큰 소리로 외쳤다. "십자가에 못 박으시오."
> —— 마 27:21-23

I

이제 총독 관저에서 재판이 시작됩니다. 당시 총독은 본디오 빌라도였습니다. 그는 주후 26년부터 36년까지 유대 총독으로 재임했습니다. 유대 역사가 요세푸스의 기록에 의하면, 빌라도는 정치적 야심이 매우 큰 사람이었습니다. 그는 가장 통치하기 어려운 민족이었던 유대 백성을 잘 길들여서 로마 황제의 눈에 들어 마침내 황실로 다시 불려갈 것을 기대하며 여러 번 무리수를 두었습니다. 그의 최종 목표는 로마 황제가 되는 것이었습니다. 그래서 로마 황실이 좋아하는 것이면 무엇이든지 했습니다.

대제사장은 산헤드린의 의결을 따라서 빌라도에게 예수님을 고발합니다. 메시아, 즉 유대인의 왕으로 자처하고 백성을 선동했다는 죄였습니다. 빌라도는 어느 정도 정황을 알고 있었습니다. 그는 적당히 예수를 방면해 주려 했습니다. 하지만 일단 자신에게 고소가 되었으니 형식적으로라도 재판 절차를 진행해야 했습니다. 그는 예수님께 확인합니다. "당신이 유대인의 왕이오?" 그러자 예수님은 "당신이 그렇게 말하고 있소"라고 대답하십니다. 가야바에게 대답한 것과 같은 표현입니다. 듣는 사람에 따라서 긍정으로 해석할 수도 있고, 부정으로 해석할 수도 있는 말입니다. 주님은 "나는 그렇게 말한 적이 없지만, 그러나 그 말에도 일리는 있소"라는 뜻입니다.

그 대답을 듣고 대제사장과 장로들은 소리를 질러 예수님을 고발합니다. 그처럼 애매모호한 대답으로는 사형 판결을 얻어낼 수 없음을 알았기 때문입니다. 그들은 예수님이 스스로 유대인의 왕이라고 말하고 행동한 것이 확실하다며 여러 가지 증거를 들이댑니다. 얼토당토않은 고소였지만, 예수님은 아무런 대꾸도 하지 않으십니다. 대꾸할 필요가 없었습니다. 그 자리에서 자신을 변호한들 상황이 바뀔 것도 아니고, 주님은 이미 십자가에 오를 준비를 끝내셨기 때문입니다. 그것이 빌라도에게는 이상해 보였나 봅니다. "사람들이 저렇게 여러 가지로 당신에게 불리한 증언을 하는데, 들리지 않소?" 하지만 주님은 빌라도의 질문에도 묵묵부답이십니다.

빌라도는 난처했을 것입니다. 자신이 아주 이상한 일에 말려들었음을 깨달았습니다. 만일 예수님이 유대인의 왕으로 자처하고 문제를 일으켰다면, 전국 곳곳에 심어둔 정보원이 가장 먼저 알려 왔을 것입니다. 빌라도는 예수님에 대한 정보를 전해 받았을 것이 분명하지만, 그가 정치적 반란을 꾀한다는 이야기는 전혀 듣지 못했습니다. 그런데 유대 지도자들이 그를 끌고 와서 정치적 반란을 꾀했으니 처형해 달라고 요청하고 있습니다. 빌라도는 뭔가 다른 이유가 있음을 알아챘습니다. 그는 이 일에 말려들고 싶지 않았습니다. 정치적 감각이 뛰어났던 빌라도는 그 순간에 머리를 빠르게 회전시켰을 것입니다. 묘수를 찾았습니다.

역시! 기가 막힌 묘수가 떠올랐습니다. 빌라도는 유대인들이 지키는 중요한 명절이 되면 그들이 원하는 죄수 하나를 놓아주곤 했습니다. 오늘날 광복절 특별 사면 같은 것입니다. 빌라도는, 예수님과 다른 죄수 하나를 두고 군중에게 선택하게 하면 틀림없이 예수를 놓아 달라고 할 줄 알았습니다. 당시 유대 군중에게 매우 악명 높았던 '바라바'라는 죄수가 있었습니다. 그가 무슨 죄로 갇혔는지는 알 수 없습니다. 다만, 유대 군중에게는 별로 인기가 없었던 사람이었을 것입니다. 빌라도는 군중에게 둘 중 하나를 선택하라고 제안했고, 군중은 수군거리기 시작했습니다.

군중이 수군거리며 뜻을 모으는 동안 빌라도의 아내가 전갈을 보내옵니다. "당신은 그 옳은 사람에게 아무 관여도 하지 마세요. 지난 밤 꿈에 내가 그 사람 때문에 몹시 괴로웠어요"(19절). 빌라도는 그 전갈을 받고 고개를 끄덕였을 것입니다. 자신도 그렇게 느끼고 있었기 때문이었습니다. 그는 자신의 꼼수가 통할 것이라고 기대했습니다. 사람들이 악명 높은 바라바를 선택할 리가 없다고 생각했습니다. 그는 속으로 '잠시만 기다리시오, 여보. 당신 뜻대로 될 거요'라고 생각했을 것입니다.

드디어 군중이 합의를 끝내고 빌라도를 바라봅니다. 빌라도가 "당신들은 누구를 원하는가?"라고 묻자 무리는 일제히 "바라바요!"라고 답합니다. 아뿔싸! 그 사이에 대제사장과 장로들이 무리를 설득한 것입니다. 빌라도는 어이가 없어서 다시 묻습니다. "그러면 그리스도라고 하는 예수는, 나더러 어떻게 하라는 거요?" 그러자 그들이 한목소리로 부르짖습니다. "그를 십자가에 못 박으시오!" 빌라도는 "정말 이 사람이 무슨 나쁜 일을 하였소?"라고 다시 한 번 묻습니다. 그러자 군중은 더욱 큰 소리로 외칩니다. "십자가에 못 박으시오." 빌라도는 예수를 넘겨주는 수밖에 없다고 생각했습니다. 민란이 일어날 것 같은 기운까지 느꼈습니다.

빌라도는 물을 가져다가 무리 앞에서 손을 씻고는 "나는 이 사람의 피에 대하여 책임이 없으니, 여러분이 알아서 하시오"라고 물러섭니다. 그러자 온 백성이 대답합니다. "그 사람의 피를 우리와 우리 자손에게 돌리시오"(25절). 결국 빌라도는 무리의 요청에 따라 바라바를 방면해 주고 예수님을 사형에 처하도록 재가해 줍니다.

2

지난 2천 년 동안 '빌라도에 대한 변호'가 꾸준히 제기되었습니다. 저도 처음 복음서를 진지하게 읽기 시작한 때부터 빌라도에 대해 동정심을 느꼈습니다. 빌라도에 대한 동정심에 기초한 소설도 많이 있고, 영화도 여러 편 나왔습니다. 복음서 내용만 보면 빌라도는 할 만큼 했다는 생각이 들 수도 있습니다.

하지만 빌라도가 어떤 인물이었는지를 알고 나면 그러한 동정론의 근거가 무너져 내립니다. 유대 역사가 요세푸스는 빌라도에 대해 몇 가지 기록을 남겼습니다. 앞에서도 언급했지만, 빌라도는 정치적 목적을 이루기 위해서는 무엇이든 하는 사람이었습니다. 유대 총독으로 재임하는 동안 그는 큰 공을 세우기 위해 여러 가지 무리수를 두었습니다. 그는 진리나 정의 같은 것에는 전혀 관심이 없었습니다. 오직 자신의 정치적 이익을 위해 선택하고 결정했습니다.

예수님을 재판하는 자리에서도 빌라도는 마치 예수님을 보호하려고 노력하는 것처럼 보입니다. 하지만 실은 자신의 정치적 이익을 보호하려고 발버둥친 것입니다. 빌라도에게는 죄 없는 사람 하나쯤 죽이는 것은 아무 일도 아니었습니다. 그는 민란이 일어나 로마 황실에 자신의 무능력이 알려지는 것에 더 신경을 썼습니다. 만일 그에게 진리나 정의에 대한 관심이 조금이라도 있었다면, 그의 권력으로 예수님을 충분히 살리고도 남았을 것입니다. 그는 자신에게 불리한 일을 만들지 않기 위해서 자신의 힘으로 할 수 있는 일을 하지 않았습니다. 정의와 불의, 진실과 거짓 사이에서 아무 일도 하지 않는 것이 때로는 엄청난 죄가 됩니다.

그는 물에 손을 씻으면서 "나는 이 사람의 피에 대하여 책임이 없다"고 선언합니다. 하지만 그렇게 했다고 죄가 없어지는 것은 아닙니다. 오히려 그 행동과 그 말은 빌라도가 예수님의 피에 대해 책임감을 느꼈다는 뜻입니다. 자신의 권력으로 능히 할 수 있는 일을 해가 미칠까 두려워 아무 일도 하지 않은 것입니다. 그의 양심은 아직 완전히 마비되지 않았습니다. 그는 자신이 잘못하고 있음을 느꼈고, 그래서 이러한 행동을 하게 된 것입니다. 손바닥으로 하늘을 가리려는 셈입니다.

빌라도를 떠올리며 우리 자신을 돌아봅니다. 우리도 얼마나 자주 빌라도처럼 행동을 하는지요! 선과 악, 진실과 거짓, 정의와 불의 사이에서 침묵하기도 하고, 모른 체하기도 합니다. 양심은 소리치지만, 우리는 못 들은 체 외면합니다. 공연한 일에 연루되지 않으려고. 시간과 정력을 쓸데없는 일에 허비하지 않으려고. 다른 사람의 일로 해를 입지 않으려고. 그와 같은 침묵과 외면으로 인해 악은 더욱 번성하고 불의가 활개를 칩니다. 빌라도는 2천 년 전에 살았던 한 사람에 그치지 않습니다. 우리는 하루에도 몇 번씩 빌라도가 됩니다.

빌라도에 대한 동정론이 왜 인기가 있는지 이제 알 것 같습니다. 그것은 빌라도를 동정하는 것이 아닙니다. 우리 자신을 변호하려는 은밀한 계책입니다. 우리의 침묵과 외면에 나름대로의 이유가 있다고 변호하고 싶어서 빌라도를 변호하는 것이 아닐까요? 우리는 이토록 연약하며 교활한 죄성에 물들어 있습니다. 우리 안에 있는 빌라도를 인정하고 주님께 도움을 구하지 않으면, 이 죄의 올무에서 벗어날 수 없습니다. 주님이 우리를 도우시고 인도하실 때, 우리는 나의 이익을 위해서가 아니라 하나님의 진리를 위해 말하고 행동할 용기를 얻게 될 것입니다.

3

빌라도가 "나는 이 사람의 피에 대하여 책임이 없으니, 여러분이 알아서 하시오"라고 말했을 때, 백성은 "그 사람의 피를 우리와 우리 자손에게 돌리시오"라고 대답합니다. 그들은 이 말이 무슨 뜻이고 얼마나 심각한 말인지 전혀 감을 잡지 못하고 있습니다. 때로 감정이 격할 때 우리는 이런 망발을 합니다. "천벌은 내가 받을게, 넌 걱정하지 마"라고 말할 때, 그것이 얼마나 무서운 말인지 모릅니다. 지금 백성은 군중심리에 매몰되어 감당할 수 없는 말을 내뱉고 있습니다.

어떤 역사적 사건을 하나님의 심판이라고 규정하는 것은 참으로 위험한 일입니다. 우리가 결코 하나님의 마음을 다 알 수 없기 때문입니다. 그렇기 때문에 우리가 하나님을 대신하여 누군가를 심판하려 해서도 안 되고, 어떤 사건을 함부로 하나님의 심판으로 단정해서도 안 됩니다.

동시에 우리는 하나님이 역사 속에서 죄를 심판하신다는 사실을 부정해서도 안 됩니다. 초대교회는 주후 70년 예루살렘이 로마군에 의해 함락되었을 때 그것을 하나님의 심판으로 해석했습니다. 예수님도 그런 암시를 하신 적이 있습니다. 주후 66년부터 5년 동안 예루살렘 주민들은 로마군에 포위된 채 말로 다할 수 없는 고난을 당했고, 함락되었을 때에는 참혹하게 살해당했습니다. 그것이 빌라도 앞에서 한 망발이 실현된 것이라고 보면, 몸서리가 쳐집니다. 죄와 벌에 대해서는 농담이라도 함부로 말하지 말아야 합니다.

지난 2천 년 동안 기독교인들은 유대인에 대한 증오심을 당연시하며 행동할 때가 많았습니다. 특별히 기독교가 힘을 가질 때마다 유대인을 '우리 주님을 죽게 한 백성'이라고 비난하면서 소외시키고 억압했으며 박해했습니다. 25절에 기록된 말씀을 왜곡하여 유대인을 박해하는 것이 당연하다고 가르쳤습니다. 히틀러의 나치 정부가 행했던 유대인 대학살도 기독교인의 마음에 잠재되어 있던 유대인에 대한 증오심이 있었기 때문에 가능했습니다. 2천 년이 지났는데도 유대인의 자손이 '메시아를 죽인 죄'의 올무에서 벗어나지 못하고 있습니다.

유대인들이 주님을 죽게 함으로써 받았어야 할 벌이 있다면 이미 수백 혹은 수천 배 받았다고 보아야 옳습니다. 오래 전 이사야가 바벨론에 포로로 갔던 유다 백성에게 이렇게 말했습니다.

"너희는 위로하여라! 나의 백성을 위로하여라!" 너희의 하나님께서 말씀하신다. "예루살렘 주민을 격려하고, 그들에게 일러주어라. 이제 복역 기간이 끝나고, 죄에 대한 형벌도 다 받고, 지은 죄에 비하여 갑절의 벌을 주님에게서 받았다고 외쳐라." (사 40:1-2)

일반적으로 유대인에 대한 사람들의 인식은 그리 좋지 않은 편입니다. 그 원인은 여러 가지일 것입니다. 그들의 탁월함에 대한 시기심도 있고, 특별히 강한 민족적 자부심에 대한 거부감도 있는 것 같습니다. 개인적으로 겪은 부정적인 경험 때문에 유대인을 멀리하는 경우도 있습니다. 이스라엘 건국 이후 이스라엘 정부가 팔레스타인 사람들에게 행해 온 차별과 억압과 학살 때문에 그렇게 생각하는 사람들도 있습니다.

하나의 국가로서 이스라엘 그리고 민족으로서의 유대인은 다른 민족들처럼 장점도 있고 단점도 있습니다. 잘한 일도 있고, 잘못한 일도 있습니다. 하지만 '우리 주님을 죽게 한 자들'이라는 인식과 적개심은 내려놓아야 합니다. '심판을 받아 마땅한 민족'이라는 생각도 뿌리쳐야 합니다. 우리는 유대인을 차별 없이 한 인간으로 대하도록 힘써야 합니다. 지금도 유대인은 '반유대주의'의 멍에를 벗으려고 무진 애를 쓰고 있습니다. 이제는 그 굴레를 우리가 벗겨 주어야 합니다. 그러면 그들도 자신을 보호하기 위해 닫았던 마음의 문을 열지 모릅니다.

오늘 말씀을 통해 나에게 들려주시는 성령의 음성에 귀 기울이며
잠시 묵상과 기도의 시간을 가지십시오.

33
예수께서 고문당하시다
마태복음 27:27-31

총독의 병사들이 예수를 총독 관저로 끌고 들어가서,
온 부대를 다 그의 앞에 불러모았다.
그리고 예수의 옷을 벗기고, 주홍색 걸침 옷을 걸치게 한 다음에,
가시로 면류관을 엮어 그의 머리에 씌우고,
그의 오른손에 갈대를 들게 하였다.
그리고 그분 앞에 무릎을 꿇고,
"유대인의 왕 만세!" 하고 말하면서 그를 희롱하였다.
―― 마 27:27-29

I

빌라도가 손을 씻고 돌아서자 총독의 병사들이 예수님을 끌고 가서 에 워쌉니다. 그들은 예수님의 옷을 벗기고 주홍색 걸침옷을 두르게 합니다. 주홍색은 왕을 상징하는 색깔입니다. 또한 가시로 면류관을 엮어 예수님의 머리에 씌웁니다. 예루살렘 부근에는 호랑가시나무가 많았는데, 나뭇가지에 가시가 삐죽삐죽 돋아나 있습니다. 5센티에서 길게는 10센티 정도로 긴 것도 있습니다. 가시는 마치 뼈로 깎아 만든 것처럼 단단해 서 무른 나무에는 못질을 해도 될 정도입니다. 그 가지를 엮어 관을 만 들었으니, 그것을 머리에 눌러 씌웠을 때 어떠했을지 상상할 수 있습니 다. 유대인의 왕이라고 자처했으니 왕관을 만들어 씌운 것입니다. 뿐만 아니라, 그들은 갈대를 꺾어 오른손에 들게 하였습니다. 왕이 들고 있는

'홀'을 상징합니다.

지금 병사들은 '왕 놀이'를 하고 있는 것입니다. 예수님을 우스꽝스러운 왕으로 만들어 놓은 뒤, 어떤 병사들은 그 앞에 무릎을 꿇고 "유대인의 왕 만세!" 하고 외쳤습니다. 그런가 하면 주님을 희롱하면서 침을 뱉어 모욕하기도 하고, 갈대를 빼앗아 머리를 치기도 했습니다. 그렇게 마음껏 모욕하고 학대하고 조롱한 뒤, 원래 입었던 옷으로 갈아입히고 십자가에 못 박기 위해 골고다로 끌고 갑니다. 십자가를 짊어지고 예루살렘 뒷골목에 있는 구불구불한 길을 걸어갑니다. '비아 돌로로사'(Via Dolorosa)의 여정이 시작된 것입니다.

예수님은 십자가에 못 박히신 후 짧게는 세 시간, 길어야 다섯 시간 후에 운명하십니다. 이례적으로 짧은 시간입니다. 보통 십자가에 달린 사람들은 짧게는 2-3일, 길게는 열흘까지 십자가 위에서 고통을 당했습니다. 그렇다면 예수님은 다른 사람보다 더 혹독한 매질을 당했다는 뜻입니다. 마태가 다섯 절로 묘사한 이 장면은 적어도 두세 시간 동안 지속되었을 것이며, 잔인한 고문과 폭행이 있었을 것입니다. 그렇지 않았다면 예수님의 '이른 운명'을 설명할 수 없습니다.

당시 로마군에는 고문 기술자가 있었고 여러 가지 잔인한 고문 도구들이 개발되어 있었습니다. 그중 하나가 고문용 채찍입니다. 손잡이에 여러 개의 줄이 묶여 있고 줄 끝에는 쇠로 만든 갈고리가 붙어 있어서 한 번 내려치면 온몸에 채찍이 감기고 갈고리가 살점을 파고듭니다. 잠시 후에 그 채찍을 다시 끌어당깁니다. 그러면 갈고리들이 살점을 물어뜯습니다. 멜 깁슨이 만든 영화 "패션 오브 크라이스트"(The Passion of the Christ)는 고문 장면을 너무 잔인하게 그렸다 하여 '예루살렘 잔혹사'라는 별명을 들었는데, 이는 전혀 과장이 아니었습니다. 아니, 실제 고문 장면은 그보다 더했을 것입니다.

마태도 그렇지만, 다른 복음서 저자들도 예수님이 고문당하는 장면을 매우 담담하고 간략하게 묘사합니다. 당시에 쓰인 순교 기록들은 고문 장면을 아주 상세하게 기록해 두었습니다. 그런데 복음서 저자들은 이상하리만큼 담담하고 간단하게 묘사합니다.

왜 이렇게 했을까요? 여러 가지 추측이 가능합니다. 당시 독자들은 로마인의 잔인성을 잘 알고 있었기 때문에 간략하게 적어도 실제 일어난 일을 능히 상상할 수 있었기 때문일 수 있습니다. 혹은 이 장면을 감정이 아니라 이성으로 읽고 생각하기 바랐을지도 모릅니다. 혹은 깊은 묵상을 기대했는지도 모릅니다. 어쨌거나 다섯 절의 간략한 기록이지만 엄청난 일이 벌어졌다는 사실을 알아야 합니다. 그렇지 않으면 예수님이 당한 고난의 무게와 깊이를 제대로 알 수 없습니다.

이 이야기에서 우리는 거대한 아이러니를 발견합니다. 총독의 군사들은 유대인의 왕으로 자처했다 하여 예수님을 마구 조롱합니다. 그들은 예수님을 정신병자 혹은 과대망상증 환자로 취급하고 있습니다. 하지만 실제로 그분은 왕 중의 왕이셨습니다. 그들이 섬기는 총독이나 로마 황제와는 비교할 수 없는 왕이셨습니다. 그런 분을 마음 놓고 조롱하고 있는 것입니다. 주님은 당장 모든 상황을 뒤바꿀 만한 능력을 가지고 있으면서도 그 모든 조롱과 모욕을 참으십니다. 이 땅의 왕좌는 다른 사람을 짓밟고 올라가야 하는 곳이지만, 영원한 왕의 보좌는 모든 사람에게 버림받음으로써 올라가는 곳이기 때문입니다.

2

이 말씀을 읽으며 우리는 이사야가 예언한 '야훼의 종'을 생각합니다. 이스라엘 사람들, 특히 율법학자들은 그 종이 누구인지에 대해 오래도록 연구했습니다. '야훼의 종'에 대한 네 개의 노래(42:1-4; 49:1-6; 50:4-9; 52:13-53:12) 안에 그 종의 정체에 대한 단서가 보이지 않기 때문입니다. 어떤 사람은 이스라엘 백성 전체를 두고 한 말이라고 생각했고, 또 어떤 사람은 어떤 왕을 두고 노래한 것이라고 생각했습니다. 하지만 예수님은 그것이 바로 메시아, 즉 당신을 두고 노래한 것이라고 받아들이셨습니다. 그 첫 번째 노래는 이렇습니다.

"나의 종을 보아라. 그는 내가 붙들어 주는 사람이다. 내가 택한 사람, 내가 마음으로 기뻐하는 사람이다. 내가 그에게 나의 영을 주었으니, 그가 뭇 민족에게 공의를 베풀 것이다. 그는 소리치거나 목소리를 높이지 않으며, 거리에서는 그 소리가 들리지 않게 할 것이다. 그는 상한 갈대를 꺾지 않으며, 꺼져 가는 등불을 끄지 않으며, 진리로 공의를 베풀 것이다. 그는 쇠하지 않으며, 낙담하지 않으며, 끝내 세상에 공의를 세울 것이니, 먼 나라에서도 그의 가르침을 받기를 간절히 기다릴 것이다." (사 42:1-4)

성경을 잘 아는 사람들은 첫 구절의 말씀이 예수님이 세례받으실 때 들은 음성과 일치한다는 사실을 기억할 것입니다. 요단 강에서 성령을 받은 것도 이 예언과 관련이 있습니다. 아마도 요단 강에서 들려주신 하나님의 음성은, 예수님에게 이사야가 예언한 '야훼의 종'이 바로 당신 자신이라는 믿음을 확인시켜 주었을 것입니다. 그랬기에 '종의 노래들'은 예수님에게 하나의 교본과 같은 것이 되었습니다.

예수님 이전에 이 종의 노래들을 메시아에 대한 예언으로 해석한 사례가 아직 발견되지 않고 있습니다. 그 이유는 네 번째 노래에 있습니다. 이사야 53장은 야훼의 종이 많은 백성의 죗값을 치르고 죽는다고 말합니다. 유대인들의 생각에 메시아가 죽는다는 것은 말이 되지 않았습니다. 그래서 메시아가 아니라 다른 누구를 두고 한 예언이라고 생각했습니다. 이 대목에서 네 번째 종의 노래를 읽어 볼 필요가 있습니다. 조금 길지만 전체를 보면 도움이 될 것입니다.

"나의 종이 매사에 형통할 것이니, 그가 받들어 높임을 받고, 크게 존경을 받게 될 것이다. 전에는 그의 얼굴이 남들보다 더 안 되어 보였고, 그 모습이 다른 사람들보다 더욱 상해서, 그를 보는 사람마다 모두 놀랐다. 이제는 그가 많은 이방 나라를 놀라게 할 것이며, 왕들은 그 앞에서 입을 다물 것이다. 왕들은 이제까지 듣지도 못한 일들을 볼 것이며, 아무도 말하여 주지 않은 일들을 볼 것이다.

우리가 들은 것을 누가 믿었느냐? 주님의 능력이 누구에게 나타났느냐? 그는 주님 앞에서, 마치 연한 순과 같이, 마른 땅에서 나온 싹과 같이 자라서, 그에게는 고운 모양도 없고, 훌륭한 풍채도 없으니, 우리가 보기에 흠모할 만한 아름다운 모습이 없다. 그는 사람들에게 멸시를 받고, 버림을 받고, 고통을 많이 겪었다. 그는 언제나 병을 앓고 있었다. 사람들이 그에게서 얼굴을 돌렸고, 그가 멸시를 받으니, 우리도 덩달아 그를 귀하게 여기지 않았다.

그는 실로 우리가 받아야 할 고통을 대신 받고, 우리가 겪어야 할 슬픔을 대신 겪었다. 그러나 우리는, 그가 징벌을 받아서 하나님에게 맞으며, 고난을 받는다고 생각하였다. 그러나 그가 찔린 것은 우리의 허물 때문이고, 그가 상처를 받은 것은 우리의 악함 때문이다. 그가 징계를 받음으로써 우리가 평화를 누리고, 그가 매를 맞음으로써 우리의 병이 나았다. 우리는 모두 양처럼 길을 잃고, 각기 제 갈 길로 흩어졌으나, 주님께서 우리 모두의 죄악을 그에게 지우셨다. 그는 굴욕을 당하고 고문을 당하였으나, 아무 말도 하지 않았다. 마치 도살장으로 끌려가는 어린 양처럼, 마치 털 깎는 사람 앞에서 잠잠한 암양처럼, 끌려가기만 할 뿐, 아무 말도 하지 않았다. 그가 체포되어 유죄판결을 받았지만 그 세대 사람들 가운데서 어느 누가, 그가 사람 사는 땅에서 격리된 것을 보고서, 그것이 바로 형벌을 받아야 할 내 백성의 허물 때문이라고 생각하였느냐? 그는 폭력을 휘두르지도 않았고, 거짓말도 하지 않았지만, 사람들은 그에게 악한 사람과 함께 묻힐 무덤을 주었고, 죽어서 부자와 함께 들어가게 하였다. 주님께서 그를 상하게 하고자 하셨다. 주님께서 그를 병들게 하셨다.

그가 그의 영혼을 속건제물로 여기면, 그는 자손을 볼 것이며, 오래오래 살 것이다. 주님께서 세우신 뜻을 그가 이루어 드릴 것이다. 고난을 당하고 난 뒤에, 그는 생명의 빛을 보고 만족할 것이다. 나의 의로운 종이 자기의 지식으로 많은 사람을 의롭게 할 것이다. 그는 다른 사람들이 받아야 할 형벌을 자기가 짊어질 것이다.

그러므로 나는 그가 존귀한 자들과 함께 자기 몫을 차지하게 하며, 강한 자들과 함께 전리품을 나누게 하겠다. 그는 죽는 데까지 자기의 영혼을 서슴없이 내맡기고, 남들이 죄인처럼 여기는 것도 마다하지 않았다. 그는 많은 사람의 죄를 대신 짊어졌고, 죄 지은 사람들을 살리려고 중재에 나선 것이다."
(사 52:13-53:12)

어떤 학자들은 예수님의 수난 이야기가 네 번째 종의 노래를 기초로 하여 날조된 것이라고 주장하기도 합니다. 학자들의 상상력이란 참 말릴 수 없습니다. 예수님의 십자가 처형만큼 역사적 증거가 분명한 사건도 찾아보기 힘듭니다. 이사야의 예언 이래 수백 년 동안 메시아에 대한 예언으로 간주된 적이 없는 본문을 기초로 메시아의 수난 이야기를 만들 사람은 없습니다. 그런 사람이 있었다 해도, 그 얼토당토 않은 말에 귀 기울일 사람은 없었을 것입니다.

또한 그렇게 날조된 믿음에 목숨을 건 사람들이 있었다면, 그것이야 말로 기적이라 할 수 있습니다. 이러한 주장을 하는 사람들이 있다는 사실은 네 번째 종의 노래가 예수님의 수난 과정에서 많이 실현되었다는 방증이기도 합니다. 그렇다면 예수님은 '고난의 종'으로서 바로 나의 죄를 대속하기 위해 고난당하셨다는 것이 분명합니다.

빌라도의 법정에서 지독한 고문과 학대를 당한 것이 바로 나를 위한 것이었습니다. 우리는 이 본문을 읽을 때 초대교인들처럼 생생하게 상상하지 못합니다. 그래서 나를 위해 주님이 얼마나 큰 고통을 당하셨는지를 제대로 느끼지 못합니다. 예수님에 관한 영화를 보고 그 장면들을 상상해 보면 도움이 될 것입니다. 그분이 맞은 채찍이 내가 맞아야 할 채찍이었고, 그분이 찔린 것이 바로 내가 찔려야 할 것이었으며, 그분의 죽음이 내가 당해야 할 죽음이었습니다.

3

나를 대신해 죽을 사람이 있다는 것은 얼마나 큰 위로이며 힘이 됩니까? 과거에 우리 어머니들은 그랬습니다. 불행히도 그렇지 않은 어머니도 있지만, 대부분의 어머니들은 자식을 위해 대신 죽을 만큼 사랑하셨습니다. 그래서 어머니의 사랑은 하나님의 사랑을 가장 많이 닮았다고 말합니다. 그런 어머니를 둔 것은 크나큰 행복입니다. 그런데 어머니와는 비교할 수 없이 높고 존귀한 분이 나를 위해 대신 죽어 주셨다는 것이 성경의 증언입니다. 내가 받아야 할 모든 모욕과 형벌을 받고 십자가에서 나를 대신해 죽으셨습니다. 그로써 하나님 앞에서 내가 해결해야 할 모든 빚은 청산되었습니다.

십자가를 묵상할 때마다 우리는 감당할 수 없는 이 은혜에 젖어듭니다. 십자가의 보혈은 의지할 때마다 우리에게 씻는 물이 되고 생명수가 됩니다. 십자가의 그늘은 우리의 영혼을 쉬게 하는 포근한 품입니다. 십자가는 활짝 벌린 하나님의 팔입니다. 우리가 달려가 안길 수 있는 넓은 품입니다. 그 모든 일이 예수님의 희생을 통해 이루어졌습니다. 우리로서는 그 은혜를 감당할 수 없습니다. 그렇기 때문에 그 은혜를 경험한 사람들은 자신의 모든 것을 드려 주님을 사랑하고 주님을 위해 헌신합니다. 나를 위해 생명을 주신 그분께 나도 모든 것을 드려 사랑하고 싶기 때문입니다. 그것이 진정한 믿음의 능력입니다.

오늘 말씀을 통해 나에게 들려주시는 성령의 음성에 귀 기울이며
잠시 묵상과 기도의 시간을 가지십시오.

34
예수께서 십자가에 못 박히시다
마태복음 27:32-37

> 그들은 예수를 십자가에 못 박고 나서,
> 제비를 뽑아서, 그의 옷을 나누어 가졌다.
> 그리고 거기에 앉아서, 그를 지키고 있었다.
> 그리고 그의 머리 위에는 "이 사람은 유대인의 왕 예수다"
> 이렇게 쓴 죄패를 붙였다.
> —— 마 27:35-37

I

병사들은 예수님에게 십자가를 지우고 비아 돌로로사를 걸어가게 합니다. 총독 관저로부터 골고다까지는 약 6백 미터 정도 됩니다. 지금 예루살렘에 보존되어 있는 비아 돌로로사는 예수님이 걸으셨던 길과 같은 길일 것입니다. 그 길은 폭이 2미터 정도이고, 양옆으로 가게가 즐비하게 늘어서 있습니다. 지금도 그렇지만 그때도 그랬을 것입니다. 예루살렘은 예부터 순례객들이 먹여 살렸습니다. 숙박업과 상업 그리고 제물을 공급하는 것이 주된 수입원이었습니다.

몹시 혹독한 고문을 당하셨기 때문에 예수님은 무거운 십자가를 끌고 갈 힘이 부족했습니다. 꾸불꾸불하고 경사가 있어서 고문당한 사람이 십자가를 지고 이 길을 오르는 데는 시간이 꽤 걸렸을 것입니다. 뿐만 아니라 여러 번 쓰러졌을 것입니다. 주님은 철저히 한 인간으로서 십자가를 짊어지고 가십니다. 병사들은 예수님이 더 이상 십자가를 지고 갈 수 없다고 판단하고는 대신 질 사람을 찾습니다. 그들은 지켜보는 무리 중에서 적당한 사람을 찾았습니다. 그때 걸려든 사람이 구레네 시몬입니다. 구레네는 아프리카 북부에 있는 도시인데, 그곳에는 유대인들이 많이 살고 있었습니다. 구레네는 유월절 순례를 위해 예루살렘에 와 있다가 봉변을 당한 것입니다.

그렇게 하여 일행은 골고다에 이릅니다. 아람어로 '해골이 있는 곳'이라는 뜻입니다. 아마도 그곳은 오래도록 처형장으로 사용되었던 것 같습니다. 원래 십자가에 처형된 사람들의 시신은 수습할 수 없게 되어 있었습니다. 예수님의 경우에는 산헤드린 의원이었던 아리마대 요셉이 빌라도에게 특별히 요청했기에 시신을 수습하여 매장했지만, 보통 시신은 처형된 자리에 그냥 두게 되었습니다. 그것이 십자가형이 두려운 또 다른 이유였습니다. 사형수가 십자가에서 죽으면 매달린 채로 시신이 썩어가다가 신체의 일부가 하나씩 땅에 떨어집니다. 그러면 새가 지나가다가 앉아 파먹고 지나가던 개가 뜯어 먹습니다. 그렇게 땅바닥에 나뒹굴어 썩는 것이 사형수의 운명입니다. 그렇기 때문에 그 처형장이 '해골이 있는 곳'이라는 이름을 가지게 되었을 것입니다.

지금은 골고다에 '성묘교회'가 세워져 있습니다. 성묘교회 안에 들어가면 예수님의 십자가가 세워졌던 자리가 보존되어 있고, 십자가를 꽂아 두었던 바위가 보존되어 있습니다. 물론, 역사적 신빙성은 매우 낮습니다. 그곳이 골고다였을 가능성은 높지만, 예수님의 십자가가 세워졌던 자리인지는 정확하지 않습니다. 지금도 그곳에는 순례객들로 발 디딜 틈을 찾기 어렵습니다. 저도 그곳에 섰을 때 다른 생각을 하기 어려웠습니다. 그곳 어디에선가 주님이 물과 피를 다 쏟으시고 죽임당하셨다는 사실을 생각하니 전율이 느껴졌습니다. 이 얼마나 큰 아이러니입니까? 죽음의 장소가 생명의 장소로 바뀐 것입니다.

병사들은 예수님의 옷을 다 벗기고 십자가 위에 뉘여 손과 발에 못을 박았을 것입니다. 굵은 대못이 생살을 뚫고 들어갈 때 그 고통이 얼마나 컸을까 상상해 봅니다. 병사들은 포도주에 쓸개를 타서 마시게 합니다. 시편 69편 21절 말씀이 예수님에게서 이루어진 것입니다. 다윗이 고난을 당할 때 "배가 고파서 먹을 것을 달라고 하면 그들은 나에게 독을 타서 주고, 목이 말라 마실 것을 달라고 하면 나에게 식초를 내주었습니다"라고 기도합니다. 병사들은 단지 예수님에게 고통을 주기 위해 이렇게 했는데, 시편의 예언이 실현된 것입니다.

십자가를 일으켜 세울 때 또한 엄청난 고통을 당하셨을 것입니다. 양팔과 다리를 통해 온몸으로 퍼지는 고통이 얼마나 컸겠습니까? 예수님이 십자가 위에서 고통으로 신음할 때, 병사들은 십자가 아래에서 예수님의 겉옷을 차지하기 위해서 제비를 뽑고 있었습니다. 유대인들의 겉옷은 중요한 재산 목록이었습니다. 낮에는 옷으로, 밤에는 이불로 사용했기 때문입니다. 그런 다음 병사들은 십자가 근처에 앉아서 예수님을 지키고 있었습니다. 십자가 위에는 죄패가 붙어 있었는데, "이 사람은 유대인의 왕 예수다"라고 쓰여 있었습니다. 요한복음에는 이 죄패가 세 언어, 즉 아람어와 로마어와 헬라어로 쓰였다고 합니다. 로마어는 제국의 공식 언어였고, 헬라어는 일반인들의 언어였으며, 아람어는 유대인들의 토속 언어였습니다.

2

이 말씀을 묵상하면서 먼저 구레네 시몬에 대해 생각합니다. 로마 병사들이 왜 그 사람을 택했는지 알 수 없습니다. 어떤 사람은 그가 예수님께 동정심을 보였기 때문이라고 추측합니다. 복음서들은 이 점에 대해 침묵합니다. 하지만 그의 이름을 분명하게 적어 놓은 것은 이 사건 이후 시몬이 중요한 인물로 알려졌기 때문일 것입니다. 그 중요한 순간에 주님의 십자가를 대신 짊어지고 갔으니, 그에게 특별한 체험이 되었을 것입니다. 그 이후로 그는 예수님의 제자가 되었고, 아프리카에 복음을 전하는 데 매우 중요한 역할을 했을 것입니다.

영화 "패션 오브 크라이스트"를 보면, 구레네 시몬은 처음에는 마지못해 십자가를 집니다. 그러다가 주님과 눈이 마주치는 순간 뭔가를 느낍니다. 그러고는 적극적으로 십자가를 지고 갑니다. 아마도 그랬을 가능성이 큽니다. 정치범으로 끌려가는 사형수의 십자가를 대신 지는 것을 좋아할 사람은 아무도 없을 것입니다. 그렇지만 그는 예수님의 눈동자에서 다른 것을 보았을 것입니다. 순간 자신이 얼마나 큰 영예를 얻었는지를 깨달았을 것입니다.

때로는 억지로 짊어지는 짐이 이렇게 놀라운 은총의 도구가 됩니다. 주님은 "내 제자가 되려는 사람은 자기 십자가를 지고 나를 따라오너라"고 말씀하셨습니다. '자기 십자가'는 주님을 따름으로써 부정하고 포기하고 손해 보아야 할 것을 뜻합니다. 그런데 때로는 다른 사람의 십자가도 짊어져야 합니다. 영국과 아일랜드에는 '구레네 시몬 운동'이라는 단체가 있습니다. 이 단체의 모토는 '짐을 나누어 지기'입니다. 다른 사람의 짐을 나누어 짐으로써 주님의 뜻을 따르자는 운동입니다. 다른 사람의 십자가를 지는 것은 어렵고 고통스러운 일이지만, 그럼으로써 우리는 주님을 만날 수 있는 기회를 얻습니다.

오늘 우리가 사는 사회는 자신의 짐까지도 다른 사람에게 얹어 주려 하는 사회입니다. 갈수록 이런 풍조가 심해져 가고 있습니다. 이런 시대에 우리는 이방인이 되어야 합니다. 가정과 교회 그리고 직장에서도 우리는 다른 사람의 짐을 대신 지는 구레네 시몬이 되도록 힘써야 합니다. 다른 사람을 도움으로써 자신의 공로를 키우자는 뜻이 아닙니다. 주님의 사랑으로 다른 사람의 짐을 덜어 주자는 것입니다. 작은 일이지만 그렇게 하는 과정에서 우리는 주님을 만나게 됩니다.

당신은 어떻습니까? 지금 당신 자신의 짐이 아닌, 다른 사람의 짐이 당신 어깨 위에 있습니까? 자녀들의 짐을 지는 것, 부모님의 짐을 지는 것, 형제의 짐을 지는 것 그리고 배우자의 짐을 지는 것은 아름다운 일입니다. 이것은 기본인데, 이 기본조차 지키지 않는 가정이 적지 않습니다. 어떤 경우에는 그 짐이 너무 힘겨운 경우도 있습니다. 그럴 때는 주님께 힘을 구하십시오. 그 모든 짐을 기쁨으로 감당할 수 있는 힘을 구할 때, 주님이 함께 짐을 져 주실 것입니다.

혹시 가족 외에 다른 사람의 짐을 지고 있습니까? 내 짐만으로도 버거워 주변을 살필 여력이 없습니까? 교회에서, 직장에서 혹은 사회에서 어떻게 살고 있습니까? 우리의 짐이 우리가 맡은 사랑의 분량입니다. 그것은 또한 은혜의 분량입니다. 우리 안에 주님의 사랑이 더 커지고 은혜가 더 깊어지게 하려면, 이웃의 짐을 나누어 지는 일에 더 민첩해야 할 것입니다. 더욱 중요한 것은 주님이 짊어져야 할 짐을 지는 것입니다. 주님의 남은 고난을 감당하는 일입니다. 한 사람이라도 더 구원에 이르도록 복음을 전하고, 주님의 몸인 교회가 주님의 뜻을 이루도록 짐을 지는 것은 우리의 영예요 주님 앞에 내놓을 유일한 자랑입니다.

3

한편 십자가 위에 붙어 있는 죄패에 주목할 필요가 있습니다. 거기에는 세 가지 언어로 "이 사람은 유대인의 왕 예수다"라고 쓰여 있습니다. 왕을 자처한 죄로 십자가형을 받았다는 뜻입니다. 이것은 예수님의 고난 이야기 전반에 깔려 있는 아이러니 중 하나입니다. 왕을 자처했다는 이유로 십자가에 달려 죽은 그분이 실은 왕 중의 왕이십니다. 그래서 어떤 사람은 십자가 처형 사건이 예수님의 '왕위 취임식'이었다고 말합니다. 그러나 이 표현에는 문제가 있습니다. 그분은 십자가에 달려 죽으시기 전에도 왕이셨기 때문입니다. 하지만 십자가에서 죽으심으로써 주님은 영원한 왕으로서 해야 할 가장 위대한 일을 하신 것입니다.

주님은 인간의 몸을 입고 오셔서 가장 낮은 자리에 이르셨습니다. 십자가에 달려 죽는 것은 인간으로서 당할 수 있는 최악의 죽음이었습니다. 그렇게 스스로 종이 되어 모든 이들을 위해 죽는 길을 걸으신 주님을, 하나님은 다시 일으켜 주시고 모든 이름 위에 뛰어난 이름을 주셨습니다. 초대교인들은 이 사건을 찬송가로 만들어 불렀습니다. 그 찬송가가 빌립보서에 기록되어 있습니다.

"그는 하나님의 모습을 지니셨으나, 하나님과 동등함을 당연하게 생각하지 않으시고, 오히려 자기를 비워서 종의 모습을 취하시고, 사람과 같이 되셨습니다. 그는 사람의 모양으로 나타나셔서, 자기를 낮추시고, 죽기까지 순종하셨으니, 곧 십자가에 죽기까지 하셨습니다. 그러므로 하나님께서는 그를 지극히 높이시고, 모든 이름 위에 뛰어난 이름을 그에게 주셨습니다. 그리하여 하늘과 땅 위와 땅 아래 있는 모든 것들이 예수의 이름 앞에 무릎을 꿇고, 모두가 예수 그리스도는 주님이시라고 고백하여, 하나님 아버지께 영광을 돌리게 하셨습니다." (빌 2:6-11)

예수 그리스도, 그분은 온 인류의 왕이시며, 그렇기 때문에 나의 왕이십니다. 민주주의 체제와 정신에 익숙한 우리는 왕을 섬기는 것에 대해 잘 이해하지 못합니다. 민주주의는 내가 세상의 중심이며 모든 것을 내가 결정한다고 착각하게 만듭니다. 통치자는 내가 뽑아 세우는 것이며, 마음에 들지 않으면 언제든 바꿀 수 있다고 생각합니다. 이 세상의 정치 영역에서는 민주주의가 나름 괜찮은 체제라 할 수 있지만, 하나님과의 관계에는 어울리지 않습니다.

예수 그리스도는 우리의 왕이십니다. 내가 중심이 아니라 주님이 중심입니다. 내가 왕을 선택한 것이 아니라 왕이 나를 선택하셨습니다. 내가 왕을 바꿀 수 있는 것이 아닙니다. 그분은 영원한 왕이십니다. 내가 목적이 아니라 주님이 목적입니다. 내가 결정하는 것이 아니라 주님이 결정하십니다. 선한 임금이신 예수님은 백성의 행복만을 바라고 그것만을 위해 일하십니다. 선한 백성인 우리는 왕의 기쁨을 위해 헌신을 다합니다. 그것이 하나님 나라의 질서입니다.

우리는 어떻습니까? 예수 그리스도가 우리 삶에서 왕으로 섬김을 받고 있습니까? 얼마나 많은 사람들이 예수님을 믿는다고 하면서 그분을 시종처럼 부리려 합니까? 나의 필요와 욕망을 위해 섬겨 달라고 구하고 있는 것은 아닙니까? 왕이신 주님을 높이고 그분의 뜻을 행하려는 열심이 과연 우리에게 있습니까? 우리의 믿음과 헌신은 과연 왕이신 그분의 위엄에 얼마나 어울립니까? 우리에게는 정말 주님이 전부입니까?

오늘 말씀을 통해 나에게 들려주시는 성령의 음성에 귀 기울이며
잠시 묵상과 기도의 시간을 가지십시오.

35

십자가에 달린 채 조롱받으시다

마태복음 27:38-44

> 그때에 강도 두 사람이 예수와 함께 십자가에 못 박혔는데,
> 하나는 그의 오른쪽에, 하나는 그의 왼쪽에 달렸다.
> 지나가는 사람들이 머리를 흔들면서, 예수를 모욕하여 말하였다.
> "성전을 허물고, 사흘 만에 짓겠다던 사람아,
> 네가 하나님의 아들이거든, 너나 구원하여라. 십자가에서 내려와 보아라."
> —— 마 27:38-40

I

이제 예수님은 벌거벗은 채로 십자가에 못 박혀 공중에 매달려 계십니다. 때는 한낮입니다. 유대 땅에서의 한낮은 눈부신 햇살이 강렬하게 내리쬐입니다. 십자가에 달린 사형수는 공중에 달린 채 온몸으로 태양 볕을 받아야 하고, 못 박힌 손과 발로부터 온몸으로 전해지는 고통을 겪어야 하며, 서서히 몸에서 빠져나가는 물과 피로 인해 지독한 갈증에 시달려야 합니다. 그렇게 공중에 매달려 의식을 잃고 찾기를 반복하다가 결국 숨이 끊어집니다.

예수님 옆에는 강도 두 사람이 함께 못 박혔습니다. 한 명은 오른쪽에, 다른 한 명은 왼쪽에 달렸습니다. 이 장면 역시 아이러니입니다. 예수님이 십자가에 달리신 것은 '하나님 나라의 대관식'과 같은 것입니다. 주님

은 영원한 임금으로서 보좌 위에 오르셨습니다. 왕이 보좌에 오르면 양쪽에 신하가 서게 됩니다. 야고보와 요한은 자신들이 그 자리에 서게 해달라고 부탁했습니다. 예수님 양옆에 달린 두 강도는 예수님의 왕권을 더욱 분명하게 보게 해주는 아이러니입니다.

마태는 '강도'라는 말을 씁니다만, 로마 정부는 단순 절도범을 십자가에 처형하지 않았습니다. 그 두 사람은 분명히 로마 정부의 시각에서 볼 때 불순분자였을 것입니다. 반란을 꾀하거나 테러를 자행했던 사람들이었을 것입니다. 44절에 보면 두 사람이 모두 예수님을 욕했다고 되어 있는데, 누가복음에 보면 한 사람은 욕을 하고 다른 한 사람은 예수님께 회개하는 것으로 되어 있습니다. 아마도 마태가 한 사람의 회개 이야기를 몰랐을지 모릅니다. 아니면, 처음에는 둘 다 욕을 했는데 시간이 지나면서 한 사람이 마음을 바꾸어 회개했을 수도 있습니다. 십자가에 매달려 있던 긴 시간을 생각하면 가능한 일입니다. 구레네 시몬이 억지로 십자가를 졌다가 나중에 기꺼이 지고 간 것처럼 말입니다.

예수님에 관한 영화를 보면 골고다는 항상 사람들이 사는 곳에서 멀리 떨어진 곳에 있는 것처럼 그려져 있습니다. 그래서 예수님이 언덕 꼭대기나 깊은 계곡에서 처형되었다고 상상합니다. 십자가형은 우리나라에서 옛날에 행했던 효수형(梟首刑)과 마찬가지로 사람들에게 극도의 공포감을 주기 위한 처형 방법이었습니다. 그래서 사람들이 자주 왕래하는 길목에 십자가를 세웠습니다. 십자가를 그리 높이 세우지도 않고, 키가 큰 사람이면 마주보고 대화할 정도의 높이에 죄수를 매달았습니다. 마음만 먹으면 사형수의 몸을 자세히 볼 수 있을 정도였습니다.

그랬기에 지나가던 사람들이 예수님의 모습을 보고 조롱합니다. 어떤 사람은 "성전을 허물고, 사흘 만에 짓겠다던 사람아, 네가 하나님의 아들이거든, 너나 구원하여라. 십자가에서 내려와 보아라" 하고 빈정거립니다. 예수님의 처형을 끝까지 지켜보았던 대제사장과 율법학자와 장로들도 결국 문젯거리를 해결했다고 안심하면서 마음 놓고 모욕합니다. "그가 남은 구원하였으나, 자기는 구원하지 못하는가 보다! 그가 이스라엘 왕이시니, 지금 십자가에서 내려오시라지! 그러면 우리가 그를 믿을 터인데! 그가 하나님을 의지하였으니, 하나님이 원하시면, 이제 그를 구원하시라지. 그가 말하기를 '나는 하나님의 아들이다' 하였으니 말이다."

2

무리와 산헤드린 의원들이 예수님에게 퍼부은 모욕의 말들은 주님이 40일 동안 금식하며 지내실 때 겪었던 시험을 생각나게 합니다. 그때 사탄은 예수님에게 세 가지 시험을 합니다. 첫째는 돌로 빵을 만들라는 것이었고, 둘째는 성전 꼭대기에 뛰어내리라는 것이었으며, 셋째는 자신에게 절하라는 것이었습니다. 처음 두 번의 유혹을 제기할 때, 사탄은 "네가 하나님의 아들이거든"이라는 말로 시작합니다.

예수님은 요단 강에서 세례를 받으실 때 "이는 내가 사랑하는 아들이다. 내가 그를 좋아한다"(3:17)는 음성을 들으십니다. 그런 다음 광야에서 주님은 하나님의 아들로서의 사명을 이루기 위해 기도로써 준비합니다. 사탄은 바로 그 점을 공략합니다. 하나님의 아들이라면 그 증거를 드러내 보라고 유혹한 것입니다. 하나님의 아들로서의 사명을 이루기 위해 하나님이 주신 능력을 오용하도록 유혹한 것입니다. 자신의 배고픔을 해결하기 위해 하나님의 아들로서의 능력을 사용하라는 유혹이었고, 성전 꼭

대기에서 뛰어내려 하나님의 능력을 과시함으로 영적인 영웅이 되라는 유혹이었습니다. 주님은 이 유혹을 단호하게 거부하십니다.

유혹을 거부할 때마다 주님이 하신 대답을 생각해 볼 필요가 있습니다. 첫 번째 유혹에 대해 주님은 "성경에 기록하기를 '사람이 빵으로만 살 것이 아니라, 하나님의 입에서 나오는 모든 말씀으로 살 것이다' 하였다"(4:4)고 대답하십니다. 두 번째 유혹에 대해서는 "또 성경에 기록하기를 '주 너의 하나님을 시험하지 말아라' 하였다"(4:7)고 대답하십니다. 세 번째 유혹에 대해서는 "사탄아, 물러가라. 성경에 기록하기를 '주 너의 하나님께 경배하고, 그분만을 섬겨라' 하였다"(4:10)고 대답하십니다. 이 세 가지 대답을 통해 주님은 일관되게 하나님의 뜻만을 따르겠다는 의지를 표현하십니다. 주님이 원하시는 것은 자신의 욕망을 채우는 것도 아니고, 영적인 영웅이 되는 것도 아니며, 세상 권력을 얻자는 것도 아닙니다. 하나님의 아들로서 오직 아버지의 뜻에 순종하는 것이 당신이 가실 길이라는 사실을 천명하신 것입니다.

이렇게 본다면, 예수님은 처음부터 십자가를 지도록 결정되어 있었다고 할 수 있습니다. 요단 강에서 세례 요한에게 회개의 세례를 받으신 것도 마찬가지입니다. 주님은 회개할 죄가 없었습니다. 그런 분이 회개의 세례를 받으셨습니다. 그렇다면 그분은 당신 자신의 죄가 아니라 인류의 죄를 대신 짊어지고 회개의 세례를 받으셨다는 뜻입니다. 세례 요한이 예수님을 보고 "보시오, 세상 죄를 지고 가는 하나님의 어린 양입니다"라고 했는데, 주님은 세상의 죄를 지고 세례를 받으신 것입니다. 따라서 십자가는 이미 요단 강에서 시작되었다고 말할 수 있습니다. 뿐만 아니라 광야에서 사탄에게 시험을 받으실 때, 주님은 오직 하나님의 뜻만을 따를 것이라는 사실을 천명하셨습니다. 그 무엇도 주님의 마음을 흔들지 못할 것이라는 것을, 광야 이야기에서 확인할 수 있습니다. 그러므로 광야에서 시험 받으실 때 이미 주님은 십자가를 지겠다고 결심하신 것으로 보입니다.

이제 십자가 위에서 주님은 마지막 시험을 받으십니다. 사실, 무리들과 산헤드린 의원들의 모욕과 조롱은 주님에게 시험거리가 되지 않았을 것입니다. 하지만 그들의 조롱은 주님이 무엇을 위해 어떤 고난을 당하고 있는지를 더욱 선명하게 보여 줍니다. 그들은 예수님이 하나님의 아들이 아니라고 생각하고 마음 놓고 조롱하고 있는 것입니다. 하지만 주님은 진실로 하나님의 아들이셨습니다. 그분은 그들이 조롱하는 대로 당장 십자가에서 내려와 능력을 떨칠 수 있었습니다. 주님은 광야에서 이미 그렇게 하지 않기로 결심하셨지만, 만일 그렇게 했다면 어떻게 되었을까요?

그리스 소설가 니코스 카잔차키스(Nikos Kazantzakis)는 「최후의 유혹」(O teleftaios pirasmos, 열린책들 역간)이라는 책에서 그런 가정을 했습니다. 십자가 위에서 의식을 잃어 가던 주님이 일종의 환상을 경험하십니다. 그 환상에서 무리들이 조롱한 대로 십자가에서 뛰어내려 와 평범한 사내로 돌아가 막달라 마리아와 결혼하여 평범한 삶을 살아갑니다. 말도 안 되는 것 같지만, 예수님에게는 뿌리치기 어려운 달콤한 유혹이었을지도 모릅니다. 십자가 위에서만이 아니라 공생애 기간 동안 내내 이런 종류의 유혹을 대면하셨을 것입니다. 하나님 아버지의 사명을 내려놓고 소시민으로서 자신의 작은 행복을 위해 혹은 자신의 야망을 이루기 위해 살아가고 싶은 유혹 말입니다.

3

예수님이 가신 길은 우리가 따라가야 할 길입니다. 우리는 예수 그리스도로 인해 구원받고 이 땅에서 작은 그리스도인으로 살아가야 하는 존재입니다. 그러기 위해서는 우리도 예수님처럼 세례를 통해 옛 사람을 십자가에 못 박고 새로운 사람으로 거듭나야 합니다. 주님이 물에서 올라오실 때 성령이 비둘기처럼 임하셨고 "이는 내가 사랑하는 아들이다. 내가 그를 좋아한다"는 음성을 들으신 것처럼, 우리도 성령의 세례를 받고 우리 각자에게 들려주시는 하나님의 음성을 들어야 합니다. "너는 내가 사랑하는 자녀다. 내가 너를 좋아한다."

예수 그리스도를 믿는다는 말은 하나님의 자녀로 회복되는 것을 말합니다. 십자가 보혈의 공로 안에서 하나님의 자녀로 회복되어 이제는 하나님에게 '아빠'라고 부를 수 있게 되었습니다. 이 믿음이 있어야 합니다. 예수 그리스도의 은혜 안에서 하나님의 자녀가 되었다는 담대한 확신이 있어야 합니다. 그 확신을 가지려면 우리 자신을 보아서는 안 됩니다. 예수 그리스도의 십자가를 바라보아야 합니다. 나의 공로가 아니라 예수 그리스도의 공로로만 우리는 하나님의 자녀가 될 수 있습니다. 십자가를 통해 하나님은 우리에게 말씀하십니다. "너는 내 아들이다. 내 딸이다. 내가 너를 좋아한다."

하나님의 이 음성은 알고 보면 우리에게 필요한 '모든 것'입니다. 온 우주의 창조주이시며 영원하신 하나님이 나의 아버지가 되시며 예수 그리스도의 은혜 안에서 나를 무조건적으로 사랑하신다는 믿음은 우리의 마음과 영혼을 만족시킵니다. 이제는 무엇을 원해서가 아니라 이미 받은 은혜와 사랑에 보답하기 위해 살아갑니다. 채우기 위해서가 아니라 나누기 위해 일합니다. 누구에게 인정받기 위해서가 아니라 이미 받은 인정 때문에 일합니다. 누가 무슨 말을 해도 이젠 상관없습니다. 오직 주님만 바라보고 살아갑니다. 그것이 하나님의 자녀가 사는 길입니다.

사탄이 예수님을 넘어뜨리려 했던 유혹은 오늘날 우리에게도 있습니다. 하나님이 주신 것을 우리 자신의 욕구만을 위해서 사용하도록 유혹합니다. 사람들에게 인정받고 칭찬받고 싶어 합니다. 필요하다면 성전 꼭대기에서 뛰어내릴 수도 있습니다. 원하는 것을 얻기 위해서는 무슨 일이든 하고 싶어 합니다. 이기는 사람이 선이라는 생각으로 무조건 이기기를 힘씁니다. 사탄과 손을 잡는 것도 꺼리지 않습니다. 오늘 우리가 사는 세상이 무법천지가 된 이유가 바로 여기에 있습니다. 수단과 방법을 가리지 않고 자기에게 유익한 것을 얻으려고 노력합니다.

주님의 일생은 우리가 걸어가야 할 길입니다. 광야에서 시험 받을 때 주님이 하신 말씀을 기억해야 합니다. 한 번에 뒤집어엎을 수 있는 힘을 가지고 있으면서도 무력하게 모든 모욕과 박해를 견디어 내신 주님을 기억해야 합니다. 그분이 왜 그러셨는지를 기억해야 합니다. 하나님이 주신 모든 것을 오직 하나님의 뜻을 위해서만 사용하겠다는 고집 때문이었습니다. 모두 다 자신의 욕망을 이루기 위해 수단과 방법을 가리지 않는 세상에서 주님처럼 살아가면 필경 손해 보고 박해받고 때로는 패배자가 될 수 있습니다. 이 세상만 생각하면 주님처럼 사는 것은 가망 없는 일입니다. 하지만 우리는 하나님 나라를 믿습니다. 이 세상이 전부가 아님을 믿습니다. 그렇기 때문에 세상의 기준으로 패배자가 되는 것보다 하나님의 기준으로 패배자가 되는 것을 더 두려워해야 합니다.

주님은 세상적인 기준으로는 분명히 패배했습니다. 실패했습니다. 모든 것이 끝난 것 같았습니다. 하지만 하나님의 눈에는 정반대였습니다. 십자가는 하나님의 승리였습니다. 하나님의 성공이었습니다. 그것은 곧 예수 그리스도의 승리였습니다. 바로 그것이 우리가 추구해야 할 승리입니다. 세상의 기준이 아니라 하나님의 기준에서 승리하고 성공하는 것이 우리의 목표입니다. 그러기 위해서 오직 주님만을 목표로 삼고 나아갑니다. 주님이 이 걸음을 끝까지 지켜 주시기를 기도합니다.

오늘 말씀을 통해 나에게 들려주시는 성령의 음성에 귀 기울이며
잠시 묵상과 기도의 시간을 가지십시오.

36

예수께서 운명하시다

마태복음 27:45-54

> 백부장과 그와 함께 예수를 지키는 사람들이,
> 지진과 여러 가지 일어난 일들을 보고,
> 몹시 두려워하여 말하기를
> "참으로, 이분은 하나님의 아들이셨다" 하였다.
> —— 마 27:54

I

예수님이 십자가에 달리신 후 얼마 지나자 어둠이 온 땅을 덮었습니다. 정오부터 오후 세 시까지 어둠이 덮였고 주님도 침묵하셨습니다. 세 시간 동안 일어난 일에 대해서는 기록이 없습니다. 아마도 의식을 잃으셨는지 모릅니다. 아니면 침묵으로 기도하셨을지도 모릅니다. 주님의 침묵에 온 세상이 참여한 것으로 보입니다. 우주적 산통이 시작된 것입니다.

여기서 창세기의 첫 구절을 생각하는 것은 결코 지나친 일이 아닐 것입니다.

"태초에 하나님이 천지를 창조하셨다. 땅이 혼돈하고 공허하며, 어둠이 깊음 위에 있고, 하나님의 영은 물 위에 움직이고 계셨다." (창 1:1-2)

창조의 주님이신 하나님의 아들이 죽음에 이르렀을 때 온 세상에 어둠이 임했다는 사실은 창조 이전의 상태로 되돌아갔다는 뜻입니다. 첫 창조 이후의 모든 것이 해체되고 다시 원 상태로 돌아간 것입니다. 예수 그리스도의 죽음은 인류의 죄를 청산하는 것이지만, 깨어진 창조를 원 상태로 되돌리는 것이기도 합니다. 십자가는 한 영혼을 새로 지어내는 '영혼의 자궁'이기도 하지만, 온 우주를 새롭게 하는 '새 창조의 자궁'이기도 합니다. 예수님이 십자가에 달려 있는 동안에 땅은 진실로 혼돈하고 공허했습니다.

세 시쯤 예수님이 침묵을 깨고 말씀하십니다. "엘리 엘리 라마 사박다니?" 마태는 아람어를 모르는 사람들을 위해 친절하게 해석해 놓았습니다. "나의 하나님, 나의 하나님, 어찌하여 나를 버리셨습니까?"

지난 2천 년 동안 이 기도의 의미에 대해 많은 논의가 있었습니다. 어떤 사람은 하나님께 대한 예수님의 절망과 회의가 담긴 기도라고 해석하고, 또 어떤 사람은 하나님께 대한 원망과 저항의 기도라고 해석하기도 했습니다. 하지만 이 기도가 시편 22편의 첫 구절에서 온 것임을 고려해야 합니다. 예수님은 '시편의 사람'이라고 할 만큼 많은 시편을 암송하셨고 말씀과 기도 중에 자유자재로 시편을 사용하셨습니다. 시편 22편은 주님의 애송시 중 하나였습니다. 그 첫 구절이 이렇습니다.

"나의 하나님, 나의 하나님, 어찌하여 나를 버리십니까? 어찌하여 그리 멀리 계셔서, 살려 달라고 울부짖는 나의 간구를 듣지 아니하십니까? 나의 하나님, 온종일 불러도 대답하지 않으시고, 밤새도록 부르짖어도 모르는 체 하십니다." (시 22:1-2)

이 기도는 다윗이 극심한 고난 중에 드린 기도입니다. 그 이후로 이스라엘 사람들은 고난 중에 이 시편으로 기도했습니다. 웬만한 고난 중에 있을 때는 기도가 되지만, 고난의 도가 어느 수준을 넘어서면 기도가 되지 않습니다. 한숨과 신음만 나옵니다. 그럴 때 시편 22편을 읽음으로써 기도할 수 있습니다. 고난 중에 느낄 수 있는 감정들을 잘 표현해 놓았기 때문입니다. 때로 고난이 깊으면 마치 하나님으로부터 버림받은 것 같은 느낌이 듭니다. 주님의 이름을 아무리 불러도 대답이 없고, 자신의 모든 기도가 허공을 치는 것 같습니다. 그와 같은 침묵을 경험하다 보면, 하나님은 안 계시거나 무관심하거나 둘 중 하나라는 생각에 빠집니다.

예수님이 시편의 첫 구절로 기도하셨다는 말은 십자가에 달린 주님의 심정이 그렇다는 뜻입니다. 겟세마네에서 주님은 이 죽음의 무게와 깊이를 보시고 두려워 떠셨습니다. 온 인류의 죽음을 짊어지는 것이니 그럴 수밖에 없으셨을 것입니다. 이제 주님은 십자가 위에서 그 고난을 감당하고 계십니다. 우리로서는 그 고통의 깊이를 감히 상상하지 못합니다. 주님은 성부 하나님께, 그 고통을 끝까지 견딜 수 있도록 힘을 주시기를 구하셨을 것입니다. 세 시간 동안의 침묵이 기도 시간이었을지도 모릅니다. 그런데 끝내 아무 도움도 없었습니다. 주님은 그 모든 고통을 홀로 짊어지셔야 했습니다. 그때 성부 하나님도 함께 아파하셨겠지만, 주님의 고통을 줄여 주실 수는 없었습니다. 아니, 충분히 그럴 능력이 있으셨지만 그래서는 안 되는 일이었습니다. 그래서 주님은 마침내 입을 열어 이렇게 기도하신 것입니다.

하지만 이 기도는 절망의 기도도 아니고 원망의 기도도 아닙니다. 시편 22편은 하나님께 대한 원망으로 시작하지만, 실은 하나님이 구원해 주실 것을 믿고 간구하는 기도입니다. 위에서 인용한 구절에 바로 이어지는 구절에서 이렇게 기도합니다.

"그러나 주님은 거룩하신 분, 이스라엘의 찬양을 받으실 분이십니다. 우리 조상이 주님을 믿었습니다. 그들은 믿었고, 주님께서는 그들을 구해 주셨습니다. 주님께 부르짖었으므로, 그들은 구원을 받았습니다. 주님을 믿었으므로, 그들은 수치를 당하지 않았습니다." (시 22:3-5)

주님이 시편 22편의 첫 구절을 인용하실 때는 그 시편 전체를 마음에 두셨을 것입니다. 사정이 허락했다면 그 시편 전체를 암송하며 기도를 드렸겠지만, 지금은 그럴 상황이 아닙니다. 따라서 우리는 이 기도를 통해 주님이 당한 고난의 깊이를 생각해 보며 끝까지 하나님을 신뢰하려는 주님의 믿음을 보아야 합니다.

2

예수님이 이렇게 기도하시자 주변에 있던 사람들이 "이 사람이 엘리야를 부르고 있다"고 말합니다. '엘리'라는 말을 반복하자 '엘리야'라는 말로 알아들은 것입니다. 당시 유대인들은 마지막 날이 오기 전에 엘리야가 올 것이라고 믿었습니다. 그들은 예수님이 엘리야를 부르고 있다고 생각했습니다. 또 어떤 사람은 해면을 가져다가 신 포도주에 적셔서 갈대에 꿰어 예수님의 입에 가져다 대었습니다. 신 포도주는 계급이 낮은 병사들이 싼 값에 사 마시던 술이었습니다. 그러니 이것은 예수님을 괴롭히려는 행동이라기보다는 갈증을 덜어 주려는 행동이라고 할 수 있습니다.

얼마 후 예수님은 다시 큰 소리로 외치시고 숨을 거두십니다. 어떤 말을 했는지 마태는 정확하게 기록하지 않습니다. 예수님이 운명하시는 순간, 예루살렘 성전 휘장이 위에서 아래까지 두 폭으로 찢어졌고, 땅이 흔들리고 바위가 갈라졌습니다. 아울러 무덤이 열리고 잠자던 많은 성도의 몸이 살아났습니다.

예루살렘 성전에는 25미터짜리 두 겹의 휘장이 있었습니다. 지성소와 성소를 나누기 위한 것입니다. 지성소는 일 년에 한 번 대제사장이 들어가 하나님을 만나는 곳입니다. 다른 사람이 이곳에 들어가면 죽임을 당합니다. 따라서 성전 휘장은 하나님과 인간 사이에 가로막혀 있는 담을 말합니다. 인간의 죄로 인해 그 담이 만들어졌습니다. 예수님이 십자가에서 죽으심으로써 죄 문제를 해결하셨고, 하나님과 인간 사이를 가로막는 담은 허물어졌습니다.

따라서 성전 휘장이 위에서 아래로 찢어졌다는 말은 십자가 위에서 인간의 모든 죄가 해결되었다는 뜻입니다. 태초에 에덴동산에서 하나님과 인간이 나누었던 친밀한 교제가 회복되었습니다. 죄로 인해 잃어버렸던 낙원을 되찾을 것입니다. 새로운 창조가 일어난 것입니다. 지진이 일어나 땅이 흔들리고 바위가 갈라졌다는 것도 우주적인 변화를 의미합니다. 예수 그리스도의 죽음은 인간에게뿐 아니라 온 우주에 영향을 미치는 사건입니다. 첫 아담의 죄로 인해 온 피조 세계가 고통을 받게 된 것처럼, 둘째 아담의 희생은 온 세상을 새롭게 하는 힘입니다.

무덤과 잠자던 성도들의 부활에 대해서는 언급하지 않는 것이 더 나을 것입니다. 이 보도는 오직 마태복음에만 기록되어 있는데, 너무 간략해서 제대로 그 의미를 풀 수 없습니다. 그동안 성경학자들이 많은 연구를 했지만, 결론은 '모른다'는 것입니다. 정확히 무슨 일이 일어났고 어떻게 그런 일이 일어났는지, 우리는 알지 못합니다. 다만, 예수 그리스도의 죽음으로 인해 무덤의 세계, 즉 죽음의 세계에도 어떤 변화가 일어났다는 것만 확인하고 넘어가면 됩니다. 십자가 사건은 한 개인의 영혼을 변화시키는 사건이며, 온 우주를 새롭게 하는 사건이자, 죽음의 세계에도 중대한 변화를 일으킨 사건입니다.

이 모든 일을 지켜 본 백부장과 병사들은 "참으로, 이분은 하나님의 아들이셨다"고 말합니다. 조금 전까지만 해도 지나가던 사람들이 예수님에게 "네가 하나님의 아들이거든, 십자가에서 내려와 보아라"고 조롱했던 것과 대비됩니다.

주님은 광야에서 시험 받을 때부터 오직 하나님의 뜻에 순종하기만을 결심했습니다. 그렇기 때문에 십자가에 달리셨을 때 무리들의 조롱이 아무런 시험거리가 되지 않았을 것입니다. 그 모든 조롱과 모욕을 참아가며 주님은 하나님의 아들로서의 사명을 다하십니다. 그렇게 모든 일을 끝냈을 때, 유대인이 아닌 로마인 백부장이 "이분은 하나님의 아들이셨다"고 인정합니다. 하나님의 사람인 것은 과시하고 증명할 대상이 아닙니다. 묵묵히 하나님의 사람으로 살아내어 인정받아야 진짜입니다.

3

이 말씀을 묵상하며 우리는 먼저 주님이 우리를 위해 당하신 고난의 깊이를 생각합니다. 주님은 하나님께 버림받았다는 생각이 들 정도로 깊은 고통을 겪으셨습니다. 하나님께 고난의 무게를 조금이라도 줄여 주시기를 구했지만, 그래서는 안 되는 일이었습니다. 성부 하나님은 어쩌면 아들 예수님보다 더 아파하셨을 것입니다. 하지만 주님 홀로 감당해야만 하는 일이었기에 침묵으로 일관하셨습니다.

이 사실 앞에서 우리는 큰 위로를 받습니다. 주께서 우리 죄를 위해 고난당하셨다는 사실은 큰 위로가 됩니다. 또한 주님도 하나님의 침묵을 경험하셨다는 사실에서 위로를 받습니다. 믿음의 여정을 걷다 보면, 하나님의 침묵이나 부재를 경험하는 경우가 있기 마련입니다. 그럴 때, 하나님께 정직하게 자신의 감정을 드러내는 것이 결코 잘못이 아님을 확인하기에 위로를 받습니다. 뿐만 아니라 침묵과 부재를 경험하면서도 끝까지 하나님을 신뢰하고 의지하는 모범을 보았기에 위로가 됩니다.

이 말씀은 십자가의 의미를 환히 밝혀 줍니다. 십자가는 내 죄를 위한 것만이 아닙니다. 온 인류의 죄를 해결한 사건이며 동시에 온 우주가 새로워지는 사건입니다. 죄로 인해 파괴된 온 우주는 예수 그리스도의 십자가 안에서 새롭게 지어집니다. 십자가는 한 영혼에게도 새 창조의 사건이지만, 온 우주에게도 새 창조의 사건입니다. 죽음의 세계까지도 십자가에 의해 영원히 변모되었습니다. 십자가로 인해 죽음의 문은 더 이상 닫힌 문이 아니며, 죽음의 쏘는 침은 제거되었습니다.

다시 십자가를 바라봅니다. 이제 겸손히 고개 숙이고 십자가를 찬미합니다. 십자가에서 죽임당하시고 부활하신 주님을 찬양합니다.

오늘 말씀을 통해 나에게 들려주시는 성령의 음성에 귀 기울이며
잠시 묵상과 기도의 시간을 가지십시오.

37
예수께서 장사되시다
마태복음 27:55-66

> 날이 저물었을 때에, 아리마대 출신으로
> 요셉이라고 하는 한 부자가 왔다. 그도 역시 예수의 제자이다.
> 이 사람이 빌라도에게 가서, 예수의 시신을 내어 달라고 청하니,
> 빌라도가 내어 주라고 명령하였다. 그래서 요셉은 예수의 시신을 가져다가,
> 깨끗한 삼베로 싸서, 바위를 뚫어서 만든 자기의 새 무덤에 모신 다음에,
> 무덤 어귀에다가 큰 돌을 굴려 놓고 갔다.
> —— 마 27:57-60

I

예수님이 십자가에 달려 돌아가실 때, 그곳에는 로마 병사들과 지나가는 행인들만 있었습니다. 요한복음에 의하면, 제자 중 요한만이 그 자리를 지켰다고 합니다. 반면, 갈릴리에서부터 주님을 따라다니며 돕던 여인들이 멀리서 그 모든 과정을 지켜보았습니다. 그들 중에는 예수님의 어머니 마리아, 막달라 마리아, 야고보와 요셉의 어머니 마리아 그리고 세베대의 아들들의 어머니, 즉 세베대의 아내가 있었습니다. 드러나는 일, 나서는 일, 거창한 일들을 도맡아 하던 남자들은 뿔뿔이 흩어졌고, 숨어서 허드렛일로 섬기던 여자들이 끝까지 주님을 따랐습니다. 역시, 약하지만 강한 것이 여성입니다.

날이 저물었을 때, 아리마대 출신의 요셉이 빌라도를 찾습니다. 그는

산헤드린 의원으로 부자였습니다. 또한 그가 '예수의 제자'였다고 마태는 말합니다. 산헤드린 의원으로 드러내 놓고 예수님을 따를 수는 없었습니다. 그러니까 요셉이 예수의 제자였다는 말은 드러내지는 않았지만 예수님을 믿었다는 뜻입니다. 그는 산헤드린 의회의 일원으로서 예수님이 재판 받을 때 그 자리에 있었을 것입니다. 하지만 그는 소수 의견을 낼 만한 믿음도, 그럴 만한 용기도 없었습니다. 그래서 침묵하고 지켜보았을 것입니다. 그런 까닭에 그는 예수님에 대해 아주 무거운 마음의 짐을 지게 되었습니다.

요셉은 자신의 비겁한 믿음에 대해 부끄러이 여기며 주님을 위해 자신이 할 수 있는 일이 있는지 찾았을 것입니다. 정치범으로 십자가형을 당한 사형수의 시신을 요구하는 것은 위험한 일이었습니다. 십자가형을 당한 사형수들은 원칙적으로 십자가 위에 그대로 두게 되어 있었습니다. 하지만 예외가 없는 것은 아니었습니다. 얼마 전, 예수님 시대에 십자가형을 당한 청년의 유골함이 발견되었습니다. 그로 인해 십자가형을 받은 사형수의 시신이 수습되기도 했다는 사실이 확인되었습니다.

요셉은 그것이 위험하기는 하지만 불가능한 일도 아니라고 생각했습니다. 빌라도 총독이 유대 지도자들의 압력 때문에 마지 못해 예수님을 처형했다는 사실을 알고 있었기 때문입니다. 무고하게 살해당한 사형수에 대한 마음의 짐이 빌라도에게 있을지 모른다고 생각했을 것입니다. 산헤드린 의원 정도의 신분이라면 빌라도 총독을 접견하는 것은 어려운 일이 아니었습니다.

요셉의 청을 받은 빌라도는 백부장에게 예수님의 상태가 어떤지 알아보도록 지시합니다. 십자가형으로 처형당한 사형수가 하룻밤을 넘기지 못하는 경우는 드물었기 때문입니다.

바로 이 지점에서 문제가 생겼다고 주장하는 사람들이 있습니다. 예수님이 실제로는 죽은 것이 아니었다는 주장입니다. 백부장은 예수님이 죽은 것으로 오판하고 시신을 넘겨주었고, 주님은 서늘한 무덤에서 이틀 동안 쉬다 회복되시어 제자들에게 나타나셨다는 것입니다. 예수님은 제자들에게 자신이 부활했다고 거짓말을 했고 그 거짓말이 지금까지 통용되고 있다는 뜻입니다. 만일 이것이 사실이라면, 기독교는 거대한 사기극입니다.

이 주장에는 여러 가지 문제가 있습니다. 첫째, 로마 병사들 중에는 고문 기술자와 살인 기술자들이 많았습니다. 그들이 예외적으로 일찍 숨을 거둔 사형수의 시신을 그렇게 어설프게 처리한다는 것은 상상할 수 없는 일입니다. 둘째, 설사 그렇다 해도 예수님이 죽지도 않았으면서 부활하셨다는 거짓말을 하셨을 리가 없습니다. 이전까지 그분이 하신 말씀과 행적을 고려해 본다면, 그런 사기 행각은 상상할 수도 없습니다. 예수님이 십자가형의 충격으로 정신이상이 되지 않았다면 일어날 수 없는 일입니다. 셋째, 제자들이 그렇게 어설프게 속아 넘어갔다고 상상하는 것도 말이 되지 않습니다. 스승의 죽음에 아무리 충격을 받았다고 해도 분별력을 완전히 잃어버렸을 리는 없습니다.

백부장은 예수님이 운명하셨다는 사실을 빌라도에게 확인해 주었고, 빌라도는 요셉에게 시신을 수습하도록 허락합니다. 요셉에게는 아직 아무도 사용하지 않은 무덤이 있었습니다. 유대인들은 무덤으로 대개 바위 동굴을 사용했습니다. 바위에 동굴을 파서 만들기도 하고, 자연 동굴을 사용하기도 했습니다. 보통 한 동굴 안에 여러 사람을 매장할 수 있도록 만들었습니다. 그래서 오래 된 무덤에는 한두 구의 시신이 안장되어 있었습니다. 요셉은 한 번도 사용된 적이 없는 새 무덤을 가지고 있었습니다.

때는 금요일 오후였습니다. 오후 세 시에 운명하셨으니, 해가 떨어지기 전에 서둘러야 했습니다. 해가 지고 안식일이 시작되면 아무 일도 할 수 없었기 때문입니다. 유대의 장례 예식은 과거에 우리가 경험했던 유교의 장례 예식만큼이나 복잡하고 까다로웠습니다. 그 모든 절차를 행할 만한 시간적 여유가 없었습니다. 그래서 요셉은 깨끗한 삼베로 시신을 싸고 무덤에 안장합니다. 그러고는 큰 돌을 굴려서 입구를 막아 놓습니다. 지금도 이스라엘에 가면 무덤 입구를 막아 놓았던 돌문들을 흔히 볼 수 있습니다. 무덤 입구가 꽤 컸기 때문에 무덤을 막아 놓은 돌문도 혼자서 움직이기 어려울 정도로 무겁고 컸습니다. 도둑이 도굴하거나 동물이 들어가 시신을 훼손하는 일도 있었기 때문에 무덤 입구를 단단히 막아 두었습니다. 요셉도 그렇게 했습니다. 일차 매장을 한 뒤에 시신의 부패가 다 이루어지면 유골을 수습하여 돌로 만든 유골함에 넣어 이차 매장을 합니다.

예수님이 십자가에 달려 돌아가실 때에도 멀리서 그 모든 과정을 지켜 본 여인들이 있었습니다. 그들은 아리마대 요셉을 멀찍이 따라가면서 지켜봅니다. 그들은 감히 주님을 위해 아무것도 할 수 없었지만, 그분 곁을 떠날 수 없었습니다. 그 소박한 마음이 나중에 큰일을 하게 만듭니다.

금요일 밤이 지나고 토요일, 즉 안식일 아침이 밝았습니다. 그때 대제사장들과 바리새파 사람들이 빌라도를 찾아갑니다. 밤새 예수님의 시신이 매장된 것을 알았습니다. 아마도 이때부터 아리마대 요셉은 산헤드린 의원들에게 따돌림과 미움을 받았을 것입니다. 그들은 빌라도에게 찾아와 이렇게 말합니다.

"각하, 세상을 미혹하던 그 사람이 살아 있을 때에 사흘 뒤에 자기가 살아날 것이라고 말한 것을, 우리가 기억하고 있습니다. 그러니 사흘째 되는 날까지는, 무덤을 단단히 지키라고 명령해 주십시오. 혹시 그의 제자들이 와서, 시체를 훔쳐 가고서는, 백성에게는 '그가 죽은 사람들 가운데서 살아났다' 하고 말할지도 모릅니다. 그렇게 되면, 이번 속임수는 처음 것보다 더 나쁜 영향을 미칠 것입니다." (63-64절)

이쯤 되면 빌라도는 예수님에 대한 그들의 집요한 요청에 진절머리가 났을 것입니다. 처음부터 개입하고 싶지 않았던 사건이었습니다. 이제 다 끝난 줄 알았는데, 그들이 다시 찾아와 괴롭게 합니다. 빌라도는 더 이상 관여하고 싶지 않았습니다. 그래서 "경비병을 내줄 터이니, 물러가서 재주껏 지키시오"(65절)라고 대답합니다. 그들은 내어 준 경비병들을 데리고 무덤 있는 곳으로 가서 돌을 더 단단히 봉인하고 경비를 서게 합니다.

2

바울 사도는 자신이 전해 받은 복음에 대해 말한 적이 있습니다. 그 복음은 자신이 전해 받은 것이자 자신이 전하고 있는 것이었습니다. 바울에 의하면, 복음의 내용은 이러했습니다.

"형제자매 여러분, 내가 여러분에게 전한 복음을 일깨워 드립니다. 여러분은 그 복음을 전해 받았으며, 또한 그 안에 서 있습니다. 내가 여러분에게 복음으로 전해 드린 말씀을 헛되이 믿지 않고, 그것을 굳게 잡고 있으면, 그 복음을 통하여 여러분도 구원을 얻을 것입니다. 나도 전해 받은 중요한 것을 여러분에게 전해 드렸습니다. 그것은 곧, 그리스도께서 성경대로 우리 죄를 위하여 죽으셨다는 것과, 무덤에 묻히셨다는 것과, 성경대로 사흘날에 살아나셨다는 것과, 게바에게 나타나시고 다음에 열두 제자에게 나타나셨다고 하는 것입니다." (고전 15:1-5)

이 말씀에 의하면, 복음은 예수 그리스도에게 일어난 사건입니다. 그 사건은 네 가지로 요약됩니다. 1) 예수님은 그리스도로서 성경에 예언된 대로 우리 죄를 위해 십자가에 죽으셨다는 것, 2) 무덤에 장사되었다는 것, 3) 성경에 예언된 대로 사흘 만에 살아나셨다는 것, 4) 제자들에게 나타나셨다는 것입니다. 처음부터 예수님에게 일어난 일들을 말할 때마다 언제나 '십자가에 달려 죽으셨다는 것'과 함께 '무덤에 장사되었다'는 것이 명시되었습니다. 우리가 고백하는 사도신경에도 장사되었다는 사실이 따로 언급되어 있습니다.

거기에는 그만한 이유가 있습니다. 가장 중요한 이유는 실제로 그렇게 되었기 때문입니다. 예수님은 무덤, 즉 죽음의 세계 가장 깊은 곳까지 내려가셨습니다. 완전한 죽음을 경험하신 것입니다. 한 인간으로 겪어야 할 모든 것을 겪으셨습니다. 그렇기 때문에 이 사실을 따로 명시하는 것이 필요했습니다. 또 다른 이유는 예수님의 부활이 진실이었다는 사실을 강조하기 위함이었습니다. 예수님의 부활에 대해 두 가지 증거가 있었습니다. 하나는 빈 무덤이었고, 다른 하나는 부활하신 주님을 만난 사건입니다. 무덤이 비었다는 사실이 증거가 되려면 무덤에 묻히셨다는 사실이 확인되어야 합니다. 특히 십자가형을 당한 사람들의 시신이 매장되지 않았던 관례를 생각하면, 이 사실을 명시하는 것은 매우 중요했습니다.

주님은 무덤에 들어가셔서 무덤 문을 열어 놓으셨습니다. 죽음의 세계에 내려가 죽음의 쏘는 침을 제거하셨습니다. 주님 안에서 무덤은 더 이상 어둠의 세계가 아닙니다. 주님 안에서 죽음은 더 이상 두려움의 대상이 아닙니다. 주님은 무덤에 들어가 죽음의 땅을 생명의 땅으로 바꾸어 놓으셨습니다. 이로써 주님은 인간이 가장 두려워하는 대상인 죽음을 무력화시키셨습니다.

따라서 주님을 믿는 사람은 죽음을 다른 시각으로 볼 수 있어야 합니다. 그것은 생의 종착점이 아니라 새로운 세상으로 들어가는 문입니다. 마치 태중에 있던 아이가 새로운 세상에 태어나는 것처럼, 죽음은 하나님의 영원한 나라로 나아가는 문입니다. 이 땅에서 죽는 날은 또 다른 생일이 될 것입니다.

3

아리마대 요셉을 생각합니다. 산헤드린 의원인 그가 어떻게 주님의 복음을 접하게 되었는지 알 수 없습니다. 그 역시 니고데모처럼 그리고 사울처럼 율법에 절망하고 구원의 길을 찾았던 사람일 것입니다. 그는 예수님을 믿게 되었지만 아직 그것을 드러낼 만한 용기가 없었습니다. 그러기에는 그가 가진 것이 너무 많았습니다. 자신이 예수의 제자가 된 것을 드러낸다면 자신이 누리던 모든 것을 한순간에 잃을지도 몰랐습니다. 특히 산헤드린 의원의 신분을 유지하는 것은 불가능했습니다. 그래서 그는 자신의 믿음을 드러내지 않았습니다.

그러던 그에게 위기의 순간이 다가왔습니다. 그의 믿음을 언제까지고 숨길 수는 없었습니다. 언제까지고 모든 것을 다 쥐고 있을 수는 없었습니다. 그럴 수 있기를 바랐겠지만, 믿음이란 그런 것이 아닙니다. 언제까지고 숨긴 채 믿을 수 있다면, 그것은 죽은 믿음입니다. 믿음은 살아 있습니다. 제대로 된 믿음은 누룩처럼 반죽 덩어리를 부풀리게 되어 있습니다. 그렇기 때문에 결국 자신의 정체를 드러내고 손에 잡았던 것을 놓아야 할 때가 옵니다. 아리마대 요셉이 그랬습니다. 예수님이 재판을 받고 사형 언도를 받는 동안 그는 몹시 괴로웠을 것입니다. 그때까지만 해도 그에게는 용기가 없었습니다. 주님이 돌아가신 것을 알고 그는 더 이상 외면할 수 없었습니다.

빌라도에게 찾아가 예수님의 시신을 달라고 할 때, 아리마대 요셉은 비밀을 지킬 수 있을 것이라고 생각했는지 모릅니다. 혹은 탄로가 나도 어쩔 수 없다고 생각하고 결단했는지도 모릅니다. 어쨌든 이 일은 곧 산헤드린 의원들에게 알려졌을 것이고, 요셉은 의원직을 내려놓아야 했을지 모릅니다. 그런 기록은 없지만, 당시 상황을 따져 보면 추측이 가능한 일입니다. 그의 이름이 사복음서에 모두 기록되어 있는 것을 보면, 그는 초대교회에서 꽤 중요한 역할을 했을 것입니다. 때가 왔을 때 모든 것을 내려놓고 예수의 제자로 나섰을 것입니다. 자신이 예수의 제자임을 드러내고 그로 인해 많은 것을 잃었을 때, 그에게는 더 큰 것이 주어졌습니다. 말할 수 없는 자유와 기쁨 그리고 구원의 은혜가 그에게 임했습니다.

아리마대 요셉의 이야기 앞에서 우리 자신을 돌아봅니다. 믿음을 위해 버린 것이 나에게 있습니까? 손해를 보거나 왕따를 당하거나 피해를 입을지 모를 때에도 과연 주님의 사람인 것을 드러낼 용기가 있습니까? 그럴 수 있는 믿음에 이르렀다면 감사할 일입니다. 설령 그럴 용기가 없다 해도 크게 실망할 일은 아닙니다. 아리마대 요셉을 생각하면 위로를 얻을 수 있습니다. 다만, 내 믿음이 누룩처럼 살아 있는지를 확인해 보아야 합니다. 그리고 믿음이 나를 변모시키는 대로 맡겨야 합니다. 그럴 때 두려움 없이 예수의 사람인 것을 드러낼 용기를 얻게 될 것이고, 필요하다면 하나님 나라를 위해 가진 것을 내려놓을 수도 있습니다. 그리고 알게 될 것입니다. 포기한 것과는 비교할 수 없이 더 큰 것을 얻었다는 것을!

오늘 말씀을 통해 나에게 들려주시는 성령의 음성에 귀 기울이며
잠시 묵상과 기도의 시간을 가지십시오.

38

예수께서 부활하시다

마태복음 28:1-10

> 천사가 여자들에게 말하였다.
> "두려워하지 말아라. 나는, 너희가 십자가에 달리신 예수를 찾는 줄 안다.
> 그는 여기에 계시지 않다. 그가 말씀하신 대로, 그는 살아나셨다.
> 와서 그가 누워 계시던 곳을 보아라. 그리고 빨리 가서 제자들에게 전하기를,
> 그는 죽은 사람들 가운데서 살아 나셔서, 그들보다 먼저 갈릴리로 가시니,
> 그들은 거기서 그를 뵙게 될 것이라고 하여라.
> 이것이 내가 너희에게 하는 말이다."
> —— 마 28:5-7

I

유대인들의 언어로 '안식일', 오늘 우리가 사용하는 이름으로는 토요일, '어둠의 토요일'(Black Saturday)은 말 그대로 공백 혹은 침묵의 날이었습니다. 베드로 사도는 주님이 그 시간 동안에 죽은 자들의 세계에서 복음을 전하셨다고 기록합니다.

> "그리스도께서도 죄를 사하시려고 단 한 번 죽으셨습니다. 곧 의인이 불의한 사람을 위하여 죽으신 것입니다. 그것은 그가 육으로는 죽임을 당하시고 영으로는 살리심을 받으셔서 여러분을 하나님 앞으로 인도하시려는 것입니다. 그는 영으로, 옥에 있는 영들에게도 가셔서 선포하셨습니다." (벧전 3:18-19)

여기서 '옥'이 정확히 무엇을 의미하는지에 대해서는 논란이 있습니다. 천주교에서는 연옥으로 해석하지만, 개신교에서는 그것을 인정하지 않습니다. 일반적으로는 죽은 자들의 세계에 내려가서 복음을 전했다는 뜻으로 봅니다. 하나님 나라는 시공간을 초월하므로 그럴 수 있습니다. '어둠의 토요일'에 주님은 우리가 사는 시공의 세계 너머에서 일하셨습니다. 그러므로 우리 편에서는 침묵의 시간이었던 것입니다.

그렇게 안식의 날이 지나고 일요일이 시작되었습니다. 아무 일도 할 수 없는 안식일이 끝나자 막달라 마리아와 다른 마리아가 무덤을 보러 갑니다. 이 여인들은 예수님의 마지막 순간들을 먼발치에서 함께했습니다. 십자가에 달리실 때, 아리마대 요셉의 무덤에 안장될 때 그들은 그곳에 있었습니다. 그리고 안식일 하루 동안 그들은 애를 태웠을 것입니다. 안식일이 끝나는 나팔이 울리기만을 학수고대했습니다.

그들이 무덤에 도착했을 때, 갑자기 큰 지진이 일어납니다. 그때 여인들은 꿈인지 생신지 구분할 수 없는 광경을 목격합니다. 천사가 하늘로부터 내려오더니 무덤 문을 막은 돌을 굴려 내고 그 위에 앉는 것입니다. 여인들의 눈에 그 천사의 모습은 번개와 같았고, 그의 옷은 눈과 같이 희었습니다. 무덤을 지키고 있던 병사들은 두려워서 땅에 엎드려 죽은 듯이 있었습니다. 이 모든 일은 여인들이 나중에 제자들에게 전해 준 대로 적은 것입니다. 여인들은 너무 놀라운 광경에 정신이 혼미해졌을 것입니다. 따라서 우리는 정확히 어떤 일이 일어났는지 알 수 없습니다. 여인들이 말해 준 것을 토대로 추측할 수밖에 없습니다.

예수님이 십자가에 달리셨을 때 온 땅에 어둠이 임하고, 운명하셨을 때는 땅이 흔들리고 바위가 갈라지고 무덤이 열립니다. 십자가의 죽음은 예수님 개인의 사건이 아니고 온 인류의 구원 사건이며, 인간의 영혼에 관한 사건만이 아니라 온 우주의 새 탄생의 사건이었기 때문입니다. 주님이 운명하실 때 이런 우주적인 동요가 있었다면, 부활하실 때는 더욱더 그랬을 것이 분명합니다. 죽은 자들 가운데 내려가셨던 주님이 죽음의 권세를 깨치고 다시 일어나신 것은 인간의 영혼을 위한 사건만이 아니었습니다. 그것은 온 우주의 새 창조를 알리는 사건이었습니다.

병사들이 땅에 엎드려 죽은 척했던 것을 생각하면, 두 여자도 몹시 두려웠을 것입니다. 그때 천사가 여자들에게 말합니다.

"두려워하지 말아라. 나는, 너희가 십자가에 달리신 예수를 찾는 줄 안다. 그는 여기에 계시지 않다. 그가 말씀하신 대로, 그는 살아나셨다. 와서 그가 누워 계시던 곳을 보아라. 그리고 빨리 가서 제자들에게 전하기를, 그는 죽은 사람들 가운데서 살아 나셔서, 그들보다 먼저 갈릴리로 가시니, 그들은 거기서 그를 뵙게 될 것이라고 하여라. 이것이 내가 너희에게 하는 말이다." (5-7절)

여자들은 "무서움과 큰 기쁨이 엇갈렸다"고 마태는 기록하고 있습니다. 왜 안 그랬겠습니까? 죽으셨던 주님이 다시 살아나셨다니 기뻤습니다만, 도무지 무슨 영문인지 알 수 없으니 무섭기도 했을 것입니다. 일상과 상식을 초월하는 사건을 경험할 때면 상반된 감정을 느끼기 마련입니다. 여인들은 무덤을 확인하지도 않고 급히 떠나 제자들에게 달려갑니다. 정신없이 달려가는데 맞은편에서 누군가가 다가옵니다. 무심코 지나치려 했는데, 그 낯선 사람이 말을 겁니다. "평안하냐?" 그 목소리를 듣자마자 여인들은 누구인지 알았습니다. 그들은 그 자리에서 고꾸라져 주님의 발을 붙잡고 절을 합니다. 주님은 여자들을 위로하며 이렇게 말씀하십니다.

"무서워하지 말아라. 가서, 나의 형제들에게 갈릴리로 가라고 전하여라. 그러면, 거기에서 그들이 나를 만날 것이다."(10절)

2

빈 무덤 이야기는 사복음서에 모두 기록되어 있는데, 서로 비교해 보면 적잖은 차이가 있습니다. 사복음서에 모두 기록되어 있는 이야기들 가운데 빈 무덤 이야기만큼 차이가 많은 예를 다시 찾아볼 수 없습니다. 그래서 기독교를 헐뜯는 학자들은 그런 차이들을 부각시키면서 '조작설'을 제기합니다. 이 주장에 대해서는 두 가지로 응답할 수 있습니다.

첫째, 빈 무덤 이야기가 조작된 것이라면 그렇게 허술할 리가 없습니다. 바울 사도의 말대로, 예수님의 부활은 기독교 신앙의 토대입니다. 부활이 거짓이라면 기독교의 모든 것은 무너져 버립니다. 그러므로 부활의 증거를 조작하려 했다면, 좀더 치밀하게 했을 것입니다. 다른 것은 몰라도 부활에 관한 이야기만큼은 철저하게 입을 맞추었어야 합니다. 게다가 그 증인을 여성으로 내세운 것은 큰 실수였습니다. 당시 유대 사람들에게 있어서 여성들의 증언은 법적 효력을 갖지 못했기 때문입니다.

따라서 사복음서에 기록된 빈 무덤 이야기가 여러 가지 크고 작은 차이점을 가지고 있다는 사실은, 빈 무덤 이야기가 조작된 것이 아니라는 반증입니다. 조작된 이야기라면 이런 차이점들이 없었을 것이고, 그렇게 허술하게 조작된 이야기라면 진작 무너졌을 것입니다.

둘째, 사건의 성격을 감안하면 차이점들은 얼마든지 납득할 수 있습니다. 부활이라는 사건 자체가 일상적인 사건이 아니었기 때문입니다. 그 누구도 이 사건에 대해 준비된 사람이 없었습니다. 모두가 처음 겪는 일이고, 그것을 이해할 만한 사전 지식이 없었습니다. 뿐만 아니라 그 사건은 너무 충격적이었습니다. 마태가 전하듯 무서움과 큰 기쁨이 엇갈렸습니다. 마가복음이 전하는 바에 의하면, 여자들이 처음에는 너무 무서워서 아무 말도 하지 못했다고 합니다. 그들은 혼미한 상태에서 그 사건을 경험했고, 정신없이 제자들에게 달려갔습니다.

그렇기 때문에 두 사람이 하는 말이 서로 다르기도 했을 것이고, 말할 때마다 달리 말했을 것입니다. 동일한 교통사고 현장을 목격한 두 사람이 서로 다른 진술을 하는 것과 같습니다. 큰 사고를 당한 사람이 말할 때마다 조금씩 다른 이야기를 하는 것과 같은 현상입니다. 그러므로 빈 무덤 이야기에 관한 사복음서의 차이점에 집중하다가 넘어지지 않도록 조심해야 합니다. 다 기억할 수도 없고, 말로 표현할 수도 없는 사건이 일어났다는 뜻으로 받아야 합니다.

주님은 장사된 지 사흘 만에 죽은 자들 가운데서 살아나셨습니다. 날수를 따지니 사흘이지, 시간으로 따지면 만 하루 반 정도가 지난 후 부활하신 것입니다. 옛날 몸으로 돌아온 것이 아닙니다. 그것은 '부활'이 아니라 '소생'입니다. 소생한 사람은 얼마 있다가 다시 죽습니다. 하지만 부활은 신령한 몸으로 변모한 것입니다. 부활한 몸은 더 이상 죽지 않습니다. 그것은 혼령만 살아 있는 것이 아닙니다. 육신도 포함한 것입니다. 그래서 무덤이 비어 버렸습니다. 하지만 더 이상 과거의 육신이 아닙니다. 그래서 '신령한 몸'이라 부릅니다.

이것은 당시 독자들에게 매우 중요한 문제였습니다. 당시 사람들은 헬라 철학의 영향으로 인해 '영혼 불멸'을 믿는 사람들이 많이 있었습니다. 만일 무덤이 비어 있다는 사실이 발견되지 않았다면, 사람들은 예수님의 부활을 '영혼의 귀환'으로 오해했을 것입니다. 예수님의 부활은 그런 것이 아니었습니다. 그분은 제자들과 함께 식사를 하기도 하셨고, 손에 난 못 자국을 보여 주기도 하셨습니다. 하지만 그 몸은 시간과 공간을 넘나들었습니다. 꼭꼭 걸어 잠근 방 안에 불현듯 나타나셨다가 순간적으로 사라지십니다. 우리가 살고 있는 일차원 시간과 삼차원 공간 안에 자유자재로 드러내셨다가 숨기실 수 있는 몸이었습니다.

부활하신 주님의 몸은 하나님 나라가 어떤 것인지를 이해하는 데 도움을 줍니다. 하나님 나라는 우주의 한구석에 있을 것이라고 생각하는 사람들이 있습니다. 이 땅에 하나님 나라를 세우려고 칼을 휘두른 적도 있었습니다. 부활하신 주님은 영혼의 귀환도 아니고 옛날 몸으로 소생한 것도 아니듯, 하나님 나라는 어느 우주 공간에 있는 것도 아니고 이 땅에 건설할 수 있는 것도 아닙니다. 하나님 나라는 우리가 사는 이 세상을 포함하지만 그것을 초월하는 세상입니다. 부활하신 주님이 우리가 사는 세상에 당신의 몸을 보여 주실 수 있는 것처럼, 하나님 나라는 이 땅에서도 볼 수 있습니다. 그러나 육신을 벗을 때에야 그 나라를 제대로 볼 수 있습니다.

예수님의 부활은 이 세상이 전부가 아니며, 이 목숨이 전부가 아니며, 먹고 마시는 것이 전부가 아니라는 사실을 일깨워 줍니다. 부활을 믿는다는 말은 하나님 나라를 믿는 것이며, 영생을 믿는 것이고, 하나님의 뜻을 위해 사는 것입니다. 예수님의 빈 무덤은 우리 인생의 끝이 무덤이 아니라는 사실을 증언해 줍니다. 결국 우리의 무덤도 비게 될 것이라는 뜻입니다. 우리 인생의 종착지는 하나님 나라임을 증언해 줍니다. 그렇기 때문에 우리는 이 땅에서 그 무엇에도 짓눌리지 않고 그 무엇에도 들뜨지 않을 수 있습니다.

3

빈 무덤 이야기에서 흥미로운 점 하나는 여인들이 천사에게서 받은 지시 사항입니다. 그들은, 제자들에게 갈릴리로 가서 부활하신 주님을 만나라고 전하라는 명령을 받습니다. 부활하신 주님이 그들보다 앞서서 갈릴리로 가고 계시니 그곳에 가서 주님을 만나라는 것입니다.

왜 주님은 갈릴리로 가셨을까? 이 질문에 대한 대답도 추측할 수밖에 없습니다. 하지만 추측할 근거가 전혀 없는 것은 아닙니다. 주님은 갈릴리에서 사역을 시작하셨습니다. 제자들을 처음 부른 곳도 갈릴리였습니다. 그러므로 부활하신 주님이 갈릴리로 가신 것은 새로운 출발을 의미한다 할 수 있습니다. 3년 동안 주님과 동행했던 사역은 일종의 준비 과정이자 훈련 과정이었습니다. 주님이 누구신지 제대로 알지 못했기에 제자들은 제대로 사역할 수 없었습니다. 십자가와 부활의 사건을 다 거쳐야만 예수 그리스도가 누구인지 알 수 있고, 예수님이 누구신지 알아야만 그분의 사역을 제대로 행할 수 있습니다. 그래서 부활하신 주님은 갈릴리로 먼저 가셔서 제자들을 기다리십니다.

부활을 믿는 것이 이렇게 중요합니다. 부활을 믿지 않고는 예수님이 누구신지 제대로 알 수 없습니다. 부활을 믿지 않고는 예수님이 하신 일이 어떤 의미인지 알지 못합니다. 부활을 믿지 않고는 예수를 믿는다는 것이 무엇인지 제대로 알 수 없습니다. 그것이 바로 제자들이 실패한 이유입니다. 베드로가 이를 악물고 강해지려 했지만 결국 무너진 이유도 여기에 있습니다. 그들은 부활하신 주님을 만나고 성령 충만함을 받아 새로 시작했습니다. 그들은 과거와는 전혀 다른 모습으로 변화되었습니다. 부활에 대한 믿음이 그들의 마음과 생각을 바꾸어 놓았기 때문입니다.

당신은 어떻습니까? 부활을 진실로 믿습니까? 부활을 믿음으로 인해 생겨야 할 세계관의 변화가 일어났습니까? 부활을 믿음으로 인해 일어나야 할 인생관의 변화가 일어났습니까? 부활은 단순한 교리가 아닙니다. 능력입니다. 삶을 변화시키는 능력입니다.

> 오늘 말씀을 통해 나에게 들려주시는 성령의 음성에 귀 기울이며
> 잠시 묵상과 기도의 시간을 가지십시오.

39

대제사장과 장로들이 헛소문을 퍼뜨리다

마태복음 28:11-15

> 대제사장들은 장로들과 함께 모여 의논한 끝에,
> 병사들에게 은돈을 많이 집어 주고 말하였다.
> "'예수의 제자들이 밤중에 와서, 우리가 잠든 사이에 시체를 훔쳐갔다'
> 하고 말하여라. 이 소문이 총독의 귀에 들어가게 되더라도,
> 우리가 잘 말해서, 너희에게 아무 해가 미치지 않게 해주겠다."
> —— 마 28:12-14

I

부활하신 주님을 만난 두 여인은 제자들을 만나기 위해 부지런히 달려갑니다. 다른 한편, 죽은 듯 엎드려 있던 경비병 가운데 몇 사람이 정신을 차린 다음 예루살렘 성 안으로 들어갑니다. 그들은 대제사장들을 찾아가서 일어난 일들을 보고합니다. 그 병사들은 무슨 일이 일어났는지 정확히 알지 못했을 것입니다. 예수님을 따라다녔던 여인들도 제대로 이해할 수 없었으니 병사들은 더욱 그랬을 것입니다. 그들은 다만 이상한 일이 일어났고 예수의 시신이 없어졌다는 사실만을 알렸을 것입니다. 따라서 대제사장과 장로들도 무슨 일이 일어났는지 정확히 알지 못했을 것입니다. 다만, 뭔가 사태가 이상하게 꼬이고 있다는 사실을 감지했을 것입니다.

그들은 따로 모여 대응책을 논의합니다. 그들이 생각해 낸 것은 속임수였습니다. 헛소문을 퍼뜨리는 것이었습니다. 그들은 병사들을 불러 은돈을 많이 쥐어 주면서 이렇게 말합니다.

"'예수의 제자들이 밤중에 와서, 우리가 잠든 사이에 시체를 훔쳐갔다' 하고 말하여라. 이 소문이 총독의 귀에 들어가게 되더라도, 우리가 잘 말해서, 너희에게 아무 해가 미치지 않게 해주겠다." (13-14절)

병사들로서는 손해 볼 것이 없는 제안입니다. 그들에게는 어찌 되든 상관없는 일입니다. 그래서 그들은 그렇게 헛소문을 퍼뜨렸고, 그 결과 유대인들 중에 그렇게 믿는 사람들이 있었습니다. 15절의 "오늘날까지"는 마태가 이 글을 쓰고 있던 시기를 말합니다. 그런데 그런 소문이 우리가 사는 오늘날까지 없어지지 않고 있습니다.

2

부활은 일반적인 사고를 하는 사람으로서는 쉽게 믿을 수 없는 일입니다. 가끔 '임사체험'에 대한 이야기를 듣습니다. 책으로 나오기도 하고, 영화로 만들어지기도 합니다. 그 사람들은 생물학적으로 죽음의 상태에 이르렀던 사람들입니다. 그 상태에 이르러 신비로운 체험을 하게 되고, 그 체험으로 인해 인생이 바뀝니다. 하지만 그들은 소생한 것이지 부활한 것이 아닙니다. 또한 그들이 이르렀던 상태가 정말 죽음의 상태인지에 대해서는 아직도 결론이 나지 않았습니다.

누군가가 죽은 줄 알았는데 소생했다면 믿을 수 있습니다. 그 사람이 엄연히 살아 있는데 믿지 않을 수 없습니다. 그 사람이 정말 죽음의 상태까지 갔었는지 또한 그 사람이 경험한 것이 정말 천국인지에 대해서는 의문을 제기할 수 있지만, 그 사람이 소생했다는 점에 대해서는 의문의 여지가 없습니다.

그러나 부활은 소생과 달리, 전혀 다른 몸으로 변화하여 살아나는 것입니다. 생물학적 사망 상태에 있었던 것이 아니라 만 하루 동안 시신에 부패의 과정이 진행된 상태에서 살아나신 것입니다. 옛날 몸으로 살아난 것이 아니라 '신령한 몸'으로 살아나셨습니다. '신령한 몸'이 무엇인지 우리는 알지 못합니다. 인류 역사에 단 한 번만 일어난 일이기 때문에 알 길이 없습니다. 하지만 성경에 기록된 것을 기초로 추측할 수는 있습니다. 부활 후 예수님의 몸은 일차원 시간과 삼차원 공간을 넘어섰습니다. 마치 애벌레가 나비로 변화하듯, 우리로서는 전혀 이해할 수 없는 몸으로 변화하셨습니다. 그래서 시간의 진행을 넘나드셨고, 밀폐된 공간을 자유자재로 드나드셨으며, 말 그대로 동에 번쩍 서에 번쩍하셨습니다.

이런 일이 예수님에게 일어났다는 사실을 믿을 사람은 아무도 없습니다. 제자들도 믿지 못했습니다. 요한복음에 의하면, 제자들은 빈 무덤을 보고도 믿지 못했습니다. 무덤이 빈 것을 보고 뭔가 일어났음을 알았지만, 그것이 무엇인지는 알지 못했습니다. 나중에 부활하신 주님을 만나고 나서야 그들은 이해하기 시작했습니다. 위에서 언급한 것처럼, 그 모든 것을 이해하고 소화하는 데 상당한 시간이 걸렸을 것입니다. 그러니 다른 사람들은 오죽했겠습니까?

3

그래서 초대교회 시대로부터 지금까지 예수가 부활하지 않았다는 주장이 끊임없이 제기되었습니다. 부활 자체가 믿기지 않으니, 예수님이 부활하셨다는 사실 자체를 부정하려는 것입니다. 그동안 제기된 다른 가설들을 잠시 살펴볼 필요가 있습니다.

첫째, '시신 탈취설'입니다. 산헤드린 의원들이 병사들을 매수하여 퍼뜨린 소문에서 시작된 것이 오늘날에도 여전히 반복되고 있습니다. 제자들이 몰래 예수님의 시신을 훔쳐다가 숨겨 놓고 부활했다고 선전했다는 것입니다.

이 주장에는 여러 가지 맹점이 있습니다. 우선, 당시 제자들의 심리 상태가 그럴 만한 입장이 되지 못했습니다. 그들은 부활하신 주님이 그들을 찾아가셨을 때까지 예루살렘의 어느 다락방에서 문을 걸어 닫고 숨어 지냈습니다. 그런 상태에 있던 사람들이 불과 하루 만에 용기를 되찾아 시신을 훔치려 했다고 생각하는 것은 가당치 않습니다.

더욱 큰 맹점은 그럴 이유가 제자들에게 없었다는 데 있습니다. 앞에서 보았지만, 그들은 부활을 믿지도 않았고 그것이 무엇인지 이해하지도 못했습니다. 게다가 예수가 부활했다고 선전해서 얻을 수 있는 것이 아무것도 없었습니다. 구원파나 통일교처럼 상당한 이권이 있었다면 어떤 조작을 해서라도 그것을 지키려 했겠지만, 기독교가 시작된 지 첫 3백 년 동안 부활의 복음을 전하여 얻을 수 있었던 것은 손해, 모욕, 박해 그리고 순교가 전부였습니다. 자기가 조작한 사실을 전하느라 목숨까지 희생하는 사람이 어디 있겠습니까?

둘째, '기력 회복설'입니다. 이 주장에 대해서는 앞에서 잠시 살펴보았습니다. 예수님이 십자가에서 예외적으로 일찍 운명하셨다는 점에 착안한 주장입니다. 실제로 죽었던 것이 아니라 실신했던 것이고, 무덤에서 쉬신 다음 기력을 회복하고 나오셔서 부활했다고 제자들을 속이고는 어디론가 종적을 감추셨다는 주장입니다. 이 주장에도 해결할 수 없는 맹점들이 있습니다.

우선, 로마 군인들은 고문과 사형 전문가들이었음을 감안해야 합니다. 그들이 예외적으로 이르게 운명한 사형수의 시신을 어설프게 넘겨주었을 리 없습니다. 설사 그랬다 쳐도, 금요일 오후에 매장된 사람이 하루 반 만에 기력을 회복하여 경비병들 몰래 그 무거운 돌문을 스스로 옮기고 나올 수는 없습니다. 십자가형으로 얼마나 혹독하게 고문당하셨는지를 감안해야 합니다. 또한 예수님의 두 손과 두 발에는 못 박힌 상처가 있었고 옆구리에는 창으로 찔린 상처가 있었습니다. 실신했던 것이라면, 그 상처로부터 계속 피가 흘렀을 것입니다. 하루 반이 지난 후 탈진해서 운명하셨을 가능성이 더 큽니다. 그 상태로 일어나 돌문을 열었다는 것은 상상할 수 없는 일입니다.

설령 그랬다 칩시다. 그랬다면, 예수님이 제자들을 만나서 자신이 부활했다고 속이셨다는 말이 됩니다. 그러고는 어디론가 종적을 감추셨다는 말입니다. 만일 그랬다면 복음서에 기록된 예수님의 말씀과 행적이 모두 연극이었다는 뜻입니다. 산상설교의 말씀을 생각해 봅시다. 그런 말씀을 하신 분이 과연 이러한 거대한 사기극을 연출한다는 것이 말이나 됩니까? 금요일 새벽부터 시작된 고문과 학대와 십자가형의 고통으로 인해 예수님이 완전히 실성하지 않았다면 불가능한 일입니다. 제자들도 그렇습니다. 스승을 잃은 충격이 아무리 컸다 해도 이렇게 어설프게 속아 넘어가 목숨까지 바칠 수는 없는 일입니다.

셋째, '집단 환각설'입니다. 제자들이 집단적으로 영적 환각 상태에 빠져서 예수님이 부활하셨다고 믿게 되었다는 주장입니다. 이 주장에 대해서는 바울 사도의 글 한 대목을 인용하는 것으로 충분한 설명이 될 것입니다.

"나도 전해 받은 중요한 것을 여러분에게 전해 드렸습니다. 그것은 곧, 그리스도께서 성경대로 우리 죄를 위하여 죽으셨다는 것과, 무덤에 묻히셨다는 것과, 성경대로 사흘날에 살아나셨다는 것과, 게바에게 나타나시고 다음에 열두 제자에게 나타나셨다고 하는 것입니다. 그 후에 그리스도께서는 한 번에 오백 명이 넘는 형제자매들에게 나타나셨는데, 그 가운데 더러는 세상을 떠났지만, 대다수는 지금도 살아 있습니다. 다음에 야고보에게 나타나시고, 그 다음에 모든 사도들에게 나타나셨습니다. 그런데 맨 나중에 달이 차지 못하여 난 자와 같은 나에게도 나타나셨습니다." (고전 15:3-8)

여기서 바울은 부활하신 주님을 만난 사람들의 이름을 열거합니다. 게바 즉 베드로, 열두 제자, 오백 명이 넘는 사람들, 예수님의 동생 야고보, 모든 사도들 그리고 자기 자신에게 나타나셨습니다. 이게 전부가 아닙니다. 바울 사도가 아는 대로 적은 것입니다. 빈 무덤을 맨 처음 발견한 여인들의 이름이 빠져 있습니다. 특히 막달라 마리아는 들어가야 했습니다. 아마도 당시 관습대로 여성의 이름을 증인 목록에 더해 보았자 아무 유익이 없어서 언급하지 않았을 것입니다. 또한 누가복음에 나오는 엠마오 도상의 두 제자도 언급되지 않았습니다. 과연, 이와 같은 집단 환각 현상을 설명할 심리학자가 있을지 궁금합니다.

4

지난 2천 년 동안 기독교가 살아남은 이유가 있습니다. 부활이 사실이 아니었다고 입증되는 순간 기독교는 와르르 무너져 버립니다. 그래서 지난 2천 년 동안 수많은 천재들이 나타나 부활이 사실이 아니었다는 증거를 찾으려 했으나 실패했습니다. 이제 남은 대안은 외면하거나 무시하는 것밖에 없습니다. 사실, 많은 사람들이 그렇게 하고 있습니다. 부활의 증언 앞에서 할 수 있는 일은 그 증언을 믿거나 거부하거나, 둘 중 하나뿐입니다. 안타깝게도 너무나 많은 사람들이 후자를 택합니다. 그것은 마치 코페르니쿠스가 "태양이 지구를 중심으로 도는 것이 아니라 지구가 태양의 주위를 돈다"는 주장을 했을 때, 그 주장을 무시하고 계속 옛 세계관을 고집한 것과 같다 할 수 있습니다.

부활을 믿느냐 마느냐는 단순한 지식의 문제가 아닙니다. 그것은 새로운 세상을 보는 것이고, 새로운 삶을 사는 것입니다. 부활하셔서 갈릴리로 먼저 가셔서 함께 일하기를 기다리시는 주님을 만나 그분과 함께 먹고 마시며 울고 웃는 것입니다. 그럴 때 우리 삶은 몰라보게 달라질 것입니다. 사실, 부활에 대한 가장 강력한 증거는 부활하신 주님을 만난 사람들입니다. 새찬송가 162장 후렴 가사는 부활 신앙의 핵심을 전해 줍니다.

He lives, He lives, Christ Jesus lives today!
He walks with me and talks with me along life's narrow way.
He lives, He lives, salvation to impart!
You ask me how I know He lives?
He lives within my heart.

그분은 살아 계시네. 살아 계시네. 그리스도 예수님은 오늘 살아 계시네!
그분은 내 인생의 좁은 길을 함께 걸으며 말씀하시네.
그분은 살아 계시네. 살아 계셔서 구원을 주시네!
그분이 살아 계신 줄 어떻게 아느냐고 당신은 묻는가?
그분은 내 마음에 살아 계시네.

이 가사처럼 부활하신 주님과 동행하며 변화된 삶을 사는 것이야말로 부활에 대한 가장 강력한 증거입니다.

오늘 말씀을 통해 나에게 들려주시는 성령의 음성에 귀 기울이며
잠시 묵상과 기도의 시간을 가지십시오.

40

예수께서 마지막 명령을 주시고 승천하시다

마태복음 28:16-20

> 예수께서 다가와서, 그들에게 말씀하셨다.
> "나는 하늘과 땅의 모든 권세를 받았다.
> 그러므로 너희는 가서, 모든 민족을 제자로 삼아서,
> 아버지와 아들과 성령의 이름으로 세례를 주고,
> 내가 너희에게 명령한 모든 것을 그들에게 가르쳐 지키게 하여라.
> 보아라, 내가 세상 끝 날까지 항상 너희와 함께 있을 것이다."
> —— 마 28:18-20

I

마태복음의 마지막 장면은 부활하신 주님과의 새 출발 장면입니다. 다른 복음서와 달리 마태복음은 부활하신 주님이 제자들과 만난 이야기를 하나만 적어 두었습니다. 이야기의 흐름상 이 장면은 부활하신 후 바로 일어난 일처럼 보이지만, 실제로는 그렇지 않았을 것입니다. 마태는 이 이야기 하나로써 부활하신 주님과 제자들이 만난 이야기 전부를 대변하려 했던 것 같습니다.

예수님과 열한 제자는 다시금 갈릴리의 어느 산에 이릅니다. 제자들은 주님을 뵙자 절을 했습니다. 부활하신 주님은 이제 경배와 예배의 대상으로 높임을 받으십니다. "그러나 의심하는 사람들도 있었다"고 마태는 적어 놓았습니다. 열한 제자 중에 예수님이 정말 부활하신 것인지를 의

심하는 사람들이 있었다는 뜻입니다. 그것이 믿음의 일면입니다. 영적인 것을 믿는 것이기에 언제나 의심하는 사람들이 있기 마련이고, 언제나 손에 잡히지 않는 면이 있는 법입니다.

예수님이 제자들에게 말씀하십니다.

"나는 하늘과 땅의 모든 권세를 받았다. 그러므로 너희는 가서, 모든 민족을 제자로 삼아서, 아버지와 아들과 성령의 이름으로 세례를 주고, 내가 너희에게 명령한 모든 것을 그들에게 가르쳐 지키게 하여라. 보아라, 내가 세상 끝 날까지 항상 너희와 함께 있을 것이다."(18-20절)

주님은 부활하신 후에 먼저 당신에게 일어난 일을 알립니다. 하늘과 땅의 모든 권세가 당신에게 주어졌다는 뜻입니다. 이 말씀은 두 가지의 다른 말씀을 생각나게 합니다.

하나는 다니엘 7장 13절입니다. 다니엘은 환상 가운데 '사람의 아들 같은 이'가 하늘 구름을 타고 와서 '옛적부터 계신 이'에게서 영원한 왕권을 부여받는 것을 봅니다. 예수님은 당신 자신을 '인자' 즉 '사람의 아들'이라고 부르심으로써 당신이 다니엘이 환상 중에 본 영원한 임금이라고 믿으셨습니다. 그래서 가야바가 "그대가 하나님의 아들 그리스도요?" 하고 묻자 주님은 "이제로부터 당신들은, 인자가 권능의 보좌 오른쪽에 앉아 있는 것과, 하늘 구름을 타고 오는 것을, 보게 될 것이오"(마 26:64)라고 대답하십니다. 그 자리에 이 말씀을 이해할 사람은 아무도 없었습니다. 그 말씀의 뜻을 이제서야 알게 되었습니다.

다른 하나는 예수님이 광야에서 금식하며 기도하실 때 사탄에게서 받은 세 번째 시험입니다. 처음 두 번의 유혹에 꿈쩍도 하지 않자 사탄은 예수님을 높은 산으로 데리고 가서 세상의 모든 나라와 그 영광을 보여 주고 말합니다. "네가 나에게 엎드려서 절을 하면, 이 모든 것을 네게 주겠다"(마 4:8-9). 이 유혹에 대해 주님은 "사탄아, 물러가라. 성경에 기록하기를 '주 너의 하나님께 경배하고, 그분만을 섬겨라' 하였다"(4:10)고 답하십니다. 온 세상의 권세를 얻는 것도 하나님의 뜻이 아니면 사양하겠다는 뜻입니다. 그러한 결정으로 인해 주님은 좁고 낮고 험한 길을 걸어 십자가에서 죽기까지 하셨습니다. 성부 하나님은 죽기까지 순종하신 주님을 죽은 자들로부터 일으켜 가장 높은 이름을 주셨고 모든 권세를 주셨습니다.

주님이 왜 낮아져라, 섬겨라, 희생해라, 손해 보라, 되받아치지 말라고 말씀하셨는지 여기서 그 이유를 확인할 수 있습니다. 성부 하나님이 모든 것을 다스리십니다. 하나님이 주시는 것만이 참된 것이고 영원합니다. 복수를 해야 한다면 하나님이 하시도록 맡겨야 합니다. 나의 권리를 찾고 싶다면 하나님이 찾아 주실 때까지 기다려야 합니다. 내 명예를 회복하고 싶다면 하나님이 회복시키실 때까지 기다려야 합니다. 하나님이 되찾아 주실 때에만 진정한 정의와 명예와 권리를 얻게 될 것이기 때문입니다. 주님은 이 믿음대로 사셨습니다. 그리고 우리에게 그 본을 보이셨습니다.

인간 세상은 '만인을 향한 만인의 투쟁'이라 부를 정도로 각박합니다. 우리 주변에서 일어나는 일들을 통해 끊임없이 확인되듯 사람들은 다 제각기 이기심과 탐욕을 위해 분투합니다. 그런 세상에서 주님처럼 살려면 진정한 믿음이 있어야 합니다. 하나님이 다스리신다는 믿음, 하나님이 결국 모든 것을 바로잡으신다는 믿음, 이 세상에서 안 되면 하나님 나라에서라도 모든 것을 갚아 주신다는 믿음이 있어야만 십자가의 길을 걸어갈 수 있습니다.

세월호 사건을 생각합니다. 선장을 비롯해 많은 선원들이 사고가 나자 자기 살 궁리만 했다고 합니다. 승객보다 더 빨리 대피했다니 어이가 없습니다. 그렇게 부끄럽게 살아남았지만, 그들은 사는 날 동안 양심의 가책과 주위의 비난으로 고통을 받게 되었습니다. 반면, 22살의 여성 승무원과 몇몇 승무원들은 승객을 대피시키다가 생명을 잃었습니다. 그들은 비록 생명을 잃었지만 많은 이들에게 귀감이 되고 높임을 받고 있습니다. 이와 같은 세상의 사건을 통해서도 죽는 것이 사는 것이고 낮아지는 것이 높아지는 것임을 확인합니다. 그렇다면 하나님 나라에서는 더욱 더 그럴 것입니다.

2

이제, 하늘과 땅의 모든 권세를 부여 받으신 왕 중의 왕 예수님이 제자들에게 마지막 분부를 내리십니다. 그것을 '대위임명령'(The Greatest Commission)이라고 부릅니다. 주님이 주신 가장 큰 사명이라는 뜻입니다. 자녀들이 부모님의 유언을 가장 소중히 여기듯, 주님이 승천하시기 전에 주신 말씀이기 때문에 가장 큰 명령이라고 여기는 것입니다. 그 명령을 다시 한 번 읽어 봅니다.

"그러므로 너희는 가서, 모든 민족을 제자로 삼아서, 아버지와 아들과 성령의 이름으로 세례를 주고, 내가 너희에게 명령한 모든 것을 그들에게 가르

처 지키게 하여라. 보아라, 내가 세상 끝 날까지 항상 너희와 함께 있을 것이다."(19-20절)

이 명령에서 주목할 것이 몇 가지 있습니다. 첫째, 주님은 '제자'를 삼으라 하십니다. 교인도 아니고, 기독교인도 아닙니다. 제자입니다. 제자는 예수 그리스도를 주님으로 영접하고 자신을 부인하고 매일 십자가를 지고 주님을 따르는 사람입니다. 예수님 당시의 제자는 등하교를 반복하며 배우는 사람이 아니라 스승과 동고동락하면서 보고 배우며 익히는 사람이었습니다. 제자의 목표는 모든 면에서 스승을 닮아 가는 것이었습니다. 주님은 제자들이 한없이 많아지기를 원하셨습니다. 한 사람의 제자가 늘어나면 하나님 나라는 그만큼 확장되는 것이기 때문입니다. 제자로 삼기 위해 세례를 베풀고 주님의 가르침을 배워 익히게 해야 합니다.

둘째, '모든 민족'을 제자로 삼으라고 하십니다. 이 명령은 예수 그리스도에 대한 믿음이 유대교의 굴레를 벗어나 세계 종교로 발전하는 출발점이 됩니다. 유대교는 어쩔 수 없이 민족 종교의 성격을 벗어날 수가 없습니다. 유대교인이 되기 위해서는 유대인이 되어야 합니다. 유대교는 개종자를 받아들이기는 하지만 적극적으로 선교할 마음은 없습니다. 주님은 이 족쇄를 깨뜨리시고 모든 민족을 제자로 삼으라고 하십니다. 주님이 십자가에 달려 죽으시고 부활하신 이유는 유대인들만의 구원을 위한 것이 아니었습니다. 부활 이전에 주님은 혈통적으로 유대인이었지만 부활 이후에는 둘째 아담으로서 모든 인류의 구원자가 되셨습니다.

셋째, 주님은 명령만 주신 것이 아닙니다. 주님이 세상 끝 날까지 함께 하실 것임을 약속해 주셨습니다. 예수님이 잉태되었을 때, 천사는 요셉에게 임신 소식을 알리면서 태어날 아기의 이름이 '임마누엘'이 될 것이라고 약속했습니다. '임마누엘'은 '우리와 함께하시는 하나님'이라는 뜻입니다. 부활 승천하심으로 그 약속이 이루어졌습니다. 하나님의 보좌 우편에 앉으신 주님은 성령을 통해 언제 어디서나 믿는 이들과 함께하시어 모든 민족으로 제자 삼는 일에 참여하십니다. 사실, 제자를 만드는 것은 우리가 아닙니다. 부활하신 주님이십니다. 우리는 제자로서 다른 사람들이 제자로 자라도록 도우면서 함께 자라가야 합니다.

제자들은 이 약속과 명령을 엄숙하게 받아 신실하게 지켰습니다. 부활하신 주님이 이끄시는 대로 끊임없이 퍼져 나갔습니다. 예루살렘에서 유다로, 유다에서 사마리아로, 사마리아에서 갈릴리로, 갈릴리에서 안디옥으로, 안디옥에서 로마로. 처음에는 유대인들의 범위를 벗어나지 못하던 사도들이 성령의 인도하심을 받아 이방인들에게 나아가 복음을 전했습니다. 그것은 결코 쉬운 일이 아니었습니다. 이방인들은 복음을 거부했고, 유대인들은 이방인들에게 전도하는 것을 방해했습니다. 앞뒤로 적이 에워싸고 있었습니다. 그럼에도 불구하고 그들은 물러서지 않았습니다. 부활하신 주님이 함께하셨기 때문입니다. 그 결과 오늘 우리가 복음을 듣게 되었습니다.

3

주님의 '대위임명령'을 묵상하며 몇 가지 생각하고 결심합니다. 첫째, 우리가 먼저 그리고 계속하여 제자로 자라가야 합니다. "마음으로 믿어 의에 이르고, 입으로 시인하여 구원에 이르는"(롬 10:10) 것은 믿음이 마음과 입술에만 그친다는 뜻이 아닙니다. 바울 시대에 믿음을 입으로 시인한다는 말은 목숨을 바친다는 뜻이었습니다. 삶 전체로 믿는 것을 뜻합니다. 따라서 우리의 언행심사가 모두 주님을 닮아 가도록 힘써야 합니다. 그러기 위해서는 우리와 함께하시겠다고 약속하신 부활의 주님과 늘 동행해야 합니다. 매사에 그분을 보고 배우고 익혀야 합니다. 우리 자신이 제자로 살지 못하면서 다른 사람을 제자 삼겠다고 나서는 것은 부끄러운 일입니다.

둘째, 전도와 선교에 대한 우리의 태도를 반성해야 합니다. 지난 반세기 동안 한국 교회는 전도와 선교를 하면서 너무 많은 잘못을 했습니다. 전도를 교회 성장의 수단으로 삼았고, 선교를 과시용 프로젝트로 만들었습니다. 그 결과 전도와 선교의 본래 정신을 망각하고, 믿는 사람들은 전도와 선교에 대해 부담감과 피로감을 갖게 되었습니다. 전도와 선교는 그렇게 하는 것이 아니었습니다. 먼저, 우리 자신이 부활하신 주님과 친밀하게 동행하면서 제자로 자라가야 했습니다. 그리고 교회와 기독교의 교세를 위해서가 아니라 하나님을 알지 못하는 사람들의 진정한 행복을 위해 우리가 믿는 예수 그리스도를 소개하고 함께 제자로 자라가기를 초청했어야 합니다.

마태가 쓴 예수님의 이야기는 '열린 결말'로 끝이 납니다. 세상 끝 날까지 전도와 선교의 역사는 계속되어야 합니다. 마태복음은 28장 20절에서 끝난 것이 아니라 지난 2천 년 동안 계속 쓰여 왔습니다. 저와 독자 여러분이 지금 한 페이지를 쓰고 있는 셈입니다. "나 혼자 잘 믿는 것으로 만족하겠다"는 말은 결국 제대로 믿지 않겠다는 말입니다. 제대로 믿는 것은 우리 자신이 꾸준히 제자로 자라가면서 이웃을 제자의 삶으로 초청하고 제자로 자라가도록 돕는 것입니다.

그렇다면 자신에게 정직하게 물어보십시다. 나는 제자입니까? 나로 인해 제자가 된 사람이 있습니까? 다른 사람이 제자 되도록 돕는 일에 나는 얼마나 많은 시간과 물질과 생명을 바쳐 왔습니까? 이 모든 질문에 너무 부끄럽지 않기를 소망합니다. 할 수 있다면, 이 모든 질문에 겸손하게 그러나 기쁨으로 대답하기를 바랍니다. 마태가 펜을 놓을 때 마음속에 품은 소망이 바로 이것이었을 것입니다. 이는 바로 우리 주님의 소망입니다. 아멘!

오늘 말씀을 통해 나에게 들려주시는 성령의 음성에 귀 기울이며
잠시 묵상과 기도의 시간을 가지십시오.

나가는 글

십자가가 드러나게 하라!

지난해 전교인 수양회를 위해 말씀을 준비하고 있을 때의 일입니다. 고린도전서를 읽으며 교우들과 나눌 말씀을 묵상하는 중에 한순간 마음속에 한 문장이 나타났습니다. "십자가가 드러나게 하라!" 너무도 선명하고 강렬하여 저는 그것을 하나님이 주시는 말씀으로 받았습니다. 그 말씀은 수양회의 주제가 되었고, 수양회가 끝난 후에도 계속 제 마음에서 울렸습니다. 그로부터 얼마 후 저는 주님께 고백했습니다.

"주님, 제 평생의 주제로 이 말씀을 붙듭니다. 저 자신에게서 십자가가 드러나게 하는 것, 그리고 교회를 통해 십자가가 드러나게 하는 것, 그것이 저의 남은 생애에 주신 사명임을 알겠습니다. 그리하겠습니다. 저를 도우소서."

요즈음 교회를 걱정하는 소리가 점점 더 높아지고 있습니다. 얼마 전한국 갤럽에서 발표한 연구 보고서에 의하면, 비종교인들에게 가장 매력 없는 종교가 개신교로 드러났습니다. 개신교인들이 종교적 열심은 가장 높은 반면, 삶은 가장 매력 없이 보인다는 뜻입니다. 또한 몇 년 전에 종교사회학자들이 조사하여 발표한 통계에 의하면, 이웃을 위해 봉사하는 면에서는 개신교인들이 가장 잘하고 있었습니다. 하지만 사회적 신뢰도는 가장 낮았습니다. 이러한 추세가 점점 더 악화되고 있습니다. 교회를 사랑하고 걱정하는 사람들은 이러한 상황을 바꾸기 위해 제2의 종교개혁이 일어나야 한다고 말합니다.

"십자가가 드러나게 하라!"는 말씀을 묵상하면 할수록 진정한 희망이 바로 여기에 있다는 믿음이 강해집니다. 세상을 바꾸어 놓은 힘은 바로 십자가에 있었습니다. 인간이 상상하여 만들어 낸 것 중에 가장 추하고 악하고 무력한 것이 십자가입니다. 하나님의 아들 예수 그리스도는 지상에서 가장 높은 보좌가 아니라 가장 낮은 십자가에 오르셨습니다. 그 고결한 희생을 통해 세상이 뒤바뀌었습니다. '고난의 왕'이신 주님은 오늘 우리에게도 말씀하십니다. "너의 십자가를 지고 나를 따르라!" 십자가가 아니고서는 '나의 세상'이 뒤바뀌지 않고, '우리의 세상'이 뒤바뀌지 않기 때문입니다.

부디, 그동안 걸어온 40일 간의 여정이 주님의 십자가를 새롭게 만나는 여정이 되었기를 바랍니다. 주님과 함께 걷는 십자가의 길을 통해 각자의 세상이 뒤바뀌기를 바랍니다. 그리고 계속하여 뒤바뀌기 바랍니다. 그렇게 될 때 우리 삶을 통해 십자가가 드러날 것입니다. 짐짓 십자가를 드러내려고 힘쓰지 말아야 합니다. 우리 힘으로 십자가를 드러내려 할 때 그 십자가는 총이 되고 칼이 됩니다. 우리가 품은 십자가가 저절로 드러나게 해야 합니다. 그럴 때 세상은 '진짜'를 보게 될 것입니다. 믿는 이들이 각자 십자가가 드러나도록 살아갈 때 교회를 통해 십자가가 드러납니다. 그럴 때 비로소 교회는 회복될 것입니다.

십자가가 예수님 생애의 절정이었다면 부활은 모든 것을 완성하는 결말이라 할 수 있습니다. 예수님의 부활은 마지막에 있을 새 하늘과 새 땅의 전주곡입니다. 따라서 부활의 능력을 경험한 사람만이 진실로 십자가를 품을 수 있고, 그렇게 살아갈 때 그 사람에게서 바울 사도가 가졌던 '스티그마'(상처 자국, 갈 6:17)가 나타날 것입니다. 우리에게서 십자가가 드러날 때 비로소 세상은 우리를 통해 그리스도를 보게 될 것입니다. 세상은 진짜를 원합니다. 진짜 그리스도인은 말과 행실을 통해 십자가가 드러나는 사람입니다. 그런 사람들이 모여 교회를 이룰 때 교회를 통해서도 십자가가 드러날 것입니다. 세상의 구원은 오직 십자가의 능력을 통해서만 이루어집니다.

이것이 이루어질 때 저에게 소망이 있고 한국 교회에도 소망이 있습니다. 이 책을 통해 이러한 거룩한 소망에 불을 붙여 주시기를 기도하면서 바울 사도의 기도로 마무리합니다.

> 내가 바라는 것은, 그리스도를 알고, 그분의 부활의 능력을 깨닫고, 그분의 고난에 동참하여, 그분의 죽으심을 본받는 것입니다. 그리하여 나는 어떻게 해서든지, 죽은 사람들 가운데서 살아나는 부활에 이르고 싶습니다.
> (빌 3:10-11)

세상을 바꾼 한 주간

초판 발행_ 2015년 3월 17일
초판 3쇄_ 2023년 3월 15일

지은이_ 김영봉
펴낸이_ 정모세

펴낸곳_ 한국기독학생회출판부
등록번호_ 제2001-000198호(1978.6.1)
주소_ 04031 서울 마포구 동교로 156-10
대표 전화_ (02)337-2257 팩스_ (02)337-2258
영업 전화_ (02)338-2282 팩스_ 080-915-1515
홈페이지_ http://www.ivp.co.kr 이메일_ ivp@ivp.co.kr
ISBN 978-89-328-1409-4

ⓒ 김영봉 2015

책값은 뒤표지에 있습니다.
무단 전재와 복제를 금합니다.